「ののしり」の助動詞でなにが表現されるのか

ひつじ研究叢書〈言語編〉

第181巻 述語と名詞句の相互関係から見た日本語連体修飾構造 　　　三好伸芳 著

第182巻 感動詞研究の展開 　　　友定賢治 編

第183巻 コピュラとコピュラ文の日韓対照研究 　　　金智賢 著

第184巻 現代日本語の「ハズダ」の研究 　　　朴天弘 著

第185巻 英語の補部の関係節の統語論・意味論と先行詞の問題 　　　渡辺良彦 著

第186巻 語彙論と文法論をつなぐ 　　　斎藤倫明・修徳健 編

第187巻 アラビア語チュニス方言の文法研究 　　　熊切拓 著

第188巻 条件文の日中対照計量的研究 　　　李光赫・趙海城 著

第190巻 書き言葉と話し言葉の格助詞 　　　丸山直子 著

第191巻 語用論的方言学の方法 　　　小林隆 著

第192巻 話し言葉における受身表現の日中対照研究 　　　陳冬姝 著

第193巻 現代日本語における意図性副詞の意味研究 　　　李澤熊 著

第194巻 副詞から見た日本語文法史 　　　川瀬卓 著

第195巻 獲得と臨床の音韻論 　　　上田功 著

第196巻 日本語と近隣言語における文法化 　　　ナロックハイコ・青木博史 編

第197巻 プラグマティズム言語学序説 　　　山中司・神原一帆 著

第198巻 日本語変異論の現在 　　　大木一夫・甲田直美 編

第199巻 日本語助詞「を」の研究 　　　佐伯暁子 著

第200巻 方言のレトリック 　　　半沢幹一 著

第201巻 新漢語成立史の研究 　　　張春陽 著

第202巻 「関係」の呼称の言語学 　　　薛鳴 著

第203巻 現代日本語の逸脱的な造語法「文の包摂」の研究 　　　泉大輔 著

第204巻 英語抽象名詞の可算性の研究 　　　小寺正洋 著

第205巻 音声・音韻の概念史 　　　阿久津智 著

第206巻 近現代日本語における外来語の二層の受容 　　　石暘暘 著

第207巻 「ののしり」の助動詞でなにが表現されるのか 　　　村中淑子 著

ひつじ研究叢書
〈言語編〉
第207巻

「ののしり」の助動詞で
なにが表現されるのか

関西方言話者の表現の特質を求めて

村中淑子 著

ひつじ書房

まえがき

　本書には「「ののしり」の助動詞でなにが表現されるのか」というメインタイトルのほかに、「関西方言話者の表現の特質を求めて」という副題がついている。本書を手に取ってくださる方の中にも、関西方言に興味のある方がおられるのではないだろうか。

　関西方言を解説した文献や、関西方言の特徴に言及した研究は、従来から存在する。それらの多くは、単語レベルの特徴に注目したものであるように思われる。本書の「売り」の一つとして、単語レベルだけでなく文章・談話レベルでも関西方言の特徴を考察したことが挙げられるだろう。

　関西方言の談話展開の特徴を捉えた研究の嚆矢として久木田（1990）があり、「状況を詳しく説明し、聞かせる展開の「客観説明累加型」」と分析されている。久木田の研究に続き、琴（2005）では談話標識に注目して、大阪方言では「「説明累加」を明示しつつ、「自己確認」で締めくくる」パターンがあるとしている。本書は、談話の型のタイプ分けはせず、「ののしり」表現を手がかりとして、その前後の文脈を観察し、話者がどのように相手に働きかけたり自己表現したりしているかを、文学作品や演芸作品の中から取り出した。結果として、関西方言の一見無駄とも思えるような話の長さなどについて一定の解釈を導き出すことができたのではないかと考えている。

　また、関西方言についての研究の多くは、現代の、特に昭和以降の関西方言についての研究であり、江戸時代に遡るものはさほど多くない。本書では、国立国語研究所の『日本語歴史コーパス』の恩恵もあり、江戸時代の洒落本の改作部分（江戸から上方への改作、上方から江戸への改作）に注目し、その結果、近世の関西方言の文章・談話レベルの特徴がある程度取り出せたと考える。とはいえ、

洒落本の会話の流れ、人物描写、その背後にある心理、には現代に通じるところがある。洒落本は翻刻本文のかなづかいが難しそうな印象を与えるかもしれないが、セリフの部分を声に出して読んでみると、生き生きした人物像が立ち上がってきて楽しい。東西の洒落本のセリフとその比較の記述を読み、江戸と大阪の違いを味わっていただければと思う。遊女のセリフが「気遣い」あふれる自己表現となっており、気遣いのための「ののしり」表現と言えそうなものも見られた。

　本書で、東西比較を行なった資料は、洒落本と、もう一つは落語である。落語の大ネタ「らくだ」の CD 音声を用いて、文字化資料をもとに東西比較を行なった。「ののしり」の雰囲気を構成する言語項目のありようが江戸と上方で異なっていた。

　本書の序章で、「ののしり」の定義を論じている。ここも、筆者として注目してほしいところである。現在、「ののしり」を言語学的に扱った研究は少ないようだ。「ののしり」に類した用語はいくつかあって用語自体の決定版もなく、「ののしり」の定義、意味範囲が確立しているとはまだ言えない状況だと言ってよいだろう。本書では、「ののしり」の定義を確定させるために、ののしりの代表的な助動詞である「やがる」の辞書における定義を補助線とし、辞書における「ののしり」の意味と付き合わせた。今後、「ののしり」を研究しようとする方が、「ののしり」の定義に関する本書の考察に目を止めていただければ幸いである。

　本書は、数年前に考えた「ことばの調整」についての考察を深めようとしたものでもある。その試みはまだ成功をおさめたとは言えないであろう。今後も引き続き、検討する必要がある。

　ここで、文字・用語の不統一について述べておこう。
本書のタイトル中に「ののしり」がある。ひらがな表記としているのは「卑罵表現」などへの連想から必要以上の強いニュアンスが生じるのを避ける目的があってのことである。ただし、本書の文章の中には、「ののしり」「罵り」、「ののしる」「罵る」が混在している。

既発表論文に漢字表記での記述が多く、全てをひらがなに統一する
のは困難であり、かえって読みやすさが減じる恐れもあると判断し
た。

　また、ののしりの助動詞の中で、切り出し方が揺れている項目が
ある。テケツカルとケツカルおよびテコマスとコマスである。語単
位としてはケツカル・コマスであるが、接続助詞のテに接続してテ
ケツカル・テコマスの形で使用されることがほとんどである。表を
含めて多数出現するため、完全な統一は困難であると判断し、章内
では統一し、章による違いは残すという方針をとった。

　1・2・3章および5・6・7・8章は、筆者の既発表論文に基づく。
用いた資料の説明や「ののしり」に関する考察に、重複した記述が
少しあるが、章ごとに読む上での便宜もある程度は必要と考えた。

　1・2・3章および5・6・7・8章は、いずれも『現象と秩序』と
いう雑誌に投稿した論文に基づく。『現象と秩序』の編集長である
堀田裕子氏（摂南大学教授）から毎回有益なコメントをいただき、
原稿をよりよいものにできた。堀田氏および編集事務局責任者であ
る樫田美雄氏（摂南大学教授）に心から御礼申し上げる。

　本書の出版をご快諾くださったひつじ書房松本功社長、編集をご
担当くださった相川奈緒氏および海老澤絵莉氏に深く感謝申し上げ
る。

　なお、本書は、2024年度の桃山学院大学学術出版助成を受けて
刊行されたものである。桃山学院大学総合研究所の関係者の方々、
査読の労を執ってくださった二人の先生方に、厚く御礼申し上げる。

目　次

まえがき　　　　　　　　　　　　　　　　　　　　　　　　v

序章　なぜ「ののしり」の助動詞なのか　　　　　　　　　　　1

1.　「ののしり」の助動詞について　　　　　　　　　　　　　1

　　1.1　なぜ「ののしり」を研究対象とするのか　　　　　　　1

　　　　1.1.1　表現行為と「ののしり」　　　　　　　　　　　1

　　　　1.1.2　ののしりはどのような形で表現されるか　　　　5

　　1.2　ののしりの助動詞の謎　　　　　　　　　　　　　　　9

　　　　1.2.1　ヤガルの検討：「ののしり」の意味を探る　　　9

　　　　1.2.2　ハル：敬語なのに、「ののしり」の助動詞に似た部分あり　12

　　　　1.2.3　コマス：ちょっと変わった、「ののしり」の助動詞　16

　　　　1.2.4　まとめ：「ののしり」の助動詞のはたらき　　　20

　　　　1.2.5　「ののしり」の助動詞にまつわる謎　　　　　　21

　　1.3　「ののしり」の助動詞に関する先行研究　　　　　　　22

　　1.4　謎解きの前に　　　　　　　　　　　　　　　　　　　25

I　近世の京阪方言におけるののしりの助動詞　　　　　　　　29

第1章　洒落本『異本郭中奇譚』　江戸板から上方板への書き換え　31

1.　はじめに　　　　　　　　　　　　　　　　　　　　　　　31

2.　歴史コーパスの検索　　　　　　　　　　　　　　　　　　32

　　2.1　調査方法と対象　　　　　　　　　　　　　　　　　　32

　　2.2　調査結果　　　　　　　　　　　　　　　　　　　　　33

3.　「異本郭中奇譚」について　　　　　　　　　　　　　　　37

　　3.1　「郭中奇譚」と「異本郭中奇譚」の構成と内容　　　　37

　　3.2　「異本郭中奇譚」に関する先行研究と本章における仮説　38

4.　「異本郭中奇譚」と「郭中奇譚」の罵り助動詞の比較　　　40

　　4.1　江戸板の罵り助動詞の出現箇所は、大坂板ではどうなっているか　40

　　4.2　大坂板の罵り助動詞の出現箇所は、江戸板ではどうなっているか　45

5.　考察　　　　　　　　　　　　　　　　　　　　　　　　　52

IX

6.	おわりに	55

第2章　洒落本『月花余情』　上方板から江戸板への書き換え　57

1.	はじめに	57
	1.1　「月花余情」組について	57
	1.2　「月花余情」組と「郭中奇譚」組に関する先行研究	60
2.	目的と方法	61
	2.1　目的	61
	2.2　方法	61
3.	結果と考察	62
	3.1　「月花余情」組と「郭中奇譚」組における罵りの助動詞の出現	62
	3.2　「月花余情」組における罵りの助動詞の出現文脈	63
	3.3　「月花余情」組における、上方板から江戸板への 　　改作のありようについて	68

**第3章　滑稽本『諺 臍の宿替』および
『穴さがし心の内そと』にみる「ののしり」　73**

1.	はじめに	73
2.	対象と方法	74
	2.1　調査項目	74
	2.2　資料	75
	2.3　方法	76
3.	結果と考察	77
	3.1　出現状況	77
	3.2　クサル、ヤガル、テケツカルの用例	78
	3.2.1　クサル（24件）	79
	3.2.2　ヤガル（17件）	80
	3.2.3　テケツカル（15件）	81
	3.3　クサル、ヤガル、テケツカルについての検討	82
4.	まとめ	85

第4章　近世まとめ　我々はどこまで来たか（その1）　89

1.	「月花余情」組のデータ観察 　　「江戸向き」にカットされた部分には何が書かれていたか	89
2.	「郭中奇譚」組のデータ観察	93
3.	まとめ	97

II　近代・現代の京阪方言におけるののしりの助動詞　　99

第5章　明治・大正期の大阪落語資料にみる「ののしり」　101

1. はじめに　101
2. 調査の概要　103
   2.1　調査項目　103
   2.2　資料　104
   2.3　方法　104
3. 結果　105
   3.1　罵りの助動詞が出現した落語作品の数　105
   3.2　罵りの助動詞を使った噺家　106
   3.3　罵りの助動詞の出現した活用形　107
   3.4　その他の罵り的表現との関連　107
   3.5　罵りの助動詞の話者と待遇の対象　108
4. 考察　108
5. まとめ　117
6. おわりに　119

第6章　20世紀前半（明治・大正・昭和）の　　上方落語にみる「ののしり」　123

1. はじめに　123
2. 資料　124
3. 方法　124
4. 結果　125
5. 考察　125
   5.1　1900年代から1930年代の口演全体について　125
   5.2　待遇の助動詞の出現頻度について　131
   5.3　ヤガルとクサルについて　133
   5.4　サラスとコマスについて　136
   5.5　テとナスについて　137
6. 待遇の助動詞の出現頻度に関するまとめ（モデル化）　139
7. おわりに　140

第7章　20世紀前半の小説資料　　織田作之助『わが町』にみる「ののしり」　143

1. はじめに　143
2. 対象と方法　144

XI

2.1	調査項目	144
2.2	資料	144
2.3	方法	145
3.	結果と考察	146
3.1	出現数	146
3.2	用例の検討	147
3.2.1	ヨル（17件）	147
3.2.2	ヤガル（8件）	151
3.2.3	クサル（5件）	152
3.2.4	テケツカル（2件）	153
3.2.5	テコマス（2件）	153
3.2.6	サラス（1件）	154
4.	落語資料との比較	156
4.1	ヨルの比較	156
4.2	ヤガルの比較	157
4.3	クサルの比較	157
4.4	サラスの比較	158
4.5	テケツカルの比較	158
4.6	テコマスの比較	159
5.	まとめ	159
6.	おわりに	160

第8章　20世紀後半の落語の東西比較

	六代目笑福亭松鶴の「らくだ」と六代目三遊亭圓生の「らくだ」	163
1.	はじめに	163
2.	対象と方法	164
2.1	「らくだ」と分析手順	164
2.2	「らくだ」のあらすじと構成	165
2.3	文字起こしについて	166
2.3.1	上方落語「らくだ」の文字起こし	166
2.3.2	江戸落語「らくだ」の文字起こし	168
3.	「らくだ」におけるののしり表現の出現	169
3.1	ののしりの助動詞の出現した数	169
3.2	ののしりの助動詞の出現した位置	173
4.	ののしりの助動詞以外の類似の要素について	175
5.	まとめ	178

第9章　近代・現代まとめ　我々はどこまで来たか（その2）　181

   1.　ののしりの助動詞の存在について　181

   2.　ののしりの助動詞の使い分け　182

   3.　20世紀前半の小説資料について　184

   4.　近世と近現代のまとめ（1）　ののしりの助動詞の出現　186

   5.　近世と近現代のまとめ（2）　東西の違いについて　187

終章　　「ののしり」と「ことばの調整」　189

   1.　関西方言における複数の「ののしり」の助動詞　189

   2.　上方と江戸の「ののしり」表現の比較　190

   3.　「ことばの調整」と「ののしり」のかかわり　192

補章　　謎解きとして　ののしりを捉え直す　195

   1.　男女差の意味するもの　195

   2.　内言における「ののしり」　196

   3.　「ののしり」の価値とは　199

   六代目笑福亭松鶴「らくだ」文字起こし（CD音声49分39秒）　205

   六代目三遊亭圓生「らくだ」文字起こし（CD音声56分49秒）　229

   参考文献　257

   初出一覧　261

   索引　263

序章
なぜ「ののしり」の助動詞なのか

「ののしり」をなぜ研究するのか。「ののしり」は、ただ人をけなして嫌な気持ちにさせるだけのものだろうか。そうではなく、「ののしり」には表現としての価値の可能性があることを論じる。人がなぜことばを発するかという、ことばの存在意義にも通じうる。

「ののしり」はコミュニケーションの中に注意深く織り込まれている。独り言や冗談において表現として成立することもあるが、発話者と受け手側とのいわば連携プレーの中で適切な表現として成立することもある。

本章では、待遇の助動詞「ヤガル」や「ハル」や「コマス」の働きについて考察することにより、次章以降で「ののしり」の助動詞を分析するための助走とする。

ののしりの助動詞に関する先行研究も挙げ、検討課題を提示する。

1.「ののしり」の助動詞について

1.1 なぜ「ののしり」を研究対象とするのか
1.1.1 表現行為と「ののしり」
「ののしり」をなぜ研究するのか。

通常、「ののしる」ことは、良いことと思われていない。「ののしり」は、「ののしり」の対象の価値を引き下げる働きがある。人を貶めることにつながる。そのような行動を研究する価値があるのかどうか、疑問を持つ向きも多いであろう。

本書筆者は、「ののしり」には、言及対象を貶めるだけではない効果や価値があるのではないか、と考えている。「ののしり」の「表現」。ののしりの気持ちを形にして外に出す。その「表現」という行為により、ただ誰かを貶めるというのではなく、表現者にとっ

I

ての何らかの意味が生まれる。それは必ずしも悪いものばかりでは
ない、と考える。

　そもそも、ことばは何のために発するのであろうか。自分の感情
や思考を人に伝えるため、あるいは人とのコミュニケーションのた
め、というのが一つの答えではあろう。しかし、誰にも聞かれてい
なくてもことばを発することは、決して珍しいことではない。

　例えば、NHK連続テレビドラマ「ブギウギ」（2023年10月か
ら2024年3月まで放映）に、次のような場面がある。歌劇団に入
団したての3人の少女のうち、辰美と幸子が大喧嘩した後、主人公
の鈴子が一人取り残されるシーンである。大阪が舞台となっており、
セリフは大阪方言である。

　　3人は新人であるため、劇団内で掃除と洗濯の作業をしている。
　　その最中に、辰美と幸子が激しく言い争い、つかみ合いの大喧
　　嘩をする。鈴子が間に割って入り、喧嘩をとめる。
　　鈴子：あんたら二人とも、ノラ猫のケンカやないんやから。
　　　辰美は、黙って立ち去る。
　　幸子：ノラ猫の方がましや！（と言って、幸子も立ち去る。）
　　鈴子：なんやねん、もう。…。ちゅうか、掃除と洗濯、ワテひ
　　　とりやんか！

　　　　　　　　　　（「ブギウギ」第2週　第8回「笑う門には福来る」）

　この最後の鈴子のセリフは、誰も聞く人がいないところで発せら
れている。誰かに何かを伝えるための言葉ではないのである。しか
も、誰も聞いていないのに、これらの言葉には、緩急の調子が付け
られている。「なんやねん、もう。」の部分は、小さな声で、ため息
混じりの言い方である。「ワテひとりやんか！」のところは声が大
きくなり、叫ぶような言い方である。自分の他には誰も聞いていな
いのに、なぜ、そのような表現が成立するのだろうか。

　これは、誰かに聞かせるためではなく、自分の中にある感情を外
に出して表現をすることに、意味があるのだろう。「なんやねん、
もう。」のところは、朋輩の辰美と幸子に対する呆れたような気持

ちがある。入ったばかりの新人という同じ境遇で同期の仲間なのだから仲良くすればよいのにちょっとしたことで激しく喧嘩した2人に対して賛同できない気持ち、仲裁しようとしたがうまくいかず、うんざりしたような気持ち、ぶつくさと文句を言いたい気持ちを外に出している。「ワテひとりやんか！」のところでは、本来なら立ち去った2人と一緒に共同で行うはずだった掃除と洗濯を自分一人でしなければならなくなったと気づき、アッと驚いて腹を立て、思わず大きな声を出している。気付き、驚き、腹立ち、の気持ちを外に出している。これらの鈴子のセリフは、聞く人は誰もいなくても、声を出してものを言わずにはいられない、というものであろう。比較的おだやかな愚痴りたい気持ちも、やや興奮して叫びたい気持ちも、外に出す。これはテレビドラマのセリフであり、作り物であるが、不自然さは感じられない。実際にも、このような状況でのこのような独り言は、十分にあり得るだろう。

　このように、聞き手がいなくても自分の感情や思考を外に出し、表情をつけて表現することには、一定の必然性があると思われる。上記の鈴子の「ワテひとりやんか！」という叫びなどは、腹立ちというマイナスの気持ちをことばにして表現することにより、気持ちを発散させて、ある程度、自分で自分を納得させているのではないか。自分がなぜこんな目にあっているのか、理不尽である、ひどい、という気持ちを声に出して表現し、それを自分自身が聞くことによって、そうだ、そういうことが起きたんだ、と改めて状況を確認する。表現は、伝える相手がいなくても、自分自身が発し、自分自身が聞くことに、意味があるのである。

　「ののしり」も、同様の文脈で出現しうるだろう。たとえば、上記の鈴子の「ワテひとりやんか！」の後に、「あー、もう。アホー！」などと叫んでもおかしくない。掃除・洗濯をせずに立ち去った2人へのいまいましさを込めて「アホー！」とののしる。あるいは、自分の陥った状況についての腹立たしさを表すために「アホー！」とののしる。十分にありうることである。

　このように、表現という行為は、他人に伝達するのでなくても、内側にあるものを外に出して表しただけでも、表現する主体にとっ

て意味あるものになるのだと考えられる。人々は、さまざまなことばづかいで、さまざまな声の表情を用いて、何かを表現しながら生きている。ことばの運用を「話し手」を中心として捉え、話し手がなにをどのように「表現」するかを観察したい。本書ではその切り口として「ののしり」を扱う。

「ののしり」を「敬語」と対比させつつ、位置付けてみよう。

語用論的な意味合いを無視して、やや単純な捉え方をすれば、「敬語」は対象を高く位置付けるプラス待遇の表現、「ののしり」は対象を低く位置付けるマイナス待遇の表現である。いずれも待遇表現であるが、待遇する方向が逆である。

「敬語」と「ののしり」を比べると、一般的に「敬語」の方が日常会話における出現頻度が高いと思われる。その理由は、「敬語」は、社会的に使うべきとされる場面で使わないと、対人関係が危うくなる可能性があり、使うことが強く要請される場合があるからである。一方、「ののしり」は、使わない方が無難なものであり、使わないことが対人関係を危うくする可能性はほとんどないと言ってよく、使うことが強く要請される場合は稀だと考えられる。敬語は使っておけば安心という面もあり、機械的・習慣的に使うことすらあるだろうが（結果として間違った敬語も頻発する）、ののしりの表現を機械的・習慣的に使う人は少ないであろう。したがって、敬語には一定の使用頻度が見込まれるが、ののしりの表現はそうではない。以上を図式化すると、表1のようになる＊1。

表1　敬語とののしりの関係

	敬語	ののしり
使うとどうなるか	無難	対人的危険が生じる可能性あり
使わないとどうなるか	対人的危険が生じる可能性あり	無難
見込まれる使用頻度	高い	低い

このように、「ののしり」は、使わない方が無難なものだが、存在している。頻度は低くても、使われることがある。ののしりは、場面と文脈に注意を払いながら使わなければ、対人関係が危険にさ

らされる可能性がある。つまり、逆にいうと、ののしりの表現は、注意を払いながら使われる可能性が高いもの、と位置付けることもできよう。「ののしり」の表現は、コミュニケーションの中に注意深く精密に織り込まれる。それは、言葉づかいをより細やかに調整し、型通りではない自己表現を実行する上で役立つという面があるのではないか。そのような観点から「ののしり」を扱った研究は、従来、なかったように思われる。そういった観点から「ののしり」の意義を見つけ、「ののしり」についての考察を進めたい。

「ののしり」のことばには、アホ・オノレ・ガキ・アイツのような名詞・代名詞、ホザク・ズラカル・ヌカスのような動詞、ド〜・〜メのような接頭辞・接尾辞、〜ヤガルのような助動詞などがある。本書では、このうち、助動詞と補助動詞をとりあげる。これは、助動詞・補助動詞は実質的な意味を持たないため、さまざまな文脈に出現する可能性があり、幅広く調べやすいのではないかと考えたからである。動詞に直接接続する助動詞と、テを介して動詞に接続する補助動詞をまとめて、「助動詞類」と呼ぶことにする。

1.1.2　ののしりはどのような形で表現されるか

「ののしり」の、表現行為としての特徴を考える上で参考になる記事が、2023年8月26日朝日新聞朝刊の書評欄にあった。小説家の山内マリコが『女ことばってなんなのかしら？　「性別の美学」の日本語』（平野卿子、河出新書）への書評の中で、次のように書いている。

> 相手を罵倒する言葉も、命令する言葉も、女性の口からはスッと出ない。乱暴な言葉を使わないことが"女らしい"社会規範とされ、美化されてきた成果だ。（中略）言葉を制限されることで、怒りの表現を封じられているということ。

相手を罵倒する言葉、乱暴な言葉、すなわち、「ののしり」のような言葉は、女性にとっては、使用を「制限」されているというのである。山内が言う通り、乱暴に聞こえる言葉を女性が使うと、い

わゆる「女性らしさ」に欠けているというマイナスの目で見られてしまい、社会規範から外れた行動を取ったとされる場合が多いであろう。そのような社会規範が存在するのは間違いのないところである。佐竹（2010）によれば、女にとっての敬語は「品格をあらわす」ものと意味づけられているのである。しかし、「封じられている」ということは、「使うことへの希求」の存在を示すと考えられる。「怒り」の気持ちは誰にでも生じうる。性別にかかわらず、あるいは年齢や地位などにかかわらず、置かれた状況によっては、乱暴な言葉を使いたくなる気持ちになることはありうるだろう。

　「ののしり」が使用を制限されている中で、使いやすい状況が、「ひとり言」や「冗談での使用」ではないか。

　ここで、関係する方言調査の結果を紹介しよう。田原・村中（2002）の東大阪市調査（調査は1998年9月実施）で、「ののしり」の助動詞を含んだ文を使うかどうかに関する調査を行なった。調査文は次のようなものである。調査協力者に、できるだけ実感を込めて読んでもらった後、下線の部分のことばを使うことがあるかどうかを内省してもらい、「使う」「たまに使う」「ひとり言、冗談でなら使うことがある」「聞くけど、自分では使わない」「聞いたこともない」の5つの選択肢から1つを選んでもらった。

【田原・村中（2002）の東大阪市調査で調査協力者に読んでもらった文（一部）】
ヤガル　　：あのあんだらめ、こんなことし<u>やがって</u>
サラス　　：カッコつけ<u>さらして</u>、アホか
ケツカル：何言うて<u>けつかる</u>
コマス　　：言うて<u>こました</u>ったった
クサル　　：仕事仕事言うてゴルフに行き<u>くさって</u>

　結果は表2のとおりであった。選択肢5つのうち、「使う」に関わる3つの選択肢のパーセントのみを示す。パーセントの数値は小数点以下を四捨五入している。

　このデータを見ると、「ののしり」の助動詞を、なんらかの形で

表2　ののしりの助動詞を使うかどうか（東大阪市調査より）

		使う	たまに使う	ひとり言や 冗談でなら使う	「使う」 合計
ヤガル	男性	67	25	4	96
	女性	13	20	17	50
サラス	男性	21	29	13	63
	女性	6	3	3	12
ケツカル	男性	24	12	16	52
	女性	3	0	3	6
コマス	男性	15	15	15	45
	女性	3	3	7	13
クサル	男性	8	21	13	42
	女性	0	0	7	7

（数字は％）

「使う」と回答した人が、決して少なくないことがわかる。「使う」と答えた人が多いのは、おおよそヤガル、サラス、ケツカル、コマス、クサルの順であり、いずれも男性に比べて女性は少ないのであるが、女性の部分だけ見ても「使う」の合計が全くのゼロという語形はない。コマス・クサルについては、女性は「使う」「たまに使う」に比べて「ひとり言や冗談でなら使う」が多い。「ののしり」の表現行為を行う際の特徴として、「ひとり言」や「冗談で」という使い方に意味がありそうだと読み取れる。使用が社会的に制限されている中で、使うことへの希求を満たすことのできる形が、「ひとり言」や「冗談で」なのであろう。

　逆に、「ひとり言」や「冗談で」ではなく、直接、相手に対して「ののしり」を行う場合に、どのようなことが起きるか。さまざまなケースがあると考えられるが、参考になるものとして、ここでまた一つ、NHKテレビドラマ「ブギウギ」のセリフの例をあげよう。梅丸歌劇団の社長が給料削減と人員削減を決め、それに反対する歌劇劇団員が社長に詰め寄るシーンである。歌劇団の男役トップの橘アオイが、1人で社長に訴えている。社長の横に林部長が立っている。そこに後から駆けつけた娘役トップの礼子と、歌劇団ではまだ

脇役である鈴子（ドラマの主人公）の２人が、部屋の外で聞いている。

> 橘アオイ：礼子は、会社と刺し違える覚悟でストライキするつもりですよ。
>
> 社長　　：ほなら、そうしたらええがな。あいつがおらんかて、梅丸はびくともせん。さっさと出ていけ、言うとけ。
>
> 鈴子　　：わて、わて、もう我慢、できまへんわ。（部屋の中に駆け込む）<u>なんや、さっきから聞いとったら、コラーーー。</u>
>
> 林部長：こら、鈴子、なんやその言葉遣いは。
>
> 鈴子　　：（キョロキョロし、困った表情で）すんまへん。（頭を下げる）わて、わては、さっきの、さっきまで、どうしてええか、わかりませんでした。…（続く）

（「ブギウギ」第３週　第15回「桃色争議や！」）

　二重下線部は、鈴子が社長の言葉に腹を立てて、思わず部屋に駆け込み、感情のままに怒鳴るところである。「コラー」の「ラ」の発音は巻き舌であり、迫力満点である。これはまさに「ののしり」であると言ってよいだろう。歌劇団の下っぱ団員である鈴子が、歌劇団の社長を怒鳴りつけ、「コラー」と巻き舌で叫ぶ。かなり失礼であり、対人関係を壊すかもしれない、自分の身分までも危険にさらすような行為である。

　ここでは、鈴子自身は当初、「場面と文脈に注意を払いながら」ののしった訳ではない。感情のままに部屋に駆け込み、怒鳴ったのである。しかしその直後に、社長ではなく林部長が横から「なんやその言葉遣いは」とたしなめた。たしなめられたあと、鈴子は我に返ったようにキョロキョロして戸惑った表情となり、頭を下げ、失礼でない口調で話し始める。

　つまり、あらかじめ打ち合わせした訳ではなくても、鈴子は林部長との連携プレーのような形で、極めて失礼な態度から失礼でない態度に切り替えることができた。結果として、社長に対して、ある

いはその場にいる他の人物に対しても、注意を払いながら、言葉づかいを調整し、全体の流れとして受け入れられやすい表現をすることができた。「ののしり」を複数人の「連携プレー」で適切に行う、ということが実現されたと言ってよいだろう。

　以上のように、「ののしり」のことばは、乱暴なものとして、社会的に使用を制限されるという面がある。しかし、使用への希求は確かに存在する。使わずにいられなくて思わず使ってしまう場合があるのである。制限されている中で使用するための解決策の一つが、「ひとり言」や「冗談での使用」という形をとることである。もう一つが、コミュニケーションの流れの中で、「ののしり」が受け入れられるように調整を行うことであり、たとえば、ののしりの発話者だけでなくその場にいる人物との間で（あらかじめの相談はせず結果的にでも）連携プレーのように調整を行い、適切な表現として成り立つ形にすることである。

1.2　ののしりの助動詞の謎

　ここまで、「ののしり」を研究する意義について、あるいは、「ののしり」が表現される形について、述べてきた。次に、「ののしり」の助動詞とはどのようなものであるか、明らかにすべき課題にはどのようなものがあるか、を考える。まずは、該当する語で、全国的に使われる代表的なものとしてヤガルを取り上げる。さらに、関係する関西方言の助動詞としてハル、コマス、を取り上げる。

1.2.1　ヤガルの検討：「ののしり」の意味を探る

　ヤガルは、「ひどいことをし<u>やがる</u>」「仕事が終わらないのに帰り<u>やがった</u>」のように使われる。ヤガルは、全国的に使われる代表的な「ののしり」の助動詞であるといってよいだろう。辞書によるヤガルの語釈をいくつか抜き出し、意味・用法を検討してみよう。

【「やがる」の語の意味】
・相手や他人の動作を軽蔑したり、ののしったり、憎んだりする気
　持を表す。　　　　　　　　　　　　　　　（『精選版日本国語大辞典』）

・軽蔑や憎しみなどの気持ちを込めて、相手の動作をいう意を表す。

(『大辞泉』)

・動作をする人に対するさげすみ・ののしりなどの気持ちを表す。

(『明鏡国語』)

【「やがる」の使われる状況】

・近世以降、男性のぞんざいな調子の会話で用いられる。

(『大辞泉』)

・ぞんざいな会話で使う。 (『明鏡国語』)

　語の意味の説明の中に「軽蔑」「さげすみ」が含まれていることから、「価値の低いものと位置付ける」という「マイナス評価」の意味があることがわかる。また、「憎む」「憎しみ」があることから、「よくないものとして嫌う」「許せない気持ち」といった「マイナス感情」の意味があることがわかる。さらに、いずれも、「気持ちを表す」「気持ちを込めて」ということばがあることから、感情を表すことを中心的意味とする語であることがわかる。

　まとめると、ヤガルは、「マイナスの評価づけを行いつつ、主としてマイナスの感情表出を行う語」である、といえよう。使われる状況の説明の中に「ぞんざい」と「会話」がある。このことから、ヤガルは、「丁寧でない、礼儀正しくない、荒っぽい感じ」の「話し言葉」であることがわかる。

　ヤガルの語釈の中に「ののしる」「ののしり」という言葉も見られる。ここで「ののしる」の語義を辞書によって確認してみよう。(「ののしる」の語義のうち、「物音がする」「評判になる」「権勢が盛ん」「大げさにいう」など、ヤガルの意味説明と関係のなさそうなものは省く。)

【「ののしる」の語の意味】

・人が声高に物をいう。大きな声で非難する。しかりとばす。口ぎたなく悪口を言う。 (『精選版日本国語大辞典』)

・ひどい言葉で悪口を言う。声高に非難する。罵倒する。わめき立

てる。大声で言い騒ぐ。 （『大辞泉』）

・非難してどなる。口汚く声をあげて悪口を言う。罵倒する。

（『明鏡国語』）

　これを見ると、「ののしる」の意味は2つの部分から成るといっていいだろう。1つは、「声高」「大声で」「わめく」「騒ぐ」「どなる」などの、「大きな声を出す」すなわち発声である。もう1つは、「非難」「悪口」「口汚い」などの、「誰かに向けて非難や悪口などの悪意を発したい気持ち」すなわち感情である。

　ここで、前述の『明鏡国語』によるヤガルの語釈に、「ののしりなどの気持ちを表す」とあることに注目したい。「ののしりなどの気持ち」と言った場合、この「ののしり」には発声の意味がなく、感情の意味のみがある。つまり「ののしり」という語を、感情の意味のみをもって使用することが可能なわけである。よって、本書において、「ののしり」を「誰かに向けて非難や悪口などの悪意を発したい気持ち」を表すラベルとして用いることにする。

　本書で扱うものは、ヤガルも含め、ヤガルに似た働きを持つ助動詞群である。この助動詞群をまとめて呼ぶための名付けが必要である。それを「ののしり」の助動詞と呼ぶことにする。すなわち「誰かに向けて非難や悪口などの悪意を発したい気持ち」を表す助動詞である。概略的には、上記で見たヤガルと同様に、「マイナスの評価づけを行いつつ、主としてマイナスの感情表出を行う語」である。文体的特徴としては「丁寧でない、礼儀正しくない、荒っぽい感じの話し言葉」である。本書で扱う「ののしり」の助動詞は、ヤガルのほかに、ケツカル、クサル、サラス、ヨル、コマスなどがある。

　「ののしり」の助動詞、という名付けのほかに考えられる呼び方として、「ぞんざい表現」があるが、「ぞんざい」は「丁寧でない」「あらっぽい」「乱暴」「無作法」という意味であり、「非難・悪口」の意味を含んでいない。本書で扱う助動詞群は、「非難・悪口」の意味を持つラベルがふさわしいと考え、「ののしり」の助動詞と呼ぶことにする。「軽卑語」「軽卑表現」「卑罵語」「卑罵表現」という呼び方もありうるが、「卑しむ」が差別的ニュアンスを持つように

序章　なぜ「ののしり」の助動詞なのか　11

感じられることから、より一般的な言葉である「ののしり」を使うことにしたい。

　1.2.2　ハル：敬語なのに、「ののしり」の助動詞に似た部分あり
　京都や大阪で用いられるハルという助動詞は、一般的には方言の敬語であると言われている。一見、ハルは「ののしり」とは何の関係もないようだが、「ののしり」の助動詞に近い用いられ方をする場合がある。2023年7月15日（土）の読売新聞記事におけるハルの用例を見よう。

　　　タイトル：祇園祭、ちまきの転売相次ぐ…地元困惑「何してはるんやろ」
　　　記事：京都・祇園祭で山鉾ごとに販売される授与品「厄よけちまき」がインターネットで転売されるケースが相次いでいる。発売直後から100本以上が出品され、山鉾を巡行する各町の関係者は「信仰の対象でもあるのに……」と頭を悩ませている。（中略）。前祭の巡行で先頭を進む長刀鉾も出品が目立ち、保存会の川那辺健治・専務理事（75）は「ネットで転売するのは個人の自由かもしれないが、『何してはるんやろ』という気持ち」と話す。

　この記事の中にある「何してはるんやろ」から助動詞ハルを取り除くと「何してるんやろ」となる。いずれも、標準語に翻訳すれば「何をしているんだろう」である。同じ文脈でいずれの形を使うことも、文法的には可能である。比較検討してみよう。

・「何してるんやろ」→話し手から動作主への気遣いがない印象を与える。冷たいニュアンスにも、ごく親身なニュアンスにも、どちらにも取れる。丁寧さはない。
・「何してはるんやろ」→話し手から動作主に対して一定の心理的距離をおいている感じがある。口調がやや丁寧で柔らかい印象。

「何」という疑問詞が使われているが、この記事の文脈では、何をしているのか本当に知りたいという純粋な疑問文ではなく、不審な気持ちを表している。「何してはるんやろ」は「何してるんやろ」に比べると、動作主を上に持ち上げたスタイルだが、この記事の場合は、動作主に対して敬意を払う気持ちがあるとは読み取れない。口調は丁寧なニュアンスだが、動作主に対して距離を置いている感じがある。

　この記事の「何してはるんやろ」は、75歳男性の京都人が、祇園祭のちまきを転売する不特定複数の人々を対象として、ちまきの転売という行動をいぶかしがるていでコメントしているものである。「個人の自由かもしれないが」と相手の行動をいったん認めるような前置きがある。このことは、後ろにややきつい本音（困惑や非難のようなマイナス感情）が来ることを暗示している。そして直後に「という気持ち」の表現があることにより、「何してはるんやろ」を引用する形にして際立たせる効果がある。ちまきが転売されるという事態についての地元の人々の意見をよく表すセリフとして、記事のタイトルにも使われているのであろう。

　ハルの機能に関する先行研究の記述を見てみよう。辻（2009）には、「話題の人には基本的に人の如何にかかわらず一律にハルが適用される。その適用対象は三人称の「人」のほぼ全体に及ぶ」とある。酒井（2019）は、「京都では全ての人物に対してハルが使用される」と述べている。この辻（2009）の記述は談話資料を用いた分析結果であり、酒井（2019）の記述は「読みがたり昔ばなし資料」を用いた分析の結果である。確かに、談話資料や昔話資料に基づき、ハルのエッセンスを抽出した結果の、統一的な説明としては、ハルの機能は「三人称指標機能」（辻2009）であるというのが妥当であろう。しかし、ハルが使用されるさまざまな個別ケースにおいては、「三人称指標機能」以外のハルの働きに注目することにも意義があるだろう。たとえば、上記の「何してはるんやろ」と「何してるんやろ」の違いはなんだろうか。「何してはるんやろ」は、「何してるんやろ」に比べて、動作主が三人称であることをより明確化しただけの文、なのだろうか。

序章　なぜ「ののしり」の助動詞なのか　13

ここで、辻（2009）の「面接調査」に注目したい。ハルの派生的拡張用法を表す例文を作成し、調査票を用いて、ハルの使用意識を調べたものである。aからmまでの13の例文が作成されているうち、「マイナス評価をともなう」例文b、c、dについて、「使用する」という回答が多かったのである。例文b、c、dを次にあげる。（下線と、〈　〉内の標準語訳は本書筆者による。）

例文b：（前の車のドライバーのことを）いやー、缶ほか<u>さはった</u>
　　　　〈うわあ、缶を捨てた〉
例文c：こんなとこにゴミほか<u>さはる</u>人がいはるし　かなんわ
　　　　〈こんなところにゴミを捨てる人がいるから嫌だよ〉
例文d：あの人いけずばっかりい<u>わはるし</u>　かなんわ
　　　　〈あの人、意地悪ばかり言うから嫌だよ〉

　この3つのうち、例文bは、ハルを取り去って「いやー、缶ほかした」とすると、自分の動作を表現しているようにも聞こえるので、この文ではハルがないと三人称の動作としてはやや不自然になる。よって、例文bの場合、ハルの三人称指標機能が明らかに働いていると言える。では、例文cと例文dはどうか。それぞれ、ハルを取り去ると「こんなとこにゴミほかす人がいるし　かなんわ」「あの人いけずばっかりいうし　かなんわ」となる。この2つの場合は、ハルがなくても、三人称の動作として不自然さはなく、同じ文脈で使うことが可能である。この場合、三人称指標機能は特に働いているようではない。ではハルをつけることにより、どのような意味が付加されるのか。例文c、dの場合は、ハルをつけることにより、「動作主に対して少し突き放した感じ」と「口調として丁寧な感じ」の両方が表現されていると言ってよい。
　辻は例文b、c、dのハルを《マイナス評価／悪感情》のハルと呼んでいる。《マイナス評価／悪感情》というと、1.2.1で述べた「ののしり」の助動詞によく似ている。
　前述の読売新聞記事の「何して<u>はる</u>んやろ」のハルは、辻の例文cの「ゴミほか<u>さはる</u>」のハルと共通点がある。すなわち、具体的

に誰であるともわからない複数の不特定の人を対象として、非難する気持ちを表明している。マイナスの評価づけを行いつつ、マイナスの感情表出を行っているのである。

　ハルは軽い敬意を表す方言敬語であると説明されることが多いのに、なぜ「敬意」とは相容れないように見える「ののしり」に類似した用法が生じるのだろうか。一つには、辻がいうところの「少し隔てる」というハルの機能が、働いているのだろう。「少し隔てる」ということは、事態を「よそごと」として冷静に捉えることになる。漫才のツッコミがボケの発言の間違いを指摘するような機能につながる。対象を軽く非難するような扱いをすることにつながるのである。また、一面では、ハルがごく軽度であるとしても「敬語」であることが、逆に効いているのだと考えられる。つまり、マイナス評価をするような対象は、敬語を使うに値しない人物なのだが、その人物を対象にあえて敬語を使うという運用の仕方が違和感を生み、そこに「困惑」や「非難」のニュアンスが浮かび上がってくるのである。

　そして、この記事の話者がハルを使う理由が、もう一つ考えられる。自分が「ハルを使う人間である」ことを示す、ということである。ハルを使う人間、すなわち、「上品な京都人」であるというアイデンティティーを示しているのである。新聞記事の例では75歳男性がハルを用いているが、ハルによって「京都人アイデンティティー」を示すということは、男女関わりなくあることだとみてよいだろう。

　まとめると、先の読売新聞記事における「何してはるんやろ」の「ハル」の機能には、次のものがあると考えられる。

1) ハルの基本的機能：動作主が三人称であることを明確に示す。
2) ハルの「隔て」の機能：話し手が動作主に対して心理的距離を置いていることを示す。非難のニュアンスにつながりうる。
3) ハルの「マイナス評価・悪感情」暗示機能：敬語に全くふさわしくない対象にあえて敬語を使うことにより、話し手が動作主に対して困惑や非難の気持ちを持っていることを暗示する。

序章　なぜ「ののしり」の助動詞なのか　15

4) ハルのアイデンティティー表示機能：話し手が自身を「上品な
   京都人」であると示す。

　「マイナス評価・悪感情」を暗示するハルの機能は、言語学的に
は派生的な用法であると位置付けられるだろうが、辻（2009）の
調査で使用するという回答が多かったことや、新聞記事の見出しに
使われていることからわかるように、ハルの用法として決して珍し
くないもので、母方言話者にとっては「確かに、こういう使い方の
ハルがよくあるなあ」とピンとくるものである。
　このように、方言の敬語の助動詞ハルには「非難や悪口のような
悪意を発したい気持ち」を表す「ののしり」の助動詞に近いものが
ある。ハルは、文脈によっては、ヤガルと同様に「マイナスの評価
づけを行いつつ、マイナスの感情表出を行う」という運用が可能な
のである。ただ異なるのは、ハル使用は「丁寧でない、礼儀正しく
ない、荒っぽい感じの話し言葉」にはならないことである。ハルは
あくまでも文体的に丁寧なニュアンスのある、荒っぽくはない、話
し言葉である。すなわち、ハルは、話し言葉としての文体的性質が
「ののしり」の助動詞とは異なる。したがってアイデンティティー
表示機能の内実も、ののしりの助動詞と異なるのである。

　1.2.3　コマス：ちょっと変わった、「ののしり」の助動詞
　「ののしり」の助動詞のほとんど（ヤガル、ケツカル、クサル、
サラス、ヨル）は、「ののしりの対象」となる人物やものの動きを
表す動詞につく。しかし、コマスはちがう。基本的に「ののしる主
体」の動きを表す動詞につく。ののしりたい対象の動作につくので
はないのである。ののしる主体（たいていは話し手）の動作によっ
て対象に何らかの被害を与える意思がある、という意味の「テヤ
ル」をぞんざいに表現したものが「テコマス」である。例文をあげ
る。

・退学した。
・退学してやった。

・退学してこました。

　「退学した」はただ単に退学を実行したという事実を述べただけ
である。「退学した」という文面だけでは、退学に際しての感情や
意図は表されない。嬉しいか悲しいか、悪意があるか善意があるか、
わからない。しかし、「退学してやった」と「退学してこました」
は、いずれも、話し手が、誰かにマイナスの影響を与えようという
意図を持って、「退学する」という動作を思い切りよく実行したこ
とを表している。それはたとえば、担任の教師への当てつけの気持
ちかもしれないし、自分の親へのムカつきの気持ちかもしれない。
つまり、教師や親などに対するマイナスの感情を持って、退学を実
行したことを示唆するセリフである。ただ、このセリフは、教師や
親に直接聞かせる必要はない。テヤル・テコマスを伴って発言する
ことにより、ののしる主体の気持ちを外に出すことができて、幾ら
かでもウサが晴れるのである。ののしる主体の頭の中の世界で、誰
かに被害が及ぶことを志向するのである。テヤルよりもテコマスの
方がよりぞんざい・粗野であり、強い語気となる。
　田辺聖子の小説『甘い関係』から、コマスの使用例をみよう。

　　　彩子が二階のつき当りの部屋へ入ると、もう、浦辺町子は帰
　　っていて、机の前に横ずわりになり、考えあぐねた顔をしてい
　　た。
　　　まだ二十歳になったばかりで、顔色のさえた美しい娘である。
　　白いセーターに、モモヒキのような黒いズボンをはいて、髪は
　　ふさふさと肩に垂れている。
　　　彩子の方を見ないで、
　　「おかえり」
　　と、ちょっとハスキーな声で、いう。甘ったるいかすれ声で
　　ある。
　　「あれ、どないしたん。今夜は『マタドール』で唄う日やな
　　かったん？」
　　「休んでこましたってん」

「町子はね、それが玉にキズやわ。黙ってたら申し分ないけど、モノいうたらさっぱりやな。もっと修業せな、あかんよ」

(田辺聖子『甘い関係』文春文庫 39–40 頁)

　町子という二十歳の美しい娘が、同居生活をしている少し年上の友人の彩子に向かって、「(歌手として勤めている店を)休んでこましたってん」と言う場面である。関連形式を並べて検討しよう。

　・休んでん　　　　　　　　　　　　　　　〈休んだのだ〉
　・休んだってん　　＜休んでやってん　　〈休んでやったのだ〉
　・休んでこましてん　　　　　　　　　　〈休んでやったのだ〉
　・休んでこましたってん　　＜休んでこましてやってん
　　　　　　　　　　　　　　　　　　　　〈休んでやってやったのだ〉*

　「休んでこましたってん」はコマスにテヤルが接続したものである。テコマスを標準語に訳すとすればテヤルと訳しかないので、直訳すれば標準語訳は「休んでやってやったのだ」となってしまう。これは同じ意味の語を重ねて強調する形である。
　上記の４つの文はいずれも、勤め先の店を休むという動作を実行したと相手に伝えるセリフとして可能である。「休んでん」は「休んだのだ」とただ普通に伝えただけである。「休んだってん」（＜「休んでやったのだ」）は、テヤルを使うことによって、「望ましくないことを思い切って実行した」という意味が加えられている。「休んでこましてん」もほとんど同様であるが、やや強めの、ぞんざいな語気となる。「休んでこましたってん」は、コマスとテヤルの両方を使って、「望ましくないことを思い切って実行した」意味をさらに強調している。コマスとテヤルを重ねることによって、リズムがよくなり、口調が整う。
　このコマスの働きは何か。「ののしり」の助動詞であるとは言っても、誰かを対象として貶すというマイナス評価を行っているわけではない。話し手は、「自分が引き起こす事態へのマイナス評価」の表明を行っているのである。この場合であれば、仕事先を「休

む」という自分の動作が引き起こす事態が、好ましいことではないと話し手（町子）は自覚している。そして自分のその行動によって誰かに被害を与えてもかまわないという「悪意」、すなわちマイナス感情も表すことになる。ただ、このマイナス感情の向けられる先は、明らかなものではない。この場合の対象は店の経営者かもしれないし、ばくぜんとした世の中全体かもしれない。

コマスの働きは、事態へのマイナス評価と誰かへのマイナスの感情を表すことだけではない。誰かにとってマイナスになる行為をあえて思い切って行うというのは、話し手の勢いの良さを示すことにつながる。思い切りよくいきいきした感じを表現するためにコマスが役立つ。

コマスを使いこなすことによって話し手が満足感を得られる、という働きもある。他の「ののしり」の助動詞にも共通することであるが、必ずしも粗野という特徴を持つわけではない人物が「あえて粗野に振る舞うこと」に楽しさを感じる、ということがある。上品なものから下品なものまで幅広く言葉を使いこなすことができる自分は豊かな自己表現ができる人間である、という満足感が味わえる。もちろん、周囲を見て、使っても大丈夫な場面であるかどうかを見計らった上で、使うのである。

『甘い関係』の例を見ると、町子のコマスを聞いた彩子が、「町子はね、それが玉にキズやわ。黙ってたら申し分ないけど、モノいうたらさっぱりやな。」と咎めているところから、町子の言葉遣いが普段からやや乱暴・粗野な傾向があることはわかる。しかし、町子は決して、いつでもどこでもコマスを使っているわけではない。彩子が心置きなく話せる同居の友人であるからこそ、安心してコマスを使い、自己表現しているのである。

まとめると、コマスの働きは次のようである。

1) ののしる主体の動作によって対象に何らかの被害を与える意思があることを表す。すなわち、ののしる主体の動作によって引き起こされる事態への、マイナス評価を示す。

2) ののしる主体の動作によって誰かに被害を与えてもかまわない

という「悪意」、すなわちマイナス感情を表出する。ただしマイナス感情の向けられる先は、必ずしも明白ではない。
3）動作を思い切りよく実行する勢いの良さを表現する。
4）乱暴・粗野なニュアンスの言葉を、状況を見て使いこなすことにより、言葉を駆使した満足感を得る。

　1）と2）は他の「ののしり」の助動詞と共通するものである。4）も他の「ののしり」の助動詞と共通することが見込まれる。3）は自分の動作につくことから生じる特徴であるため、コマスの特徴であろう。

　1.2.4　まとめ：「ののしり」の助動詞のはたらき
　ここまで述べてきたことをまとめよう。
　「ののしり」の語義には、発声と感情の2つの意味がある。本書では「ののしり」の語義の「感情」の意味部分を活用し、ラベルとして用いることにする。その感情の意味の内容は「誰かに向けて非難や悪口などの悪意を発したい気持ち」である。
　「ののしり」の助動詞の働きを要素に分解すると、次のようになる。

【「ののしり」の助動詞の働き】
（1）誰かに向けた非難や悪口などの何らかの「悪意」を表す。
《感情の表出》
（2）人や事態についての「マイナスの評価づけ」を行う。
《評価の表示》
（3）ぞんざいで荒っぽいニュアンスを伴う話し言葉である。
《文体的特徴の表示》

　「ののしる」対象が話し手の面前にいることは、必要条件ではないと考える。「ののしり」は後に述べるように「表現」の行為であり、必ずしも、目の前の相手にぶつける必要はない。

前節までで扱ってきた助動詞について述べよう。

　助動詞ヤガルは、上記の（1）（2）（3）を満たす。

　助動詞ハルは、（1）と（2）を満たす運用が可能であるが（3）を満たさない。ハルの文体的特徴は「丁寧なニュアンス」であった。

　助動詞コマスは、（1）（2）（3）を満たす。ただし、すでに述べたとおり、コマスの場合のマイナス評価は、他者の性質や行動に向けてのものではなく、ののしる主体の引き起こす事態に向けてのものである。マイナス感情は他者に向けてのものであるが、対象が不明確な場合もある。同じ意味を持つテヤルとテコマスを重ねて用いることにより、リズムが良くなる効果がある。

　さらに、コマスで見たように、「ののしり」には次の（4）の特徴があると思われる。

（4）話し手は、乱暴・粗野なニュアンスの言葉を、状況を見て使いこなすことにより、言葉を駆使して自己を表現できたという満足感を得る。　　　　　　　　　　　　　《表現行為》

　すなわち「ののしり」は、「感情を表出」したり、対象への「評価を表示」したり、「文体的特徴を表示」したりするだけでなく、「表現」する行為そのものに、意味があると考える。

　感情や、評価や、文体的特徴は、誰かに伝えることの可能な「情報」である。しかし、ののしりという行為は、情報を発するだけではなく、話し手が「表現する」という側面がある。自己の内面を形にして外に出すのである。

1.2.5　「ののしり」の助動詞にまつわる謎

　ここまで、「ののしり」が表現として価値を持ちうるということを述べてきた。「ののしり」の意味を確認し、いくつかの助動詞を例にとって「ののしり」の助動詞の機能について考察した。また、使用を制限される社会的圧力がある中で、使用への希求を満たすための方法として、「ひとり言」や「冗談で使う」という表現形態があること、また話者の間で調整を行い、コミュニケーションとして

成り立たせる可能性があることを、確認した。

　では、「ののしり」の助動詞は、実際にどのように使われているのか。助動詞どうしは、互いにどのような関係にあるのか。それらについては、わかっていないことが多い。使用の文脈において、詳しく観察する必要がある。地域差があるのかどうかも重要な点である。特に本書で注目するのは、関西方言における「ののしり」の特徴である。「ののしり」の表現のあり方は地域文化、すなわちその地域の人々の考え方とも関わりが深いと考えられる。

　本書では、以上のような「ののしり」の助動詞に関する謎を解くために、文学作品等における「ののしり」の助動詞の使用を観察し、表現上の特質を追求することにしたい。

1.3　「ののしり」の助動詞に関する先行研究

　まず、近世についてである。

　近世の日本語の口語表現あるいは待遇表現についての記述は、湯沢（1936）・湯沢（1954）と山崎（1963）・山崎（1990）が詳細であり代表的なものである。この2人の先達の研究から、罵りの助動詞にあたる部分を拾い出すと、表3のようにまとめることができる[2]。縦軸を時代の流れとし、横軸を地域（上方と江戸）とした。

　表3をみると、オル・ケツカル・ヤガルは上方地域と江戸地域の両方に共通して見られる。上方地域のみに見られる語形としてクサル・アガル・コマス・ヨル・サラスがあり、江戸地域のみに見られる語形としてウセルがある。すなわち、近世においては、江戸よりも上方の方が、罵りの助動詞類の種類が多いと見られる。

　次に、近代についてである。

　近代の関西方言における「ののしり」の助動詞の状況については、村中（2019）でまとめている。やや長くなるが、引用する。

　　　まず、ヤガル・クサル・サラス・テケツカルの4語について。これらは前田（1949）で「相手の動作を口汚く云ふ形」、罵詈形としてあげられているもので、郡（1997）でも「見下げて言う表現」として列挙されている。いずれも聞き手もしくは第

表3　近世前期・後期の罵りの助動詞類（上方と江戸）

	出典	上方地域	出典	江戸地域
近世前期	湯沢（1936）	オル、クサル、ケツカル、ヤガル・アガル		
	山崎（1963）	オル、クサル、コマス、アガル		
近世後期	山崎（1963）	オル・ヨル、クサル、ケツカル、コマス、サラス、ヤガル・アガル	湯沢（1954）	（オル、）ケツカル、ヤガル、ウセル
			山崎（1990）	オル、ケツカル、ヤガル

（湯沢1954には、江戸地域のオルは「上方ふう」のものと記されている）

　三者の動作につく語で、飲みヤガル・飲みクサル・飲みサラス・飲んデケツカルのように接続する。牧村（1979）ではこの4語はすべて見出し語となっており、かつ、それぞれの語意説明の中に他の3語が同義語としてあげられている。以上のことから、ヤガル・クサル・サラス・テケツカルの4語は大阪方言であり、かつ、ほぼ同じ意味を持つ罵り表現であるとみられる。ちなみに楳垣（1962）は、ヤガル、クサル、サラス、の順で憎悪の感情が高まり、テケツカルに至って最高潮に達する、という。

　次に、ヨルである。山本（1962）には罵詈表現としてヨル・ヤガル・クサル・サラスがあげられており、「ヨル・ヤガルは相当広く用いられるが、クサル・サラスは、中年以上の主として男子に用いられるきわめて下品なことば」とある。ヨルについては、卑語形式として西尾（2005）で詳しく分析されている。ヨルは第三者の動作につく語で、行きヨルのように接続する。

　そして、テヤル（タル）・テコマスの2語である。山本（1962）は、大阪方言における供与的動作を表すものとして、テヤル→タルをあげ、その罵詈表現として、テコマスをあげている。テヤルは一見、罵りではないようにも見えるが、明鏡国

語辞典によれば、テヤルには、「①同等以下の人などのために何かをする意を表す」と「②強い意志を持って、相手に悪い影響の及ぶ行為をする意を表す」の2つの意味がある。この②の意味で使われる場合、相手への悪意を表明するものであることから、罵りと同様の意図があると解釈できる。テコマスも同様に②の意味がある。この2つの語形は、自分の動作につけるもので、行ッテヤル・行ッテコマスのように接続する。

　以上、見てきたように、ヤガル、クサル、サラス、テケツカル、ヨル、テヤル、テコマス、の7語はいずれも近代の大阪方言における罵り表現の類であるとみなせる*3。

　以上から、次章以降で検討すべきことがらとして、次の3点を挙げる。

(1) 近世における、罵りの助動詞類の使用状況はいかなるものであるか。湯沢と山崎のあげている語形が実際にどのくらい、どのように使われているのか。上方地域と江戸地域の違いはどのようであるか。
(2) 近代における、罵りの助動詞類の使用状況はいかなるものであるか。特に大阪方言における複数の罵りの助動詞の使い分けはどのようであるか。罵りの強さの段階があるのか。なぜ、同じ罵りの意を持つ助動詞が複数あるのか。
(3) 罵りの助動詞の使用が見られる近世および近代の資料の性質は、どのようなものであるのか。

　(3) について、説明を加えよう。近世や近代においては、その時代の自然会話の録音資料がほぼ存在していない。したがって、「ののしり」が現れるような生の会話に近い資料として、文学作品や落語資料を用いることになる。用いた文学作品や落語資料の日本語の性質がどのようなものであるかをよく検討した上で、そこに現れる「ののしり」を見ていく必要がある。
　なお、自然会話の録音資料の存在する現代日本においても、自然

発生的な「ののしり」はなかなか録音できるものではなく、そのような録音資料で公開されているものはほぼ存在しないと考えられる。被験者に「罵り合ってください」と言って録音したとしても、それは演技である。したがって、自然会話を資料として使えないのは、必ずしも扱う時代の問題ではなく、相当程度、やむを得ないことである。

1.4　謎解きの前に

村中（2020b）で、「ことばの調整」という捉え方を提示した。本書における「ののしり」の分析に関しても、終章で、「ことばの調整」と結びつけて論じるつもりである。

「ことばの調整」とは、たとえば待遇表現が、ただ単に上下関係・親疎関係・改まりの度合いを表すだけではなく、その場で自分をどのような人間として表現して見せるかという要素を含んだ、よりこまやかな運用（＝「ことばの調整」）に関わっている、というものである。村中（2020b）では、それを具体的な事例とともに示した。

村中（2020b）が繰り返し行なった主張は、「話し手がどのような場面でどのようにその表現を使っているか」を詳細に観察することの重要性であった。言語使用の個々の現場をよく見て、なぜそのような言葉が使われたのか、ということを追求する。文脈に即してこまやかに観察することで見えてきたものを、性差・年代差・職業差などに帰してシンプルな法則にしてしまうのではなく、ある程度の複雑さをもったまま、ややゆるやかな規則・条件として提示していくことの有意味さを主張した。複雑さをもったまま、ややゆるやかな規則・条件として提示することを目指すために、「ことばの調整」という用語を提案した。

村中（2020b）のテーマは待遇表現であり、一つの章を除いて、いわゆる敬語を扱っていた。本書は、「ののしり」をテーマとして扱っている。「ののしり」は乱暴な人や下品な人だけがすることである、と思われがちである。しかし、そうではない。乱暴ではない人、下品ではない人も使うことがありうる。どんな人がどんな「の

のしり」をどのような状況になれば使うのか、よく観察すればゆるやかな法則性が発見できるはずであり、そのような法則性を見つけることを目指したい。

「ことばの調整」においては、話し手の言語コントロール能力への注目も重要な点である。

人とのコミュニケーションの中で、話し手がどのように言語コントロール能力を発揮し、「ののしり」がその場にどのように適切に埋め込まれているかを見る必要がある。

本章の1.1.2で見たテレビドラマ「ブギウギ」第15回の例のように、「ののしり」を発した話し手ひとりだけではなく、複数の話し手の言語コントロール能力によって、「ののしり」表現がその場面での意味を作り上げていくこともある。「ブギウギ」第15回の例を再掲する。

（歌劇団の社長が給料削減と人員削減を決め、歌劇劇団員たちはそれに反対する。歌劇団の男役トップの橘アオイが1人で社長に迫る場面。社長の横に林部長が立っている。そこに駆けつけた娘役トップの礼子と、歌劇団ではまだ脇役である鈴子（ドラマの主人公）の2人が、部屋の外で聞いている。）

橘アオイ：礼子は、会社と刺し違える覚悟でストライキするつもりですよ。

社長　　：ほたら、そうしたらええがな。あいつがおらんかて、梅丸はびくともせん。さっさと出ていけ、言うとけ。

鈴子　　：わて、わて、もう我慢、できまへんわ。（部屋の中に駆け込む）<u>なんや、さっきから聞いとったら、コラーーー。</u>

林部長　：こら、鈴子、なんやその言葉遣いは。

鈴子　　：（キョロキョロし、困った表情で）すんまへん。（頭を下げる）わて、わては、さっきの、さっきまで、どうしてええか、わかりませんでした。…（続く）

（「ブギウギ」第3週　第15回「桃色争議や！」）

「ののしり」を発した鈴子も、直後にそれをたしなめた林部長も、それぞれの言語コントロール能力を発揮した。鈴子は、「ののしり」によって、仲間の危機に黙っていられない自分を思いきり表現できた。ののしってしまったことは社会通念的に見て無礼な行動であったが、その行動に至る鈴子の気持ちは、その場にいる人間にはじゅうぶん理解されている。その場の誰も、鈴子がなぜそんなことをそんな態度で言うのか、理由がわからず不審がっていたりはしない。つまり、無礼な言葉ではあったが、周りにとって理解不能な無礼さではなく、ある程度コントロールされているものだとも見えるのである。そして、林部長の「たしなめ」は、鈴子のやや子供っぽいとも思える行動を中和し、その場をある程度、収める役割を果たす。その場にいる人々は皆、鈴子の気持ちを理解はできても、社会秩序として、鈴子の「ののしり」を放置するわけにはいかないのである。そこで立場の同じ同僚ではなく、その場で最も高い地位にある社長でもなく、社長側の人間として林部長が、鈴子の「ののしり」をおさめる立場に立った。林部長の発言も、自己表現である。林部長は、歌劇団の団員たちの気持ちもよくわかり、社長の言動に必ずしも納得していないが、会社側の人間として振る舞わざるを得ない管理職である。鈴子をたしなめはするが、さほど激しい口調ではないし、長々と説教するわけでもない。やや強く、しかし短くたしなめるように注意するだけである。そして、鈴子は林部長の「たしなめ」を受けて、社長に対する態度として妥当と思われる、通常の丁寧な言葉遣いに切り替える。このような流れで、鈴子の「ののしり」とその直後の林部長の「たしなめ」は、共に適切で理解が容易なものとして、その場の人物たちに（さらには、ドラマの視聴者に）受容される。

　このように、人とのコミュニケーションの中で、話し手がどのように言語コントロール能力を発揮し、「ののしり」がその場にどのように適切に埋め込まれているかを見る必要がある。

　この後、第Ⅰ部では近世、第Ⅱ部では近代・現代の資料を見て、「ののしり」の助動詞を観察する。終章で、「ののしり」の助動詞と「ことばの調整」の関係を見ていくことにする。

＊1　西尾（2019）は、卑語と敬語を対照させながら、卑語に独自の性質があることを説いている。本書における「敬語とののしり」と、西尾（2019）あるいは西尾（2015）のとらえ方の違いを検討する必要がある。また、滝浦・椎名（2023）の中で滝浦が論じている「インポライトネス」との関係も考える必要がある。さらに、ののしり全般を論じるためには、星野（1971）であげられている項目をひとつひとつ押さえなければならない。それらを含めた悪態・ののしりに関する包括的な理論の構築は、別の機会にゆずる。

＊2　表3は、村中（2022a）の表1を見直し、修正したものである。

＊3　国立国語研究所（1979）の地図によれば、「行きやがれ」にあたる地域方言としてイキクサレが近畿に広く分布し、イキサラセは滋賀県に、イキヤガレは中国地方と中部から関東にかけて分布し、イッテケツカレが東北にみられる。これを周圏分布ととらえると、クサル・サラスが新しく、ヤガルは少し古く、ケツカルはさらに古いという解釈が可能である。

I

近世の京阪方言におけるののしりの助動詞

第1章
洒落本『異本郭中奇譚』
江戸板から上方板への書き換え

　日本語における罵りの助動詞の状況を概観するため、国立国語研究所『日本語歴史コーパス』を検索したところ、虎明本狂言・近松浄瑠璃・洒落本・人情本に、罵りの助動詞が出現した。中でも、1作品あたりの罵りの助動詞の数・種類ともに他より多かったのが、大坂板洒落本『異本郭中奇譚』であった。

　この大坂板洒落本『異本郭中奇譚』は、江戸板洒落本『郭中奇譚』が改作（翻訳・翻案）されたものである。江戸板が大坂板として書き換えられる際に、大坂向けに何らかの工夫が施されたのではないかと考えた。そこで「江戸板における助動詞ヤガルが大坂板では他の助動詞に置き換えられた」という仮説を立て、罵りの助動詞の出現文脈を観察した。

　結果を見ると、単純な置き換えではなく、元とは異なる文脈が作られ、罵りの助動詞が使用されるケースが目立った。上方らしい面白さを増す工夫として、セリフやエピソードを加え、談話構成を改めることが行われていた。それらの総合的な結果として、罵りの助動詞が他の上方洒落本よりも多く出現したようである。

1.　はじめに

　人々の言語生活を総合的に考える上で、人が人を言語上でどのように扱っているかを表示する待遇表現のありさまを知ることは欠かせない。プラス方向の待遇表現と同様、マイナス方向の待遇表現も重要であるが、後者については研究がまだ少ないようである。そこで、マイナス方向の待遇表現の一種である「罵りの助動詞」の使用状況について、地域と時代を絞りつつ、調べている。村中（2019）では、近世末大坂の滑稽本「穴さがし心の内そと」を用いて、ヨル

（オル）・ヤガル・クサル・ケツカル・サラス・テコマス・テヤルの状況を見た＊1。村中（2021）では、明治・大正期大阪落語SPレコード文字化資料を用いて、ヨル・ヤガル・クサル・ケツカル・サラスの状況を見た。

　本章では、村中（2019）や村中（2021）よりも時代を少し遡り、近世の状況をみる。調べるにあたり、2つの段階を設定する。第1段階として、国立国語研究所の『日本語歴史コーパス』（略称CHJ）を検索し、近世の罵りの助動詞の出現傾向を概観する。第2段階として、第1段階で罵りの助動詞が多くみられた洒落本の1作品について概要を確認し、先行研究をみた上で仮説を立て、罵りの助動詞の具体的な出現文脈を検討する。その結果を受けて考察し、結論づける。

2. 歴史コーパスの検索

2.1 調査方法と対象

　国立国語研究所の『日本語歴史コーパス』（略称CHJ）を、コーパス検索アプリケーション「中納言」によって検索した（2022年3月21日確認）。検索は次の条件と手順によった。

- ・時代：「室町」「江戸」にチェックを入れて検索した。
- ・検索単位：「短単位」で「語彙素」による検索をした。
- ・検索項目：「やがる」「上がる＊2」「腐る＊3」「けつかる」「こます」「さらす」を「語彙素」として設定した。

　手順のそれぞれについて説明する。

　まず時代については、『日本語歴史コーパス』は「奈良」「平安」「鎌倉」「室町」「江戸」「明治・大正」に分かれており、それぞれにチェックをつけ外しして別々に検索することが可能である。本章では、近世を浚ってみるために「室町」「江戸」にチェックを入れた。室町時代の資料としては狂言集とキリシタン資料、江戸時代の資料としては洒落本、人情本、近松浄瑠璃、随筆・紀行がそれぞれ収め

られている＊4。

　検索を「短単位」の「語彙素」で行ったのは、今回のような動詞由来の助動詞はその方法でほぼ適切に検索できそうだったからである。検索対象によっては、「短単位」での設定ができず、「文字列検索」をしなければ語形を洗い出せない場合があるが（例えば「〜チック」のような外来語由来の接辞など）、今回はその必要はなさそうであった。

　項目を上記の6つに設定したのは、近世の日本語における、罵りの助動詞の代表と見なせると判断したからである。序章の1.3で述べた通り、近世の日本語の口語表現あるいは待遇表現についての記述は、湯沢（1936）・湯沢（1954）と山崎（1963）・山崎（1990）が詳細であり代表的なものである。この2人の先達の研究から、近世の上方および江戸のことばにおける罵りの助動詞として、オル・ヨル・クサル・ケツカル・コマス・サラス・ヤガル・アガル・ウセルがあることがわかった＊5。このうち、オル・ヨルとウセルについてはここでは扱わず＊6、クサル・ケツカル・コマス・サラス・ヤガル・アガル＊7の6項目を扱うことにする。

2.2　調査結果

　『日本語歴史コーパス』（CHJ）の「室町時代」「江戸時代」を検索した結果、罵りの助動詞6項目の出現数は次の通りであった。上方における出現を表1、江戸における出現を表2に示す。

　表1と表2を見比べると、上方では6つの語形がそれぞれ出現しているが、江戸ではヤガルに集中していることがわかる。

　詳しく見れば、表2の江戸資料には、ヤガル以外に、アガル・クサル・ケツカルも見られるが、ヤガルに比べると僅かである。

　一方、表1によれば、上方語の資料では、ヤガルもあるがそれ以外の語も使われている。上方語の3種の資料のうち、虎明本狂言ではコマスとアガルが1件ずつ出現するのみだが、近松浄瑠璃にはケツカル・サラス・コマスが出現し、洒落本にはヤガル・アガル・クサル・ケツカル・サラス・コマスの6種類ともが出現する。狂言、浄瑠璃、洒落本という資料の性質が異なるために様相が異なったと

第1章　洒落本『異本郭中奇譚』　　33

表1　近世の上方における罵りの助動詞の出現数

	虎明本／狂言 （上方）	近松浄瑠璃 24作品 （上方）	洒落本 （京都10作品、 大坂10作品）	計
ヤガル	0	0	5	5
アガル	1	0	4	5
クサル	0	0	16	16
ケツカル	0	7	6	13
サラス	0	1	2	3
コマス	1	1	13	15
計	2	9	46	57

表2　近世の江戸における罵りの助動詞の出現数

	洒落本 （江戸10作品）	人情本 （江戸8作品）	計
ヤガル	36	39	75
アガル	0	3	3
クサル	1	0	1
ケツカル	0	4	4
サラス	0	0	0
コマス	0	0	0
計	37	46	83

いう可能性もあるが、近世の上方では罵りの助動詞が徐々に発達し、語形が増え、場面による使い分けが生じたという可能性も考えられる。

　次に、これらの中から、出現の多い洒落本と人情本に絞って、作品ごとの罵りの助動詞の出現状況を表3に示す。▲は江戸板洒落本、◆は人情本、無印は大坂板か京都板の洒落本である。作品名の後の数字で、出現数を示した。縦軸は刊行年を示す。

　罵りの助動詞が2種類以上出現した作品名に、下線を付けた。同じ作品が横に並ぶようにした。すなわち、下線を付けたものを横に見ていくと、その作品にどの語形とどの語形が出現したかがわかるように示した。

表3　洒落本および人情本における罵りの助動詞の出現

	コマス	サラス	ケツカル	クサル	ヤガル＋アガル
1750–	新月花余情 2			陽台遺編・姐閣秘言 5	
1760–					▲郭中奇譚 6
1770–	異本郭中奇譚 3 風流裸人形 1	異本郭中奇譚 2	異本郭中奇譚 2 無論里問答 1	異本郭中奇譚 1 ▲南閨雑話 1 風流裸人形 3	異本郭中奇譚＋ 1 ▲侠者方言 7 ▲南閨雑話 2 ▲甲駅新話 9 ▲深川新話 1
1780–			短華蘂葉 1		▲総籬 7
1790–				阿蘭陀鏡 3	▲仕懸文庫 4 阿蘭陀鏡 1 ＋ 3
1800–	南遊記 1 嘘之川 2		昇平楽 1 竊潜妻 1	南遊記 1 嘘之川 1	
1810–					
1820–	粋の曙 1 箱まくら 1 色深狭睡夢 2		◆明烏 3	粋の曙 2	粋の曙 1 ◆明烏 7 色深狭睡夢 3
1830–			◆花筵志満台 1		◆仮名文章 2 ◆梅児与美 10 ◆辰巳園 7 ◆恋の花染 2 ◆花筵志満台 1 ＋ 3
1840–					
1850–					◆連理の梅 6
1860–					◆江戸紫 4
計	13	2	10	17	80 ＋ 7

（＋の後ろはアガルの数）

　江戸語の資料には、▲あるいは◆をつけてある。それを見ると、江戸語の資料はヤガルに集中していることがわかる。

　上方語の資料で、複数の罵り助動詞が出現した作品をあげてみよう。コマスとクサルが出現したのが「風流裸人形」「南遊記」「嘘之川」、クサルとヤガルもしくはアガルが出現したのが「南閨雑話」

第1章　洒落本『異本郭中奇譚』　　35

「阿蘭陀鏡」、コマスとヤガルが出現したのが「色深狭睡夢」、ケツカルとヤガルもしくはアガルが出現したのが「明烏後の正夢」「花廼志満台」、コマスとクサルとヤガルが出現したのが「粋の曙」、そしてコマス・サラス・ケツカル・クサル・アガルの5種類が出現したのが「異本郭中奇譚」である。他の作品が多くとも3種類までの出現であるのに、「異本郭中奇譚」は5種類が出現と、突出している。そこで、表3の「異本郭中奇譚」の部分に特に網掛けを付した。

このように、「異本郭中奇譚」は、他の洒落本と比べて、出現する罵りの助動詞の種類が明らかに多い。また他の洒落本には現れないサラスが出現する点も目立つ。さらに、出現する罵りの助動詞の種類が多いにもかかわらず、ヤガルが出現していない点にも注目したい。ヤガルは江戸語資料に多い語形ではあるが、京都板「阿蘭陀鏡」、大坂板「粋の曙」、大坂板「色深狭睡夢」に出現しており、上方語資料も現れうる語形なのである。それなのに、「異本郭中奇譚」には、ヤガルが出てこない。

以上のことから、上方の洒落本「異本郭中奇譚」には他の洒落本にはない、何らかの特別な性質があるのではないかと考えられる。実は、「異本郭中奇譚」は「異本」という名の通り、異本ではない「郭中奇譚」（江戸の洒落本）が先行して存在する。表3の右上、「ヤガル＋アガル」の欄の一番上に、「郭中奇譚」があり、ヤガルが6つ出現したことがわかる。異本でない「郭中奇譚」にはヤガルが6件使われた一方で、「異本郭中奇譚」には一つも使われなかったのである。これはどういうことなのだろうか。

『日本語歴史コーパス』の「洒落本」の部分は、洒落本大成編集委員会編『洒落本大成』（1978–88、中央公論社）＊8 を底本としている。その第4巻で「郭中奇譚」と「異本郭中奇譚」の解題を中野三敏が執筆している。中野は、大坂板洒落本「異本郭中奇譚」は、江戸板洒落本「郭中奇譚」が改作（翻訳・翻案）されたものだと述べている。とすれば、「異本郭中奇譚」の性質を知るには、「郭中奇譚」との比較分析を行うことが有効だと考えられる。

次節ではまず「郭中奇譚」「異本郭中奇譚」の構成と内容を概観し、「異本郭中奇譚」に関する先行研究をみることにする。

3. 「異本郭中奇譚」について

3.1 「郭中奇譚」と「異本郭中奇譚」の構成と内容

「郭中奇譚」(江戸板)は「序・船窓笑語・弄花卮言・掃臭夜話・秡」から成る。一方、「異本郭中奇譚」(大坂板)は「序・弄花卮言・掃臭夜帖」から成る。表4の通りである。

表4 「郭中奇譚」組（北﨑 2015 に加筆）

改作前（江戸）		改作後（上方）	
書名	部	書名	部
郭中奇譚	序	異本郭中奇譚	序
	船窓笑語		×
	弄花卮言		弄花卮言
	掃臭夜話		掃臭夜帖
	秡		×

話の内容を紹介しよう。

「序」は、江戸板・大坂板のいずれも「当世男ありけり」で始まる。「いとなまめいたる……すみけり」「ここちまどひにけり」「しのぶずり」「たれゆえに乱れ……我……」「……の人はかくいちはやき……をなんしける」「ねもせで夜をあかし」等の、伊勢物語の引用・パロディを散りばめつつ、遊郭で遊女と風流に遊ぶ男がいることを紹介することも共通である。

「船窓笑語」は、江戸板のみであり、大坂板ではまるごと削除されている。内容は、「やそ」と「とめ」という2人の芸者が旦那や太鼓持ちと一緒に船遊びをしながら、噂話や悪口・からかいなどを言い合うものである。軽い味わいの短い章であり、落語でいえばマクラにあたるようなものであろうか。大坂板にはこの章がない代わりに、次の「弄花卮言」が、より長く展開される。

「弄花卮言」は、「花紫」という名の太夫とその客、および周りの人々（遊郭の主人や数人のかむろ*9 等）をめぐる章であり、「郭中奇譚」「異本郭中奇譚」のいずれにおいても、中心となる章である。すなわち一番長い章であり、「花紫」の名前はいずれの「序」

でも紹介されているのである（「春日屋の花紫といへるあいかたにかぎりしられずのぼり出して」）。「弄花卮言」は、客が遊郭にやってくるところから始まり、かむろや主人たちも交えての会話があった後、客と太夫花紫の2人の場面となる。太夫が悋気を起こし、手紙をひったくって噛んだり、客に恨み言を言ったり、つねる、くすぐる、胸ぐらを掴む、押さえつける、などの痴話喧嘩を繰り広げたりする。そこに他の遊女もやってきて会話した後、また太夫と客の2人になり、一晩を過ごし、客は帰っていく。大坂板の方が長いが、大筋は同じであり、セリフには重なる部分が多い。

　「掃臭夜話」と「掃臭夜帖」は、いずれも夜鷹（＝惣嫁＊10）となじみ客の1対1の会話で始まり、途中から夜鷹＝惣嫁は退場して、なじみ客とその知り合いという男ふたりの遠慮のない会話に移行する。江戸板・大坂板ともに、「弄花卮言」よりもずっと短く、やや猥雑な雰囲気で、がらっぱちな人々を描いたものである。人物の名前が異なっており、江戸板は「熊さん」（でばの熊）と「宗八」（あばの宗八）、大坂板は「太兵衛」（てんぼの太兵衛）と「長兵衛」（腕の長兵衛）である。また終わり方が異なる。江戸板は、2人とも銭がなくてどこにも行けないと忌々しがるところで終わるのだが、大坂板は江戸板よりもやや長い会話があり、2人で尺八と歌を合わせたり、うどんを食べながら埒もない話をするところで終わる。

　「秡」は江戸板のみで大坂板にはない。漢文仕立ての数行のごく短いものである。内容は、女郎に真情は無いものなのでこれを「郭中奇譚」というのであり、粋人ならわかるだろう、という説明になっている。

3.2　「異本郭中奇譚」に関する先行研究と本章における仮説

　大坂板洒落本「異本郭中奇譚」に関する先行研究には、矢野（1976）、増井（1994）、北﨑（2015）がある。いずれにおいても、大坂板洒落本「異本郭中奇譚」が江戸板洒落本「郭中奇譚」から改作（翻訳・翻案）されたものであることが言及されている。

　矢野（1976）は、「比較的口頭語を忠実に反映している様にみえ

る洒落本」の「口頭語的写実性を検討するための方法論」を述べた
ものであり、4つの角度からの検討が提案されている。4つの角度
のうちの一つが、「上方板洒落本の言語現象と江戸板のそれとの比
較」であり、江戸板と上方板で相違する言語現象が当時の上方語を
反映している可能性が大きいという。そして、「同一内容の話を上
方と江戸とで出版した洒落本どうしの比較」を2組紹介している。
江戸板が上方板に書き換えられたとされる「郭中奇譚」組と、逆に
上方板を江戸板にまとめ直したという「月花余情」組である。扱わ
れている語項目は、「郭中奇譚」組については、待遇のシャル・ナ
ンス、「連用形＋ネエ」の命令表現、「連用形＋ンス」、自称詞ワッ
チ、促音便とウ音便、ダとジャ、「月花余情」組に関しては、待遇
のナハルとナンス、であった。

　増井（1994）は、「郭中奇譚」の一部である江戸板「掃臭夜話」
と大坂板「掃臭夜帖」の対応部分の言語表現を抜き出し、29項目
にわたる比較表を作成して、矢野（1976）が扱わなかった部分を
指摘している。「か→じゃないかいな」「ゑい→よい」、「こよふ→こ
ふ」、「から→よって」などである。

　北﨑（2015）は、「郭中奇譚」組と「月花余情」組のそれぞれの
改作部分を文単位で対応づけて対照コーパス構築を試みたというも
ので、テキストの構造とコーパス構築の手順を中心に述べられてい
る。具体的な語彙の改変については、「ばか→あほ」、待遇のシャル
の回避、ウ音便などが例として挙げられている。

　管見の限りでは、「郭中奇譚」の江戸板と大坂板を比較した研究
は以上の3本であったが、いずれにおいても、罵りの助動詞につい
ての言及はなかった。そこで、本章では、「郭中奇譚」の江戸板と
大坂板において、今までに行われていないとみられる罵りの助動詞
の比較を行うことにする。

　比較にあたっては、江戸板「郭中奇譚」が大坂板「異本郭中奇
譚」に改作される際に、次のことが起きたのではないかという仮説
を立てる。

　仮説1：「郭中奇譚」を「異本郭中奇譚」に改作する際、江戸語

第1章　洒落本『異本郭中奇譚』　　39

のニュアンスのあるヤガルが避けられた。

仮説2：「郭中奇譚」を「異本郭中奇譚」に改作する際、ヤガルが上方語のニュアンスのあるアガルに取り替えられた。

仮説3：「郭中奇譚」を「異本郭中奇譚」に改作する際、上方語のニュアンスを濃くするために、サラス・クサル・ケツカル・コマスが用いられた。

　上記の3つの仮説に基づき、議論を進めていくために、次の4節の4.1では、江戸板「郭中奇譚」のヤガルの出現箇所が大坂板「異本郭中奇譚」ではどうなっているか、4.2では、逆に、大坂板「異本郭中奇譚」のサラス・クサル・ケツカル・コマス・アガルの出現箇所が江戸板「郭中奇譚」ではどうなっているか、をそれぞれみていくことにする。矢野（1976）が「江戸板と上方板で相違する言語現象が当時の上方語を反映している可能性が大きい」と述べていることから、上方語の実態に近い使用状況がうかがえると期待できる。

4. 「異本郭中奇譚」と「郭中奇譚」の罵り助動詞の比較

4.1　江戸板の罵り助動詞の出現箇所は、大坂板ではどうなっているか

　江戸板「郭中奇譚」における罵りの助動詞は全てヤガルであり、その出現箇所は6箇所であった。「郭中奇譚」の「序・船窓笑語・弄花卮言・掃臭夜話・秡」のうち、ヤガルが出現するのは全て「掃臭夜話」の部分である。

　以下、作品中の出現順に見ていく。注目する語項目でののしりの助動詞が含まれる部分に二重下線を引く。それに対応するがののしりの助動詞が含まれない部分は一重下線、対応しないがののしりの助動詞が含まれている部分に波線を引く。「郭中奇譚」の用例を［1］［2］…で、「異本郭中奇譚」の用例を（1）（2）…で示す。用例の後ろの括弧内は、作品名と刊行年、『洒落本大成』における巻号とページである。注目する語項目を含むセリフと、それに対応す

るセリフの単位で取り出すことにする。

【ヤガル1】
［1］

　夜鷹：ゆふべはどふしなさッた　外にゑいのができたか

　熊　：ナニサこよふとおもツたがアノじやんこめが　ふぐ喰にあ
　　　　いべと　いひやがツたから　内にねたア　はなしのよふな
　　　　こツた　　　　　　　　　　　　（郭中奇譚 1769・4–308）

（1）

　惣嫁　：夕部は見へなんだなあ　北の方や南の方みてゐたけれど
　　　　　外によいのかてきたかへ

　太兵衛：なんのい　そんなこつちやない　夕べおらこふと思ふた
　　　　　けれど腕の長兵衛めが　砂場へうとんくひにいこほとに
　　　　　内にまつてゐよといひ上つたよつて　うせるかとおもふ
　　　　　て　きよろりとまつていたけれどとう〳〵きさらさいで
　　　　　けたいくそてついねた　ゑらひ　つぼじや

　　　　　　　　　　　　　　　　　　（異本郭中奇譚 1772・4–326）

　「いひやがツたから」が「いひ上つたよつて」となっており、「言
いやがった」の部分はヤガルがアガルに置き換えられている。理由
を表す接続助詞のカラがヨッテに置き換えられている。これは、ほ
とんど直訳と言ってよい。ヤガル以外の前後の台詞の流れには違い
があるが、それについては後でサラスの説明の際に触れる。

【ヤガル2】
［2］

　熊　：イヤ下駄でおもひ出した　アノお六めに兵蔵めが下駄で首
　　　　だけほれやがツた

　夜鷹：そうだとサ　　　　　　　　　　（郭中奇譚 1769・4–308）

（2）

　太兵衛：いやあのさつま杉の六めに源七めがくびだけいてけつか
　　　　　る

第1章　洒落本『異本郭中奇譚』　　41

惣嫁　：そじやげななあ　　　　　　　　（異本郭中奇譚 1772・4–326）

　「首だけ惚れやがった」が「首だけいてけつかる」になっており、ヤガルがケツカルに置き換えられている。大坂板には「下駄で」がなく、「惚れる」という動詞もないが、直前の流れは同じであるので、意味は同じと見てよいだろう。すなわち、この直前の部分で、客が下駄を買った話をしたのに対して、いつもより背が高く見えるよ、と夜鷹が応じ、客がこれはいい下駄なのだと自慢して、夜鷹が自分の下駄は減りが早い、と言う流れは全く同じなのである。

【ヤガル3】
［3］
　　熊　：おらもあいつはゑゝぞ
　　夜鷹：ハアヽソリヤアノ　だアがよ
　　熊　：あごたたゝきやアがると鼻ツぱしらちりけへたゝき出すぞ
　　　　　　　　　　　　　　　　　　　（郭中奇譚 1769・4–308）
（3）
　　〈該当箇所なし〉　　　　　　　　　　（異本郭中奇譚 1772・4–326）

　この［3］は、［2］の直後のセリフである。江戸板では客（熊）が夜鷹をおどすように話す中でヤガルが出現するのだが、大坂板ではそのような内容ではなく、客（太兵衛）のセリフは、女に惚れた源七を止めたというような内容で、罵りの助動詞が出てこない。

【ヤガル4】
［4］
　　熊　：アレアノ北のほうから義太夫うなツてきやがるはだれだ
　　　　　　アヽ宗八めだワイ　宗八やあい〽
　　夜鷹：ナニサあれじやない　マツト脊がひくいはづだ
　　　　　　　　　　　　　　　　　　　（郭中奇譚 1769・4–308）
（4）
　　惣嫁　：あれ〽北のはうから　上るりかたつてくるは　そふじ

42　　Ⅰ　近世の京阪方言におけるののしりの助動詞

やないかいな　よふにたこゑじやぞへ

太兵衛：いや〳〵ありやそふじやない　長兵衛めがこゑはもつと
　　　　おつがひらいてある　　　（異本郭中奇譚 1772・4-326、327）

　ここは江戸板と大坂板でセリフ内容はほぼ同じだが、話者が逆に
なっている。いずれも、義太夫（浄瑠璃）を唸りながら近づいてく
るのが誰なのか、というセリフがあるが、江戸板では、客である熊
が言うところを、大坂板では惣嫁がそれを言うのである。江戸板の
「うなってきやがる」は男性である熊が知り合いの宗八を軽く罵る
セリフなのでヤガルが使われているのであろう。大坂板の惣嫁の
「語ってくる」は、話し手の惣嫁と「語る」主体である長兵衛が知
り合いではあるが（「よう似た声」と言えるのは知り合いだからで
ある）、罵る関係ではない、少なくとも惣嫁は熊の前で長兵衛を罵
るような人間関係ではないと見える。つまり大坂板でヤガルが使わ
れなかったのは使用人物が異なることが理由であると考えられる。

【ヤガル5】

［5］

　熊　：材木の影で見へない。うしやがツたら　さきへいツたとい
　　　　ツてくれろ

　夜鷹：どこへ行なさる

　熊　：清三けづりに

　夜鷹：はやくかへりなさい　　　　　　（郭中奇譚 1769・4-308）

（5）

　太兵衛：ほんにこれや　とうしさらす事しやしらぬ　こゝへ来た
　　　　　らのヲ　さきへいたといふてくれ　そろ〳〵いこわい

　惣嫁　：見へたらそふいを　もとりにへこれ　どこへも道よりなん
　　　　　んすなへ　　　　　　　　　　（異本郭中奇譚 1772・4-327）

　この［5］（5）は、［4］（4）の直後の部分である。江戸板の方で
は、義太夫を語りながら歩いている人間が誰であるか見えないが、
もしここに来たら先に行ったと伝えろ、と熊が夜鷹にいうところで、

第1章　洒落本『異本郭中奇譚』　　43

「うしやがったら」という。つまり熊は見えていないがおそらく宗八であると決めて、宗八を軽く罵る表現としてヤガルを使っている。大坂板の方では、浄瑠璃を語って歩いてくるのは長兵衛ではないと太兵衛が言いながら、もしここに来たら先に行ったと伝えろと言っているところは江戸板と同じである。「ほんにこりゃどうしさらすことじゃ知らん」と言っているのは、直前で長兵衛の声ではないと言いながら、どうも長兵衛であるようだと思い直して、「長兵衛は一体どうしたことだろう、よくわからない」と言っている。つまり「しさらす」の主体は長兵衛である。江戸板の方は熊が宗八を軽く罵っており、大坂板の方は太兵衛が長兵衛を軽く罵っている。したがって、かなり変形した形ではあるが、ヤガルをサラスに置き換えていると見ても良いだろう。

【ヤガル6】
［6］
　熊　：ホンニゆふベナ　清助めが　角との酒屋で何やら　<u>立テ引</u>
　　　　<u>しやがツた</u>そふだワイ
　宗八：ナンダ立引だ　コリヤもゝ引が聞イてあきれるワイ　あい
　　　　つも此ごろ仕合がわるいかしてげへにさぶそうだナ

(郭中奇譚 1769・4–308)

(6)
　〈該当箇所なし〉　　　　　　　　　　　　(異本郭中奇譚 1772・4–327)

　この前の部分で、江戸板では宗八が「熊やあい」と呼びかけ、大坂板では長兵衛が「太兵衛やあい」と呼びかける。そこから二人の会話が始まるのは同様なのだが、話の内容が全く違っている。江戸板では翌日の晩に会があるので一緒に行こうと誘った後、［6］のように共通の知り合いらしい「清助」の悪口を言い、目的地についたが2人とも銭がないので引き返すところで終わる。大坂板では、尺八を隣に預けていた話、その隣の女房の話、尺八と歌を合わせる、店に着いてうどんを注文する、その店の女の話、という流れになるので、該当する箇所（知り合い男性への悪口）が見当たらない。

4.2 大坂板の罵り助動詞の出現箇所は、江戸板ではどうなっているか

大坂板「異本郭中奇譚」では、「弄花卮言」にクサル1件、コマス2件、「掃臭夜帖」にアガル1件、サラス2件、ケツカル2件、コマス1件、が現れる。これらを、なるべく語形をまとめる形で、出現順にみていくことにする。4.1と同様、「異本郭中奇譚」の用例を（1）（2）…で、「郭中奇譚」の用例を［1］［2］…で示す。注目する語項目の部分は網掛けを付し、それに対して同じでなくても意味的・場面的に対応しそうな部分に下線を引く。用例の後ろの括弧内は、作品名と刊行年、『洒落本大成』における巻号とページである。

【クサル1】

（1）

　清の：よいきみの

　客　：またあいつひいきしをる　さて〰残念な事

　太夫花紫：ちとそふも御さりましよ　コレ清野　わがみはの　もふ内へいんで　それいひ付て置た事しや

　客　：早ふ　いにくされ

　太夫花紫：こんなけがらはしい物はといふて　かんだ文ふすまのもとへ捨る　　　　　　　　　　（異本郭中奇譚 1772・4–318）

［1］

　柴木：よいきみの

　客　：またあいつがひいきしおる

　女郎花紫：まだそこにいやるか　其屏風こツちへ引よせて　いてねや

　客　：早くねる　ホンニ　あきれんすによウ

　女郎花紫：コンナけがらわしい物はといふて　かんだ文ふすまへなげる　　　　　　　　　　　　　（郭中奇譚 1769・4–303）

　大坂板では、客（「浦」という名の男、上層の若い通人）が太夫と二人きりになりたいためであろう、「清の」というかぶろ（かむ

ろ）に「早う去にくされ」（早く向こうへ行け）と言っている。江戸板の該当箇所では、場面の流れはほぼ同じなのだが、客はかむろに特に話しかけてはおらず、太夫に向かって「早く寝る」と宣言するだけである。

【コマス1】

(1)

太夫花紫：そんならよひわいな　わしが仕様が有る　東屋す　御
　　　　まへも手伝て御くれなさんせ　ふたりしてこそぐつてこま
　　　　そ

客　：そりやおれがきんもつじや　あつちへにげて行ぞ

東屋：どりやよかろ　さあ〳〵

客　：おおおお　こんとはほんのかんにんじや　はなしてくれ
　　　〳〵さても〳〵じゆつない事　いきつぎにも一つ其盃　此
　　　よふに夜ぶかしをしてなぶりものに成つてはあすの身がた
　　　まらぬ　　　　　　　　　　　　（異本郭中奇譚1772・4-322）

[1]

女郎花紫：ばからしいわなよい〳〵しかたが有　嶋之助さん手つ
　　　　だつてくれなんし　それそちらの手を持なんしな

客：ををををを　こそぐつたい　はなせ〳〵ゆる〳〵とおがむ〳〵
　　拠〴〵じゆつないこつた　いきつぎに一盃のもう　此やうに夜
　　をふかして其上もちあそびにされて　あすの身がたまらぬ
　　　　　　　　　　　　　　　　　　　（郭中奇譚1769・4-305）

　大坂板では、太夫が同僚（東屋）に、客を懲らしめるために一緒に「こそぐつてこまそ（くすぐつてやろう）」と誘っている。しかし江戸板では「手伝つてくれなんし」と頼んでいて、「こそぐる」の動詞が使われず、コマスの語は出てこない。コマスと同義の「〜てやる」も出てこない。「こそぐる」の動詞は現れないが、次のところで客が「おおおお」と叫び、「こそぐつたい」と言っているので、一緒にくすぐる行動をとったのは、大坂板と同様であろう。

【コマス2】

(2)

東屋：そりやそふと　わたしも　もふいの　とふ〳〵こよひはみ
　　　へなんだ

花車*11 大：まあよふ御ざります御遊びあそばせ

客　：はてまあ〳〵よいわいな　今夜はもふ　こんわいな　あす
　　　はぜひくるじやあろ

東屋：こんど　あふたら　ねちてこまそ

客　：ぜひ御帰りか

東屋：あす見へる時　御まへもおいでへ

客　：同道いたそ

東屋：左様ならゆる〳〵御遊び　また明ばんさんじましよ

客　：そんならあすのばん

東屋：これからいんであすねだつてやる文をかいて

客　：これ〳〵一首入れておやりなされ　来ぬ人を…〈続く〉

　　　　　　　　　　　　　　　　　　　（異本郭中奇譚 1772・4–322）

[2]

嶋之助：モウおやすみなんせ　わツちも文ひとつかいてねよ

女郎花紫：マア　エイハナ　あそびなんせ

客　　：どふあツてもおかへりか　ソンナラわざとたちませぬ

嶋之助：おさらばエ行く

女郎花紫：（小用に立チかへりてたばこすいつけゆする）

　　　　　　　　　　　　　　　　　　　（郭中奇譚 1769・4–305、6）

　これは上の（1）の直後に続く部分である。大坂板では、太夫が
客をくすぐって懲らしめるのを手伝った遊女「東屋」が「もういの
（もう去ろう）」と言うのだが、実際はなかなかこの部屋から去らず、
自分の客が来なかったことを愚痴り、今度その客が来たら「ねちて
こまそ（言いがかりをつけて物をねだってやろう）」と言う。その
後も、東屋と太夫の客との会話は続き、明日も一緒に会う話をした
り、東屋が書く文に客が助言したりする。
　一方、江戸板も上の［1］の直後なのであるが、大坂板の東屋に

第1章　洒落本『異本郭中奇譚』　　47

あたる遊女嶋之助が立ち去ろうとすると、花紫が一応止めようとして「まあええわな、遊びなんせ」と言うが、客が嶋之助を帰らせるようなセリフ「どうあってもお帰りか」を発して、嶋之助はあっさりと立ち去る。つまり嶋之助が自分の客のことを愚痴る部分がないので、「ねちてこまそ」に相当する部分が出てこない。嶋之助は「文一つ書いて寝よ」と言っており、おそらくは自分の客に出す手紙で、もしかしたら何かをねだる手紙かもしれないが、文章中には、誰に対するどんな文かは出てこない。

【コマス3】

(3)

> 長兵衛：尺八をとなりへあづけておいて　取によつたれば　留主
> 　　　　でからに　げんさいめが　一ぺんさがして居てはてる事
> 　　　　じやなかつた
> 太兵衛：あいつは一切くへるなあ　どふやらすきそふな顔じや
> 太兵衛：おら一番いがめてこましたい
> 長兵衛：さあなんぞ　うたへ　竹にあわそ
> 太兵衛：また雲にかけはしか
> 長兵衛：さあなんなとやれ（〰といふて尺八をしやにかまへ吹
> 　　　　出す）
> 　　　　　　　　　　　　　　　　　　　（異本郭中奇譚 1772・4–327）

[3]

> 〈該当箇所なし〉
> 　　　　　　　　　　　　　　　　　　　（郭中奇譚 1769・4–308）

　これは「掃臭夜帖」の一節である。4.1のヤガル6（6）〈該当箇所なし〉の部分にあたる。太兵衛の「いがめてこましたい」は、その前の太兵衛のセリフ「あいつは……どうやら好きそうな顔じゃ」に続くものであり、この「あいつ」は長兵衛が尺八を預けていた隣家の女房のことである。「いがめる」には、「ちょろまかす」とか「女を自分のものにする」といった意味があるので、「いがめてこましたい」を直訳すると「ものにしてやりたい」となろうか。要するに、太兵衛は、長兵衛の隣家の女房と一度浮気がしたい、と言っているわけである。4.1のヤガル6の部分で述べたとおり、江戸板の

方では、熊と宗八の会話としてそのような内容が全く出てこない。

【サラス1】

（1）

　太兵衛：なんのい　そんなこつちやない　夕べおらこふと思ふた
　　　　　けれど　腕の長兵衛めが砂場へうどんくひにいこほどに
　　　　　内にまつてゐよといひ上つたよつて　うせるかとおもふ
　　　　　て　きよろりとまつていたけれど　とう〳〵きさらさい
　　　　　でけたいくそて　ついねた　ゑらひ　つぼじや

　　　　　　　　　　　　　　　　　（異本郭中奇譚1772・4–326）

［1］

　熊：ナニサこよふとおもツたがアノじやんこめが　ふぐ喰にあい
　　　べと　いひやがツたから　内にねたア　はなしのよふなこツ
　　　た
　　　　　　　　　　　　　　　　　（郭中奇譚1769・4–308）

　これは4.1のヤガル1と同じ箇所である。どちらも、街娼から、昨夜来なかったのはなぜか、と尋ねられて答える部分で、大坂板の「いひ上つたよつて」と江戸板の「いひやがツたから」が対応するのだが、大坂板はその後が長くなっている。太兵衛が、うどんを食べようと誘ってきた長兵衛をうちで待っていたが来なかったという部分で「とう〳〵きさらさいでけたいくそてつい寝た（とうとう来なくて忌々しくて、思わず寝た）」と、長兵衛が来なかったことを罵っている。

　江戸板の方では、知り合いが食事に誘ってきたという情報はあるが、その相手が来なかったという情報がなく、したがって罵ることもなく、ただ「うちで寝た」と言っているだけである。江戸板があっさりしている。

【サラス2】

（2）

　太兵衛：いや〳〵ありやそふじやない　長兵衛めがこゑは　もつ
　　　　　とおつがひらいてある　ほんにこれやどうしさらす事じ

第1章　洒落本『異本郭中奇譚』　　49

やしらぬ　ここへ来たらのを　さきへいたといふてくれ

そろ〰︎いこわい　　　　　　　（異本郭中奇譚 1772・4–327）

［2］

熊：材木の影で見へない。<u>うしやがツたら　さきへいツたといツ</u>

てくれろ　　　　　　　　　　　　（郭中奇譚 1769・4–308）

これは 4.1 のヤガル 5 と同じ箇所である。そこでも述べた通り、変形されてはいるが、ヤガルがサラスに置き換えられたとみてもよいだろう。

【ケツカル 1】

（1）

惣嫁　：そんな事かへ　そして今夜いきなんすか

太兵衛：おお今よつたら　そこらぞめいて　そろ〰︎さきへゆけ

ててぬかした　それでぞめきもつて出かけて来た　こら

まあなにしてけつかるしらぬ　あた　ぶのわるいがきじ

や

惣嫁　：そんなら見よぞいな　ちよつとはいりなんせんか

太兵衛：どふで　もどりによろぞ

惣嫁　：そんなら勝手になんせ　こんやはお月さんがよふさへさ

しやつた　　　　　　　　　　（異本郭中奇譚 1772・4–326）

［1］

夜鷹：そりやおきのどくやはいのあたま

熊　：<u>なんのこつたいばかつつらな</u>

夜鷹：ちよつとへへりねへ

熊　：けえりによるべえ

夜鷹：今夜はお月様がよくさへさしやつた

（郭中奇譚 1769・4–308）

これはサラス 1 の直後の箇所である。大坂板では、太兵衛が長兵衛を罵っているところである。つまり前の部分で長兵衛からうどんを食べに誘われたのにすっぽかされた話があり、その続きで「ぬか

した（言った）」「あた ぶの悪いがきじゃ（なんとも忌々しい奴だ）」のような長兵衛に対する罵り表現と共に「何してけつかる（何してやがる）」のセリフが出現する。

　江戸板の方は、「ばかっつらな」という表現で熊の忌々しさを表しているが、これはその直前部分の、フグを食べ損なってうちに居たことを指した忌々しさのように思われる。つまり大坂板とは忌々しさの対象が異なっている。

【ケツカル2】
（2）
　　太兵衛：いやあのさつま杉の六めに源七めがくびだけいてけつかる

　　惣嫁　：そじやげななあ　　　　　　　　（異本郭中奇譚 1772・4–326）
［2］
　　熊　：アノお六めに兵蔵めが下駄で首だけほれやがツた
　　夜鷹：そうだとサ　　　　　　　　　　　（郭中奇譚 1769・4–308）

　これは4.1のヤガル2と同じ箇所である。そこでも述べた通り、ヤガルがケツカルに置き換えられたものとみられる。

【アガル1】
（1）
　　太兵衛：なんのい　そんなこつちやない　夕べおらこふと思ふたけれど腕の長兵衛めが　砂場へうとんくひにいこほとに内にまつてゐよといひ上つたよつて　うせるかとおもふて　きよろりとまつていたけれどとう〱きさらいでけたいくそてついねた　ゑらひ　つぼじや

　　　　　　　　　　　　　　　　　　　　　（異本郭中奇譚 1772・4–326）
［1］
　　熊：ナニサこよふとおもツたがアノじやんこめが　ふぐ喰にあいべと　いひやがツたから　内にねたア　はなしのよふなこツた
　　　　　　　　　　　　　　　　　　　　　　（郭中奇譚 1769・4–308）

これはヤガル1と同じ箇所である。そこでも述べた通り、ヤガルをアガルに直訳したものと考えられる。

5. 考察

4節で考察してきた内容をまとめると次のようになる。

江戸板「郭中奇譚」の罵り助動詞はヤガル6件であり、それは大坂板「異本郭中奇譚」では次のように置きかえられたりなくなったりしていた。

【江戸板のヤガル1】 ヤガル→アガル （置き換え）
【江戸板のヤガル2】 ヤガル→ケツカル（置き換え）
【江戸板のヤガル3】 ヤガル→無し （客が街娼を罵る会話の部分がなくなっている）
【江戸板のヤガル4】 ヤガル→無し （内容は同じだが、客でなく街娼のセリフになった）
【江戸板のヤガル5】 ヤガル→サラス （置き換え）
【江戸板のヤガル6】 ヤガル→無し （知り合いの悪口を言う部分がなくなっている）

大坂板「異本郭中奇譚」の罵り助動詞クサル・コマス・サラス・ケツカル・アガルに該当する「郭中奇譚」の元の箇所を見ると次のようであった。

【大坂板のクサル1】 クサル←無し
（江戸板にはない、客がかむろを追い出そうと話しかける箇所が、大坂板には設けられている。）
【大坂板のコマス1】 コマス←無し
（太夫と遊女が客をくすぐる場面は同じだが、動詞「こそぐる」が元には無い。つまり江戸板にはない、太夫が相手に働きかける自分の動作を描写するセリフが、大坂板には加えられている。）
【大坂板のコマス2】 コマス←無し

（遊女が立ち去ろうとする場面は同じだが、遊女のセリフが増えている。つまり、江戸板にはない、遊女が自分の客に働きかけるつもりの自分の動作を描写するセリフが、大坂板には加えられている。）

【大坂板のコマス3】　コマス←無し

（江戸板では、男同士が他の男の悪口を言うだけの場面であるが、大坂板では、隣家の女房の話が出てきて、そこでコマスが使われる。その後店の女の話も出てくるところから、大坂板が男同士の無駄話が長い様子を描写しているとも言えるし、あるいは、下世話な話好きの様子を描写しているとも言えるだろう。）

【大坂板のサラス1】　サラス←無し

（江戸板の方が簡単に済ませているところを、大坂板では詳しく描写している。すなわち、自分がひどい目にあったことを詳しく話す中で罵りのサラスが出てくる。）

【大坂板のサラス2】　サラス←ヤガル　（ヤガル5と同じ）

【大坂板のケツカル1】　ケツカル←無し

（江戸板が簡単に済ませているところを、大坂板では詳しく描写している。すなわち、江戸板では触れていないその日の知り合いのことを罵っている。）

【大坂板のケツカル2】　ケツカル←ヤガル　（ヤガル2と同じ）

【大坂板のアガル1】　アガル←ヤガル　（ヤガル1と同じ）

　以上のことから、3節で立てた仮説については、それぞれ次のように考えられる。

仮説1：「郭中奇譚」を「異本郭中奇譚」に改作する際、江戸語の
　　　　　ニュアンスのあるヤガルが避けられた。

　これはおそらく正しい。他の罵りの助動詞に置き換えられたり、そのセリフを語る人物が入れ替えられて罵りの助動詞を使えなくさせたり、していた。ヤガルを避けたとみてよいだろう。

仮説2：「郭中奇譚」を「異本郭中奇譚」に改作する際、ヤガルが

　　　　上方語のニュアンスのあるアガルに取り替えられた。

　部分的には正しいと思われる。ヤガルがアガルに置き換えられた
例が1件あった。ただし、アガルだけでなく、ケツカルに置き換え
られた例が1件と、サラスに置き換えられた例が1件あった。直訳
ではなく、文脈を変形させているケースもあった。

仮説3：「郭中奇譚」を「異本郭中奇譚」に改作する際、上方語の
　　　　ニュアンスを濃くするために、サラス・クサル・ケツカ
　　　　ル・コマスが用いられた。

　これも正しいとみて良いだろう。ただし、上方語のニュアンスを
濃くするためにそれらの罵りの助動詞を使ったという直接的な関係
ではなく、上方ふう（大坂ふう）の談話の流れにしようと工夫した
結果、罵りの助動詞を使うことになったというのが正しいかと思わ
れる。すなわち、客がかむろに話しかける部分が追加されたり、太
夫や遊女が相手に働きかける自分の動作を描写するセリフが追加さ
れたり、下世話な無駄話や自分の体験を詳しく話す部分が追加され
たりしているのである。

　『洒落本大成』（1978–88、中央公論社）で解題を執筆した中野三
敏は、「郭中奇譚」について、「板式からみて江戸板の方が遥かに整
っていることは確か」であり、上方板は、「板下に不揃いの点が目
立って」と述べる。また、「内容の点でも、江戸板の文章を引延ば
し、間延びさせたような部分が多く、上方板が江戸板の改悪である
ことは間違いない。」とまで断言している。
　確かに、形式については中野の述べる通りなのであろう。しかし、
内容については、必ずしも、中野の言をうのみにはできない。「引
延ばし、間延びさせたような」というのは、ある価値観から見た場
合のことである。その価値観に従えば、上方板の文章には無駄な部
分が多く、不必要に長いということである。しかし、他の価値観も
ありうるのではないか。上方の価値観から見れば、江戸板のまま、

すなわち短いままでは味気がなく、言葉を足して長くすることによって、面白さが増した可能性がある。つまり、上方板の執筆者、そしておそらくは上方板の読者にとっては必要があって長くなっているのであり、「改悪」ではなく「改良」だった可能性も否めない。上方板の文章は、上方の談話の特徴を表している可能性があると考えられるのである。

6. おわりに

　国立国語研究所『日本語歴史コーパス』を用いて、近世の日本語における罵りの助動詞を検索し、罵りの助動詞の数・種類ともに他より多かった大坂板洒落本「異本郭中奇譚」について、改作元の江戸板「郭中奇譚」と比較しつつ分析した。

　江戸板における助動詞ヤガルが大坂板では他の助動詞に置き換えられたという仮説はある程度当てはまる結果となった。しかし、単に助動詞を置き換えるのではなく、大坂ふうの談話の流れになるように改作した結果、さまざまな罵りの助動詞が使われる結果になったのではないかと考えられた。

＊1　村中（2020b）所収。
＊2　『日本語歴史コーパス』においては、罵りの助動詞「〜あがる」と本動詞「上がる」の語彙素が同じ「上がる」であり、品詞も同じ「動詞・一般」となっているため、「風呂から上がり」（天草版伊曽保物語）や「二階に上がりける」（近松）や「おひとつお上がりなされませ」（洒落本・郭中奇譚）のような本動詞の例と「何しに来あがった」（洒落本・花筐志満台）のような助動詞が混じって検索される。そこで語彙素「上がる」の検索結果475件から本動詞の用例を目視で取り除くと、残りは8件であった。
＊3　『日本語歴史コーパス』においては、罵りの助動詞「〜くさる」と本動詞「腐る」の語彙素が同じ「腐る」であり、品詞も同じ「動詞・一般」となっているため、「根性の腐った」（近松）のような本動詞の例と「嫌味を言いくさる」（洒落本・阿蘭陀鏡）のような助動詞が混じって検索される。そこで語彙素「腐る」の検索結果24件から本動詞の用例を目視で取り除くと、残りは17件であった。

＊4　奈良時代の資料として万葉集・宣命・祝詞、平安時代の資料として和歌集、物語、日記等、鎌倉時代の資料として説話集、随筆、日記、紀行、軍記等、明治・大正の資料として雑誌、教科書、小説、新聞、等が収められている。

＊5　もちろんここでは上方と江戸のことばしか扱っていないので、他の地方には他の罵りの助動詞があっただろう。

＊6　村中（2021）で扱った落語資料で出現したヨル47件のうち、実際の語形はオルであったものが1件だけ含まれていたが、ヨルとの機能上の違いが特にないものであった（「蛸は目覚まして顔なぜよと思いおって……スカタン食いよる」）。しかし今回の洒落本資料においては、ヨルとオルを同一視できないケースが見られたため、別に考察の機会を設けたい。

＊7　村中（2019）ではヤガルとアガルの用例がそれぞれ1件ずつ出現したが、数える場合に特に分けることはしなかった。村中（2021）ではアガルが出現しなかった。今回は、アガルが一定数出現したため、ヤガルと区別して数えることにした。

＊8　『洒落本大成』（1978–88、中央公論社）は全30冊に及ぶ大規模な翻刻本文の叢書で、日本語史研究上頻繁に利用されているとのことである。洒落本は、江戸時代後期の江戸語・上方語が描写された会話文を含む文学作品で、同時期の重要な口語資料とされている。内容は遊郭での遊びを描くものであり、通人・半可通・若者などの客やさまざまな段階の遊女、太鼓持ちなどが主な登場人物である。

＊9　「かむろ」とは、太夫などの上位の遊女に仕えて、見習いをする6、7歳から13、4歳くらいまでの少女。「異本」では「かぶろ」となっている。

＊10　「夜鷹」も「惣嫁」も、江戸時代の、路上で客引きをする最下級の娼婦を指す語である。惣嫁が上方語であるようだ。

＊11　「花車」とは、遊女を指図する女、あるいは揚屋・茶屋の女房のこと。

第2章
洒落本『月花余情』
上方板から江戸板への書き換え

　第1章で見た通り、江戸板洒落本が大坂板洒落本に改作された『異本郭中奇譚』においては、上方らしい面白さを増す工夫として、セリフやエピソードや構成にさまざまな変更が加えられ、その結果として、罵りの助動詞が多く出現するということが起きた。

　第2章では、第1章とは逆のパターンの、洒落本の書き換えを見る。上方板洒落本（『月花余情』とその続編）が江戸板洒落本に改作されたものである。江戸板に書き換えられる際に、江戸の人々向けに何らかの工夫がされ、その際、ことばづかいにどのような変化が起きたのか、罵りの助動詞はどのように改変されたのかを調べた。

　結果として、もともと使われていたクサルがそのまま使われたケースと、削除されたケースとがあり、新たに使われた罵りの助動詞はなかった。江戸を中心とした東日本の読者に向けての改作において、上方ふうの談話を避けたようである。第1章で見たほどの大規模な変更はなかったと言ってよい。

1.　はじめに

　上方板洒落本（『月花余情』とその続編）が江戸板洒落本に改作された際、罵りの助動詞がどのように変えられたかに注目する。当時の罵りの助動詞の実態を探ることと、そこから上方語に関する考察を深めることを目的とする。

1.1　「月花余情」組について

　近世の日本語を調べるための文字資料として、洒落本は重要である。国立国語研究所が作成した『日本語歴史コーパス』の「江戸時代編」においても、洒落本が取り上げられている＊1。

57

洒落本は 18 世紀に盛んになり 19 世紀中ごろまで続いた小説の一種である。大部分は会話中心の文体で遊里の風俗を写実的に描いた短編小説である。

　洒落本には、内容がよく似た作品がある。中でも注目すべきものとして、江戸板から上方板に改作されたもの、逆に上方板から江戸板に改作されたものがある。次の 2 組である＊2。

・江戸板→上方板：

　『郭中奇譚』（1769）→『郭中奇譚（異本）』（1772）

　（以下、矢野（1976）に倣って「郭中奇譚」組とよぶ。）

・上方板→江戸板：

　『月花余情』（1746）と続編『陽台遺編・姚閣秘言』（1750 以

　前）→『月花余情（異本）』（1764–1771）

　（以下、矢野（1976）に倣って「月花余情」組とよぶ。）

　本書の第 1 章では、江戸板が上方板に改作された「郭中奇譚」組を使った考察をおこなった。第 2 章では、逆方向の改作、すなわち上方板が江戸板に改作された「月花余情」組を資料として、罵りの助動詞を見ていく。

　「月花余情」組の上方板と江戸板の対応について、北﨑（2015：1）の表に加筆したものが、表 1 である。加筆したのは姚閣秘言の中の区分け部分（〜の段）である。

表 1　「月花余情」組（北﨑 2015 に加筆）

改作前（上方）			改作後（江戸）	
書名	部		書名	部
月花余情	燕喜篇			燕喜篇
陽台遺編・姚閣秘言	陽台遺編　秘戯篇		月花余情 （異本）	秘戯篇
	姚閣秘言	置屋の段		自楽篇
		身仕廻部屋の段		
		浜の京屋身上リ之段		

　次に「月花余情」組のあらすじを述べる。上方板の後、江戸板に

ついて説明する。

「燕喜篇」では、遊郭に客（花情）が来て、中居や店の女房が賑やかに迎え、女郎（歌夕）が登場。店の亭主も挨拶。客に料理や酒を出す。芸妓が歌う。客が厠へ立った隙に、芸妓と女郎が互いの男の噂をする。ひとしきり遊んだ後、客は寝る。女郎と店の女房が、正月の衣装や客の来る日について打ち合わせをする。

「秘戯篇」は、女郎（歌夕）と中居（くめ）の会話で始まる。続いて、女郎と客の2人きりの会話。女郎が客に嫉妬したり気遣ったりする。客がくめを呼び、駕籠屋を呼んで客は帰る。くめと女郎の会話。女郎が気晴らしに出かけると言い、くめもついていく。行先は男（新さん）のところ。家の外から起こそうとするが男は出てこず、戻って飲んで寝る。

姚閣秘言の「置屋の段」では、小女郎たねが女郎の歌夕を起こす。女郎の花咲はすでに起きて風呂にも入り、食事中。歌夕も、風呂と食事を済ませる。置屋の女房のお熊が、皆に早く身仕舞いせよと言い、起きるのが遅いと愚痴る。「身仕廻部屋の段」は、女郎の花咲と歌夕の会話で始まる。歌夕はゆうべ男（新さん）に会えなかった話。花咲は客の悪口の後、自分の男の話。そこに使いが歌夕へ手紙を持ってくる。歌夕は手紙を読み上げ、手紙の主の悪口を言う。花咲がたしなめる。2人でお熊の悪口を言ったり、髪を整えたりする。お呼びがかからないので京屋という店で飲もうと相談。「浜の京屋身上リ之段」では、歌夕と花咲が京屋に来て飲食しながらお熊の悪口など話す。京屋の女房のつやが2人を宥めるように応対する。

上方板は以上のように、ある置屋での2日間ほどの出来事を描いたものである*3。

江戸板の「燕喜篇」と「秘戯篇」は、上方板よりやや短くなっているが、内容の異同は少ない。人物は遊女が「かしく」、客が「花丈」という名になるが他の人物名は同じ。「自楽篇」の前半は、かなり手が加わっている。上方板の「置屋の段」のごく一部の内容のみが採用され、「身仕廻部屋の段」はお熊の悪口と京屋へ行く相談のみが採用される。そして新しくお熊のセリフと、下女たまと女郎たちとのやりとりが挿入される。その後の「浜の京屋身上リ之段」

第2章　洒落本『月花余情』　　**59**

にあたる部分は、ほぼそのままである。

1.2 「月花余情」組と「郭中奇譚」組に関する先行研究

「月花余情」組と「郭中奇譚」組という二組に注目して語学的観点から分析したのは、管見の限りでは、矢野（1976）が最初のようである。ほかに増井（1994）と北﨑（2015）がある。

矢野（1976）は「江戸板洒落本の言語現象と相違している上方板洒落本の言語現象は当時の上方（の口頭）語を反映している可能性が大きい」と述べ、尊敬表現および一人称代名詞・二人称代名詞における相違点をあげている。「郭中奇譚」組においては、上方板において、敬語辞「シャル」と「ナンス」、「連用形＋ネエ」形式の命令表現、「連用形＋ンス」、遊女による一人称「ワッチ」が避けられていること、そのほか音便形や指定辞の違いを挙げている。「月花余情」組においては、江戸板で敬語辞「ナハル」「ナンス」が避けられたことを述べる。

増井（1994）は、「郭中奇譚」組の「掃臭夜話（掃臭夜帖）」の対応する本文を示し、矢野（1976）で言及されなかった言語表現の違いとして、「か→じやないかいな」、「ゑい→よい」、「こよふ→こふ」、「から→よつて」、「おめェ→おまへ」、「なさった→なんした」、「マット→もつと」、「いッた→いた」を指摘している（矢印の後ろが上方板の表現）。「月花余情」組については触れられていない。

北﨑（2015）は、「月花余情」組と「郭中奇譚」組の江戸板・上方板について、対照コーパスの構築を試みたという報告である。対応箇所の例が挙げられ、タグをどのように付与したかの説明がなされている。改変の例としては「月花余情」組で「なはる→なさる」が16例あることと副詞「もう」が削除されていること、「郭中奇譚」組では「ばか→あほう」の例と「しゃる」が避けられる傾向とウ音便の例が挙げられている。

以上の通り、洒落本における上方板と江戸板の間の改変において、敬語表現は取り上げられてきたが、罵り表現は「ばか→あほう」のみであり、罵りの助動詞は取り上げられていない。

2. 目的と方法

2.1 目的

上方板洒落本が江戸板洒落本に改作された際、罵りの助動詞がどのように変えられたかに注目し、当時の上方語に関する考察を深めることを目的とする。

改作にあたって、言葉遣いを変えるかどうかは、作品の筆者にとって考えどころであろう。変えなくてもそのままで問題ない、あるいは変えた方が通じやすい、変えた方が読者にウケそうだ、あるいは部分的に削除してしまった方がすっきりして読みやすくなりそうだ、あるいは言葉を足して説明した方がよさそうだ、などのさまざまな思案が働くものと思われる。

改作にあたって行われた語彙の取り替えや削除・加筆の部分に注目することによって、「江戸らしさ」や「上方らしさ」が浮き彫りにされるのではないか。罵りの助動詞は、1.2 で挙げた先行研究では言及されていなかったが、地域的特徴を調べるための切り口のひとつとして有効だろうと予想している。

2.2 方法

洒落本大成編集委員会編『洒落本大成』（1978–88 中央公論社）を用いて、上方板洒落本『月花余情』『陽台遺編・娼閣秘言』と江戸板洒落本『月花余情（異本）』の文章をそれぞれ確認する＊4。上方板洒落本『月花余情』『陽台遺編・娼閣秘言』については、国立国語研究所が作成した『日本語歴史コーパス』に入っているので、その検索結果も参考にする＊5。

文章確認の後、次の 3 つの作業を行う。これは次節の 3.1、3.2、3.3 にそれぞれ相当する。

(1)「月花余情」組（上方板から江戸板への改作）における罵りの助動詞の出現数を明らかにし、「郭中奇譚」組（江戸板から上方板への改作）と比較する。

(2)「月花余情」組における罵りの助動詞の出現した文脈について、

詳しく見る。

(3)「月花余情」組における、罵りの助動詞に関する改作のありようについて考察する。

3. 結果と考察

3.1 「月花余情」組と「郭中奇譚」組における罵りの助動詞の出現

「月花余情」組の罵りの助動詞の出現数を数え、第1章の「郭中奇譚」組の罵りの助動詞の出現数と並べて示したのが表2である。コマス、サラス、ケツカル、クサル、ヤガル、アガルはいずれも罵りの意味を持つ助動詞である。コマスのみ、話し手の動作を表す動詞につく助動詞であり、他のものは聞き手もしくは第三者の動作を表す動詞につく助動詞である。

表2 「月花余情」組と「郭中奇譚」組の罵りの助動詞の出現数

	『月花余情』『陽台遺編・妷閣秘言』	『月花余情（異本）』	『郭中奇譚』	『郭中奇譚（異本）』
	上方板 → 江戸板		江戸板 → 上方板	
ヤガル	0	0	6	0
アガル	0	0	0	1
クサル	5	3	0	1
ケツカル	0	0	0	2
サラス	0	0	0	2
コマス	0	0	0	3

「上方板→江戸板」の改作と「江戸板→上方板」の改作とでは、罵りの助動詞の出現の変化が全く異なることがわかる。第1章で見た通り、「江戸板→上方板」の「郭中奇譚」組においては、改作前の江戸板ではヤガルしか使われていなかったが、改作後の上方板ではヤガルがゼロになり、その代わり、コマス・サラス・ケツカル・クサル・アガルが使われている。一方、「上方板→江戸板」の「月花余情」組においては、改作後に出現数は減少しているものの、使

われているのは同じクサルのみである（ここであげたクサル5件は、
罵りの意味を持つ助動詞に限った数である。同じ検索ワードで検索
して出てきたクサルの中に、意味の異なるものがあった。それにつ
いては章末に付記する）。

　改作においては、改作後の読者として想定される地域の人々へよ
り強く訴えかけようとする筆者の意図があったと仮定すると、上方
板への改作において、さまざまな罵りの助動詞が新たに使われたこ
とは、罵りの助動詞が上方の読者に強く訴えかけるための有効な
ツールの一つであったことを示唆すると推測される。一方、江戸板
への改作においては、新たな罵りの助動詞は使われず、同一の罵り
の助動詞が使われてはいるものの減少していることから、罵りの助
動詞は江戸の人々に訴えかけるツールではなかった、と考えられる。

3.2　「月花余情」組における罵りの助動詞の出現文脈

　以下、『月花余情』『陽台遺編・媾閣秘言』に出現した助動詞クサ
ル5件の出現文脈を挙げ、それに対応する『月花余情（異本）』の
文脈を〈改作後〉として並べる。改作後の『月花余情（異本）』に
出現する罵りの助動詞3つは、全て改作前と同じ文脈に出現する。

　クサル1、クサル2、の番号は、上方板における出現順に振った
番号である。クサルを含む文節に二重下線を付す。用例の後ろの括
弧内は、書名・部名と刊行年、『洒落本大成』における巻号とペー
ジである。文字表記はできるだけ『洒落本大成』と同じにしたが、
読みやすさのため人物ごとに改行し、人物名の後にコロンを入れ、
せりふの中に適宜スペースを入れた。

【クサル1】
〈改作前〉
　客　：また少シ　おきて　手てんがう
　女郎：アヽ何なんすぞいな　こそばいわいな。ろくにねなんせ
　　　　フウ〜〜〜〜〜
　客　：ねかへり
　女郎：アヽこないに髪をそこのふて　あしたいんだら　わらひく

　　　　さろ
　客　：いやも　いのわい。
　女郎：マアよいわいな。　まだ八ツ過じやぞへ

（陽台遺編・妣閨秘言　秘戯篇 1750、3–21）

〈改作後〉
　花丈　：又すこし　おもむきて　手てんがうする
　かしく：何なんすぞいな　こそばいわいな。ろくにねなんせ　又
　　　　　いなね姿する　フウ〜〜〜
　花丈　：ねかへる
　かしく：アヽこないに髪をそこなふて　あしたいんだら　わらひ
　　　　　くさろ
　花丈　：いやも　いのわい
　かしく：マアよいわいな　また八ツ過じやぞへ

（月花余情（異本）　秘戯篇 1764–1771、3–128）

　この部分は、改作の前後の異同がごく少ない。クサルを含むセリ
フとその後のセリフは、仮名遣いを除けば同一であり、クサルの使
われ方は、上方板と江戸板で共通する。
　客と遊女の床入り場面である。客が遊女に手慰みのイタズラをし
て、遊女が「くすぐったい」と言い、客に「ああこんなに髪型をダ
メにしてしまって、明日戻ったら、（皆が）笑うだろう」と、客の
せいで髪型を崩されたことについて、文句を言っている。手慰みの
後に寝返りを打った客は背中を向けていると思われるので、その客
に向けて「こないに髪を」、すなわち「こんなふうに髪を」と言う
のは、向こうを向いた客の気を引いているとみえる。その後、客が
「いやもう帰るよ」と言うのに対して遊女は引き止める風情である。
　この流れから見ると、「笑ひくさろ」は、笑われてしまうじゃな
いか、と客に文句を言いつつも気を引き、媚態を示していると解す
ることができるだろう。「笑ひくさろ」の語形そのものは直訳する
と「笑いやがるだろう」にあたるが、ここでは、ごく軽く罵ってい
るだけであろう。

【クサル2、クサル3】

〈改作前〉

　中橋筋の門のきわで

　女郎：エヽもふ　ねてゐるそうなわいな

　くめ：そふほかいな。

　女郎：エヽついこヽにねてじやけれど　どふもおこされはせず
　　　　またんせ　砂ほつて見よ　ばら〳〵〳〵　エヽこれでも<u>お
　　　　<u>きくさらん</u>

　くめ：もうよしになんせ　けつく内の首尾がわるか　新さんがわ
　　　　るかろぞいな

　女郎：サアそれおもふて　ゑたヽかんわいな　歌　親はなけれと
　　　　子はそだつ。よしおもはじと思へども。袖は涙に道はくれ
　　　　エヽこないにいふても　馬の耳に風　ほんにかぜひいたそ
　　　　ふな　ハアくつさめ　サアおくめどん。こんやはいの　あ
　　　　たとんな　こないにさむいめして来ても　何とも<u>思ひくさ
　　　　<u>るまい</u>

　くめ：サアどふで男といふものは。女子の思ふ程にはないものじ
　　　　やわいな　　　　　（陽台遺編・妣閣秘言　秘戯篇1750、3–22）

〈改作後〉

　中橋筋の門の際て

　かしく：エヽもふ　ねているそうなわいな

　くめ　：そうかいな。

　かしく：アヽついこヽにねてじやけれど　どふもおこされはせず
　　　　　またんせ　砂ほつて見よ　ハラ〳〵〳〵　アヽ是でも<u>起
　　　　　<u>くさらん</u>

　くめ　：もうよしニなんせ　けつく内のしゆびがわるか　新さん
　　　　　がわろかろぞいな

　かしく：サアそれおもふて　ゑたヽかんわいな　歌　親はなけれ
　　　　　ど子はそだつ　よしおもはじと思へども　袖はなみだに
　　　　　道はくれ　エヽこないにいふても　馬のみヽに風　ほん
　　　　　に風引たそうな　ハアヽサアお久米どん　今夜はいのう

第2章　洒落本『月花余情』　65

　　　　あたどんな　こないにさむいめしてきても　何とも思ひ
　　　　くさるまい
　くめ　：サアどふで男といふもの　女のおもふほどにはないもの
　　　　じやわいな

　　　　　　　　　（月花余情（異本）　秘戯篇 1764–1771、3–129、130）

　ここも表記の違いはあるが文章の異同はごく少ない。「おきくさ
らん／起くさらん」は、女郎が自分の恋人を起こそうとして家の外
から砂を投げてみたが起きない、と悔しがるセリフである。「思ひ
くさるまい」は、女郎が自分の恋人について「こんなに寒い思いを
してせっかくきたのに、（彼は）なんとも思わないのだろう」と
忌々しがっている。つまり「起きやがらない」「思いやがらないだ
ろう」と女郎が男を罵ったニュアンスである。これに対して、女郎
について来たくめは、男というものは薄情なものだと慰めている。

【クサル4、クサル5】
〈改作前〉
花咲：歌夕さん　夕べ　新さんにあいなんしたか
歌夕：いゝへ。夕べも客を早ふ　いなしてしまふやうに　こつち
　　　から帯といて手廻シたけれど。つい七ツまへになつて。そ
　　　れから　かどへいて　わめいたけれど。よふねていたわい
　　　な。あげくのはてニ　風引てのけた
花咲：ほんにおまへのは　よくじやわいな。わしら此間ねツから
　　　あわぬ。そしてあたいやらしい。あの伊丹の客めが　ねか
　　　ら夜があけにや。いにくさらん。そして夕べもぬかす事
　　　聞てくだんせ。あのこのやうに　あつかましいいふて。あ
　　　すは身仕廻べやで。御そしりであろふとぬかしくさつた。
　　　それでわしがおもふには　なんのおのれがこと　咄しせふ
　　　と。心で思ふていたわいな。そしてマアおまへアノ　新さ
　　　んと　どふでもめうとになりなんすか。浦山しいことじや
　　　ナア
歌夕：サイナ新さんもマアもつきなり　わしももたるる気じやけ

66　　Ⅰ　近世の京阪方言におけるののしりの助動詞

れど　おやごさんが　かたいそふなわいな。それでマアわ
しも　気にかゝつて　どふもならぬわいな

（陽台遺編・姚閣秘言　姚閣秘言（身仕廻部屋の段）1750、3-23）

〈改作後〉
　丸ごと削除されており、対応箇所がない。

　ここの2つのクサルは上方板にしかないものである。中野三敏の
いう「客の帰った後の遊女の内幕の描写」であり、女郎同士の気の
置けない会話場面である。歌夕が自分の男に関して愚痴ったのに対
し、花咲が自分の客の悪口を言っている。
　「いにくさらん」「ぬかしくさつた」のいずれも、女郎の花咲が客
の動作にクサルを付けて言ったセリフである。花咲が客を罵る意図
で発話していることは、「伊丹の客めが」と罵りの接尾辞メをつけ
たり、「話す」の罵り語であるヌカスを使って客の動作を表現した
りしていることからも明らかである。クサルを含む花咲のセリフ部
分を現代語訳すると次のようになる。

［元の文］
あの伊丹の客めが　ねから夜があけにや。いにくさらん。
［現代語訳］
あの伊丹の客めが（早く帰ってほしいのに）まったく夜が明けなけ
れば帰りやがらない。

［元の文］
あすは身仕廻べやで。御そしりであろふとぬかしくさつた。それで
わしがおもふには　なんのおのれがこと　咄しせふと。心で思ふて
いたわいな。
［現代語訳］
（客が私に）明日は見仕廻べやで自分の悪口を言うだろう、と言い
やがった。私は、なんであんたのことなど噂するものかと、心の中
で思っていたよ。

第2章　洒落本『月花余情』　　67

1.1 のあらすじの説明で述べた通り、改作に際して、「身仕廻部屋の段」は大幅に改変されている。歌夕と花咲の会話のうち、自分達の男に関する話と客の悪口がばっさりとカットされており、クサル4・クサル5の部分もそのカット部分に含まれる。このケースでは、中野三敏のいう「客の帰った後の遊女の内幕の描写」が江戸板では簡略化され、ややあっさりした味わいのものになったと言えるだろう。

3.3 「月花余情」組における、上方板から江戸板への改作のありようについて

上方板洒落本（『月花余情』とその続編）が江戸板洒落本に改作された際の、罵りの助動詞の改変状況を見てきた。まとめると次の表3のようになる。

表3　クサル使用と改変の状況

クサルの使用例	上方板			江戸板
	話者	動作主	聞き手	
クサル1 わらいくさろ	女郎・歌夕	不特定	客	話者・動作主・聞き手とも全て上方板と同じ
クサル2 起きくさらん	女郎・歌夕	新さん	中居・くめ	話者・動作主・聞き手とも全て上方板と同じ
クサル3 思ひくさるまい	女郎・歌夕	新さん	中居・くめ	話者・動作主・聞き手とも全て上方板と同じ
クサル4 いにくさらん	女郎・花咲	客	女郎・歌夕	なし（前後含めて削除）
クサル5 ぬかしくさつた	女郎・花咲	客	女郎・歌夕	なし（前後含めて削除）

上方板から江戸板への改作にあたって、新たに使われた罵りの助動詞はなく、もともと使われていたクサルがそのまま使われたケースと、削除されたケースとがあった。江戸板への改作においては、文法や語彙が東日本方言的に改変されている部分があるため、クサ

68　Ⅰ　近世の京阪方言におけるののしりの助動詞

ルに関する改変も、江戸を中心とした東日本の読者に向けてのもの
と考えられる。

クサルは全て女郎が使用していた。クサル2・3・4・5のように、
女郎が気のおけない同僚を聞き手として第三者を罵る使い方が主流
だと考えられる。

クサル2・3は自分の恋人を動作主としており、愛情混じりの
忌々しさを表現する罵りのようである。つまり、本当に憎い相手で
はなく、好きな相手について罵るところである。ここは、江戸板に
なってもそのまま残された。

クサル4・5は、腹立たしい客を動作主としており、他の罵り表
現（接尾辞メや動詞ヌカス）と共に使われていることから、やや強
めの罵りのようである。ここは江戸板になって、削除された。クサ
ル4・5が、それを含む前後を含めてバッサリと削除された理由に
ついては、2つの可能性が考えられる。

(1) クサル4・5は、客を激しく罵っており、強く響きすぎるため
　　に削除された（それに対して、削除されなかったクサル2・3
　　は、男についての愛情混じりの罵りである）。
(2)「自楽編」における悪口を、置屋の女房お熊に対する悪口だけ
　　にまとめて、話の筋をスッキリさせるため、クサル4・5を含
　　む前後が削除された。

いずれにしても改作者が上方ふうと捉えた部分を江戸ふうに変え
た結果の削除ではないか。遊女同士の内緒話における強い罵りが上
方ふうかもしれず、歌夕と花咲のそれぞれの男の話や、それぞれの
客への悪口を並べたところがしつこい味わいで上方ふうかもしれな
い。3.1で述べたように、罵りの助動詞は江戸の人々に訴えかける
ものでなかったことも削除の要因だろう。

クサル1・2・3は江戸板でもそのまま残された。1章の表3の通
り、湯沢（1936）・湯沢（1954）や山崎（1963）・山崎（1990）
によれば、近世において、クサルは上方地域のことばであって江戸

第2章　洒落本『月花余情』　　69

地域のことばではなかったようだが、2章の表3で江戸板洒落本
『南閨雑話』で使用が1例あったように＊6、江戸でもクサルはヤガ
ル等に置き換えなくても通じたようだ。

　以上みてきた通り、上方板から江戸板への改作において、少なく
とも「ののしり」の助動詞の観点からは大幅な変更はなかった。

【付記】クサルの検索について

　当初、『日本語歴史コーパス』の検索を語彙素「腐る」でおこな
っていた。その結果、本章で「クサル3」として示した例「思ひく
さるまい」が出てこなかった。その後、『洒落本大成』の文章を確
認した際に、クサル3の例を発見した。確認のため『日本語歴史
コーパス』を語彙素「呉さる」で検索したところ、クサル3の例が
検索結果として出てきた。

　逆に、「腐る」で検索したにもかかわらず、「呉さる」の意味では
ないかと思われる例が1つあった。ここまでの考察では含めなかっ
たが、次のものである。参考のため、説明とともに挙げておくこと
にする。

〈改作前〉

　客　　：ヲイかごは　いつもの所に　おろしてたも

　駕籠：ハイかしこまりました

　くめ：仁兵衛どん　頼むぞや

　駕籠仁兵衛：ヲイ心へました　あとでどうこでまたびさしやれ

　くめ：<u>かまいくさんな</u>

　女郎：表のくゞり戸のきわて　よふ御出なんした

　駕籠：ハイ 〰 〰 〰 〰

　　　　　　　　　　　　　　（陽台遺編・姙閣秘言　秘戯篇1750、3–21）

〈改作後〉

　花丈　：ヲイかごは　いつもの所へ　おろしてたも

　カゴ　：アイかしこまりました

くめ　：仁兵衛どん　たのむそや

かご仁兵衛：ヲイ心得ました

かしく：表のくゝり戸のきわで　よふ御出なんした

かご　：ハイ〰〰〰〰

（月花余情（異本）　秘戯篇 1764–1771、3–129）

　この部分も、改作の前後の異同は少ない。ただし、改作後には、
駕籠屋の「あとでどうこでまたびさしやれ」とそれに続くくめの
「かまいくさんな」のやりとりの部分のみ、まるごと削除されてい
る。本筋とは関係のない瑣末な部分で不要と見做されて削除された
のであろう。

　ここで問題となるのが「かまいくさんな」のクサルの意味である。
その前の流れを見ると、くめは「仁兵衛どん　頼むぞや」と言い、
駕籠屋は「ヲイ心へました」と答える、穏やかでありふれたやりと
りである。そして次に駕籠屋は「〜さしゃれ」と丁寧なことばを使
って勧めを行い、くめが「かまいくさんな」（かまわないでくれ）
と応じている。この「かまいくさんな」は、『日本語歴史コーパス』
では語彙素「腐る」（すなわち罵りの助動詞のクサル）で検索した
時に出てくる例の１つなのだが、これは語彙素の付与が間違ってい
るのではないかと思う。ここは罵りの助動詞「クサル（腐る）」で
はなく、「くれる」の尊敬語で「くださる」というニュアンスの
「クサル（呉さる）」ととるのが適切なのではないか。このくめのセ
リフ「かまいくさんな」は、「かまいやがるな」ととると不自然で
ある。「おかまいくださるな」という丁寧なニュアンスではないか
と思われる。

第2章　洒落本『月花余情』　71

＊1　国立国語研究所作成『日本語歴史コーパス』には奈良時代から明治・大正までの資料が収められ、「江戸時代編」には洒落本、人情本、近松浄瑠璃、随筆・紀行がある。洒落本は『洒落本大成』（1978–88、中央公論社）を底本とし、江戸板、大坂板、京都板が10作品ずつ入っている。

＊2　刊行年は、『洒落本大成』の解題を執筆した中野三敏に依って刊行年を示した北﨑（2015）に従った。その結果、『歴史コーパス』掲載の刊行年よりも早い時期を示すことになった。なお、改作者はいずれも未詳である。

＊3　『月花余情』の解題で、中野三敏は次のように述べている。「『月花余情』と後編『陽台遺編』と『新月花余情』の三書を合せ見たとき、ようやく洒落本がその構成や描写において一つの完成期に入ったことを感じる。即ち遊里の情景描写から遊興の実態の会話文と小書衣装付による活写、さらに床入り後の痴話、あるいは客の帰った後の遊女の内幕の描写などの完成であり、（略）」。つまり、上方板「月花余情」組の話のかたちは、その後の洒落本のパターンとして踏襲されていったもののようである。

＊4　上方板洒落本『月花余情』『陽台遺編・妣閣秘言』、江戸板洒落本『月花余情（異本）』はいずれも『洒落本大成』第3巻に入っている。

＊5　江戸板洒落本『月花余情（異本）』は『歴史コーパス』に入っていない。北﨑（2015）によれば『月花余情（異本）』も含めた「月花余情」組および「郭中奇譚」組の作品群から東西対照コーパスが設計・構築されたようだが、そのコーパスは一般公開されていないようである。

＊6　『南閨雑話』の例は、江戸の遊女による使用例である。

第3章

滑稽本『諺 臍の宿替』および
『穴さがし心の内そと』にみる「ののしり」

　第1章と第2章では江戸時代の洒落本をとりあげた。第3章では、江戸時代末期の大坂の戯作をとりあげる。『諺 臍の宿替』『穴さがし 臍の宿替 初篇』『新板 臍の宿かへ 弐編』『穴さがし心の内そと』である。

　本章ではまず、罵りの助動詞類ヨル、クサル、ヤガル、テケツカル、サラス、テウセル、テヤル、テコマスという8形式の出現状況を見た。『諺 臍の宿替』における出現数が圧倒的に多かった。語形は、『諺 臍の宿替』におけるテヤルが著しく多かった。

　次に、クサル、ヤガル、テケツカルの3形式に絞って、用例を検討した。

　その結果、テケツカルには、「…ときてけつかる」という定型パターンがあること、さまざまな疑問詞とともに使われて修辞疑問文の相手を責める意を強めること、動詞「思う」とともに使われやすいことがわかった。クサル・ヤガルについては、「言う」という意味を持つ動詞とともに使われやすいこと、悪い意味を持つ形式が前接する場合が比較的多いことがわかった。

1.　はじめに

　村中（2019）では、幕末期の大阪語の代表的資料である一荷堂半水の戯作『穴さがし心の内そと』（1864ごろ）を用いて、大阪語の罵りの助動詞ヨル、クサル、ヤガル、テケツカル、サラス、テヤル、テコマスの7形式の出現状況を調べ、用例を検討した。

　本章では、村中（2019）のいわば続編として、同じ一荷堂半水による戯文集『諺 臍の宿替』、および、その関連本である『穴さがし 臍の宿替 初篇』と『新板 臍の宿かへ 弐編』を資料として加え、

大阪語の罵りの助動詞についての考察を発展させることを目的とする。上記の7形式に加えて、テウセルも含めた計8形式を調査項目とし、罵りの助動詞の網羅性をより高めて出現状況を観察する*1。

　8形式の中で性質が似ていると思われるクサル、ヤガル、テケツカルの3つについては、違いを明らかにするため、全用例を検討する。

2.　対象と方法

2.1　調査項目

　罵りの助動詞ヨル、ヤガル、クサル、サラス、テケツカル、テヤル、テコマス、テウセルの8つの形式を対象とし、資料を調査する。大阪語における罵りの助動詞をできるだけ網羅的に調べようという意図から選んだ項目である*2。

　ヨル、ヤガル、クサル、サラス、テケツカル、テウセルの6語は、話し手以外の動作を表す動詞に接続し、動作主を罵るニュアンスを含む形式である。このうち、ヨル、ヤガル、テケツカルの3語については、本動詞としての働きはなく、助動詞のみである（ケツカルは古くは「居る・有る」の意味あり）。これら3語には実質的な意味がなく、「罵り」という機能的な意味のみがある。クサルには本動詞「腐る」があるが、本動詞には、罵りの意味は含まれない。罵りの助動詞として使われるときには「微生物の作用でものが腐敗する」という本動詞の意味は残らない。すなわち、助動詞クサルは、本動詞クサルと起源は同じだとしても、別の語と考えて差し支えないだろう。サラスには本動詞「さらす」があり、「する」の罵り語にあたる。すなわち助動詞として働く場合と、似通っている。テウセルには、本動詞「失せる」があり、「去る」「行く」「来る」「居る」の罵り語としての意味をもつ。テウセルの形になった場合も、「罵り」に加えて、「去る」「行く」「来る」「居る」のいずれかの意味が含まれる。

　テヤル、テコマスの2語は、話し手の動作を表す動詞に接続し、動作の対象になんらかの被害を与える意図を示す、という機能を持

つ。「被害を与える意図」は、「罵り」に強くつながるものと考えられる。ヤルとコマスは、共に本動詞としては「与える」の意味を持つ。以上を表にまとめたものが表1である。

表1　調査項目とする助動詞

接続する動詞	語形	本動詞があるかどうか	本動詞としての意味
話し手「以外」の動作を表す動詞につく	ヨル	なし	──
	ヤガル	なし	──
	テケツカル	なし（古くはあり）	（古くは「居る」「有る」）
	クサル	あり（ただし意味が異なる）	「微生物の作用でものが腐敗する」（助動詞の意味とは関わりなし。本動詞としては罵りの意味はない。）
	サラス	あり	「する」
	テウセル	あり	「去る」「行く」「来る」「居る」
話し手の動作を表す動詞につく	テヤル	あり	「与える」
	テコマス	あり	「与える」

2.2　資料

資料は次のとおりである。すべて一荷堂半水の作品であり、幕末期（19世紀後半）の大阪語の資料である。

・滑稽本『穴さがし心の内そと』（以下、略称「内そと」とする）
・戯文集『諺 臍の宿替』（以下、略称「宿替」とする）
・『穴さがし 臍の宿替 初篇』（以下、略称「初篇」とする）
・『新板 臍の宿かへ 弐編』（以下、略称「弐編」とする）

『穴さがし心の内そと』は、さまざまな人物について、その表面的言動を示した後に、裏面的実相を暴く、そのような文章のセットを連ねたものである。登場人物が多彩である*3。初ノ二から初ノ

十五、二ノ二から二ノ十五、三ノ二から三ノ十五まで、計42編ある*4。

『諺 臍の宿替』は、諺や慣用句にちなんだ会話体の滑稽な文章を連ねたものである。通常の人間だけでなく、人間の体の一部分や動物が話し手の場合がある。また文章に隣接して配置された挿絵には、体が大幅に変形された人間が登場したり、裸体や排泄行為が盛り込まれたりしており、ナンセンスギャグ的要素が強い。たとえば「出る杭をうつ」と題した文章は、杭の形をした男女が、木槌を持った2人の男に頭を打たれる挿絵がついており、文章には、杭をうつ人物のセリフと杭（人間）のセリフとが示されている。初編から第十三編まであり、それぞれに第一丁から第十一丁まで含まれているが、第三編と第十一編は第一丁から第十丁までである。追補があり、追補一は第一丁から第十五丁まで、追補二は第一丁から第二十一丁まである*5。計177丁である。

『穴さがし 臍の宿替 初篇』（『大笑顔づくし』という別書名もあり）と『新板 臍の宿かへ 弐編』は、「人物の顔面の表情を大写しに描いた上部に独白体の戯文が添う」内容の、「上方板の顔づくし本」*6 である。『穴さがし 臍の宿替 初篇』は、別名「大笑顔づくし」となっており、「かね持じまん・貧ぼう人のじまん」「金があつてよふつかわんひとりごと・金がないのにつかひたがるひとりごと」のように、対になる人物を対比した文章が17組ある。『新板臍の宿かへ 弐編』は、「一名うぬぼれかゞみ」とあり、個々の断片のタイトルは「商内（あきなひ）好」と「放蕩（のら）好」、「上戸好」と「下戸好」のような「なになに好き」のペアが15組ある。

『穴さがし心の内そと』と『諺 臍の宿替』は複数人による会話と独白体とが混在しているが、『穴さがし 臍の宿替 初篇』と『新板臍の宿かへ 弐編』はほとんどが独白体であるのが特徴、ただし複数人による会話もわずかにある。

2.3　方法

文字資料を目視で確認し、調査項目を含む文を取り出し、数えて、その結果を表にする。『穴さがし心の内そと』については、テウセ

ルのみ新たに数え、テウセル以外の語形については、村中（2019）
で得られたデータを用いる。

3. 結果と考察

3.1 出現状況

『諺 臍の宿替』『穴さがし 臍の宿替 初篇』『新板 臍の宿かへ 弐
編』『穴さがし心の内そと』において、調査対象となる語形が出現
した数を、表2に示す。

表2 罵りの助動詞類の出現数

	宿替	初篇	弐編	内そと	計
テヤル	112	0	0	6	118
ヨル・オル	45	9	5	6	65
クサル	15	0	0	9	24
ヤガル	11	4	0	2	17
テケツカル	9	2	0	4	15
テウセル	4	1	0	2	7
テコマス	1	1	0	0	2
サラス	1	0	0	0	1
計	198	17	5	29	249

　表2で、8つの語形の出現合計数がゼロの語形はない。一度でも
使われているということは、この時期の大阪方言に当該語形が存在
した証拠とみてよいだろう。特に、『穴さがし心の内そと』に出現
しなかったサラスとテコマスが、今回扱った資料において、ごくわ
ずかでも出現したことには、意味があると言えよう[7]。

　『諺 臍の宿替』には、8つの語形が一通り出現している。これは、
他の作品に比べてデータ量（文字数）が多いことが一つの要因であ
ろうが、文脈に多様性があるために、多様な語形が出現したという
ことも考えられる。

　各語形の出現状況を見ると、『諺 臍の宿替』は、テヤルの出現割
合が著しく多いことがわかる。これは誰かに対して「…してやる」

と憂さ晴らしの実行を予言するようなセリフが多いためだと思われる。2.2 で述べたように、この資料は変形された人間や人間の一部が喋るというナンセンスギャグ的な内容が豊富であり、そのことと憂さ晴らし的発言あるいは仕返しをしてやるというような発言の多さが関係するのだろう。

『穴さがし 臍の宿替 初篇』と『新板 臍の宿かへ 弐編』は、独白体がほとんどであるという共通点があり、資料の量も近似しているが、語形の出現状況が異なる。『初篇』にはヨル・オル、ヤガル、テケツカル、テコマスが出現しているが、『弐編』はヨル・オルだけである。これは、文脈の違いによるものであろう。『弐編』には、あまり強く人を罵るような内容が見られない。一方、『初篇』には「喧嘩」の断片が複数あり、「せり合い」や「怒り上戸」もある。人を罵る文脈が出やすく、罵りの助動詞が出やすいわけである。

3.2 クサル、ヤガル、テケツカルの用例

クサル、ヤガル、テケツカルの 3 つの形式については、次の 3 つの共通点がある。

① 話し手以外の動作を表す動詞に接続する。
② 罵りの程度が近い。①に当てはまるヨル・ヤガル・テケツカル・クサル・サラス・テウセルのなかでは、ヨルの罵りの程度は弱い。
③ 本動詞の意味とまぎれることがない。ヤガルとテケツカルにはそもそも本動詞がない。クサルは同形の本動詞があるが、助動詞の場合と意味が重ならない。サラス・テウセルは本動詞の意味と助動詞の意味が重なる。

これらの共通点を持つクサル、ヤガル、テケツカルの 3 形式に絞って、まず全用例を挙げたのち、次節で検討する。

以下に示す用例では、当該形式の部分に下線を引いた。後ろのカッコ内は、（資料名、資料ページもしくは資料の章番号、話し手→聞き手、待遇対象）である。聞き手と待遇対象が同一である場合は、

「話し手→聞き手」のように、聞き手に太い下線を引き、待遇対象
は省く。表記はふりがなも含めて出典のままであるが、2文字以上
を繰り返す「くの字点」の部分のみ、仮名書きで繰り返して書くこ
とにした。

3.2.1　クサル（24件）

クサルの出現した文を出典ごとに出現順に示す。

（1）いつでも小づかひ銭をぬすミくさつて、　　（宿替24・親→息子）

（2）己が忌いの線香をたきに往くさつて、

（宿替25・雷婆々ひとりごと、極道息子）

（3）幕あけまへハほこりをかけくさるし、

（宿替79・男ひとりごと、芝居の関係者）

（4）己の姿を見付られたら、はだかに仕ても、とりくさるよつて

（宿替101・男ひとりごと、借金取り）

（5）内へもどるとケンケンいゝくさる。

（宿替109・女ひとりごと＊8、男）

（6）毎日毎日出あいて斗り居くさるが、　　（宿替135・米櫃→男）

（7）合手にも仕てくれぬやうなめに合しくさつたぞ。

（宿替135・酒通＊9→男）

（8）わしらもミな不自由なめに合しくさつたかはり、

（宿替135・炭醤油→男）

（9）常たんばかりしくさつて、　　（宿替143・親方→丁稚）

（10）又してもおれが目をぬすミくさつて。　　（宿替143・親方→丁稚）

（11）親を片わ者のやうにいわしくさる＊10。

（宿替169・男ひとりごと、自分の中足（陰部））

（12）足のさきでつぶしくさつた。

（宿替169・男ひとりごと、自分の中足（陰部））

（13）コリヤコリヤまちくされ。　　（宿替177・酒飲み男→こもだる）

（14）あるだけのミくさる。はようにげにげ。

（宿替177・こもだるひとりごと、酒飲み男）

（15）まアこれ迄、なんべんおれをだましくさつたかしれやせん。

（宿替190・男→男）

第3章　滑稽本『諺 臍の宿替』および『穴さがし心の内そと』にみる「ののしり」　　79

(16) なにをぬかし<u>くさる</u>　　　　　（内そと 初ノ七・和尚→<u>弟子</u>）

(17) 節季になると私にことはりばかり言し<u>くさつ</u>て

　　　　　　　　　　　　　（内そと 初ノ八・女房ひとりごと、亭主）

(18) ようまアこんなことを書ておこし<u>くさつ</u>たナア

　　　　　　　　　　　　（内そと 初ノ八・女房ひとりごと、亭主の相手）

(19) アノ爰な狸めが狐にだまされて居るのもしらずにわしまでだ

　まし<u>くさつ</u>たナ　　　　　（内そと 初ノ八・女房→<u>亭主</u>）

(20) 何ぬかし<u>くさる</u>ゾ　　　　　（内そと 初ノ十二・番頭→<u>丁稚</u>）

(21) 又ゆかねバ例の悪口ぬかし<u>くさる</u>がいやさに

　　　　　　　　　　　（内そと 二ノ二・風流人→嫁、風流仲間）

(22) ゑらさうにポンポンとぼうはり<u>くさつ</u>て

　　　　　　　　　　　　　（内そと 二ノ九・中居→同僚、客）

(23) とうふやまでが咶<u>くさる</u>　（内そと 三ノ十・嫁→隣の内儀、豆腐屋）

(24) それハともかく此様な処へ折々来<u>くさつ</u>たら

　　　　　　　　　　　　　（内そと 三ノ十五・親父→<u>息子</u>）

3.2.2　ヤガル（17件）

ヤガルの出現した文を出典ごとに出現順に示す。

(25) この野郎め、いゝ口斗りきゝ<u>やアがつ</u>て、　（宿替84・男→<u>男</u>）

(26) すました面をさらし<u>やアがる</u>。　　　　（宿替84・男→<u>男</u>）

(27) 此お二人をほり出し<u>やアがつ</u>て。　　　（宿替90・忰→<u>親父</u>）

(28) どんなつらしてぬかし<u>やアがる</u>。　　　（宿替90・忰→<u>親父</u>）

(29) 肴の小言をぬかし<u>やアがつ</u>て。　　　（宿替91・料理屋→<u>客</u>）

(30) あぶないあぶない。ドゞどふし<u>やがる</u>のじや。

　　　　　　　　　　　（宿替112・男ひとりごと、状況そのもの＊11）

(31) おのれゆへに己の面までよごし<u>やアがつ</u>て。

　　　　　　　　　　　　　　　　　　（宿替135・酒通→<u>男</u>）

(32) ヤイヤイ待<u>あがれ</u>待<u>あがれ</u>待<u>あがれ</u>

　　　　　　　　　　（宿替135・米櫃・酒通・炭醤油→<u>男</u>）

(33) 小遣ひ銭もろくにおこし<u>あがら</u>んよつて、（宿替149・息子→<u>父</u>）

(34) うせ<u>あがつ</u>たら　　（宿替171・尻うける人→周囲、尻持ってくる人）

(35) はゞかりながら、これ見<u>やがれ</u>。　　（宿替179・くだまく男→嫁）

（36）何ぬかしやがるやら。　　　　　　　　　（初篇109・男→男）

（37）何ぬかしやがる。　　　　　　（初篇114・痩せた男→太った男）

（38）どたま打ち通しにしていやがつて。

　　　　　　　　　　　　　　（初篇114・背の低い男→背の高い男）

（39）毒性な目に合わしやがつた。　　（初篇122・芝居好き→角力好き）

（40）外に用事もなしにわざわざ歩行せあがつて

　　　　　　　　　　　　（内そと 二ノ二・風流人→嫁、風流仲間）

（41）ヱヽ置やがれ　　　　　　（内そと 三ノ五・幫間菊八→女房）

3.2.3　テケツカル（15件）

テケツカルの出現した文を出典ごとに出現順に示す。

（42）われが尻ハとび色で、つまらぬ尻ときてけつかる。

　　　　　　　　　　　　　　　　　　　　　　（宿替19・猿→猿）

（43）大の好淫ときてけつかるが、　（宿替31・商人ひとりごと＊12、客）

（44）心ハさえずに、眼がさへてけつかるハ。

　　　　　　　　　　　　　　（宿替50・男ひとりごと、状況そのもの）

（45）はゞかりながら誰じやと思ふてけつかるゾ。

　　　　　　　　　　　　　　　　（宿替54・娘→周囲の人々）

（46）聞へぬつらさらして、グウグウと寐てけつかるが、

　　　　　　　　　　　　　　　　　（宿替63・男→大きな耳）

（47）ところで商売が盗屋藤兵へときてけつかるが、

　　　　　　　　　　　　　　　　（宿替133・盗人ひとりごと、状況）

（48）おのれハなんとおもふてけつかるのじや（宿替143・親方→丁稚）

（49）目ふさいで見てけつかれ。　　　　　（宿替149・息子→父）

（50）とんと勘弥手まりときてけつかるハ。

　　　　　　　　　　　　　　（宿替192・男→大きな手、状況）

（51）おのれがよふ飲まずと、向に飲んでもろてけつかる。

　　　　　　　　　　　　　　　　　　　　（初篇109・男→男）

（52）人を飴の鳥のよふに思ふてけつかる。

　　　　　　　　　　　　　　（初篇114・背の低い男→背の高い男）

（53）此方の蕩夫めがどこへいてけつかるのじや

　　　　　　　　　　　（内そと 初ノ八・女房ひとりごと、亭主）

（54）たつた二こうりのにつくりにいつまでか〻つて<u>けつかる</u>のじ
や

（内そと 初ノ十二・番頭→<u>丁稚</u>）

（55）あつかんで一ぱいくれんカ何をぐづぐづして<u>けつかる</u>ゾ

（内そと 二ノ二・風雅人→<u>嫁</u>）

（56）手先_{てさき}が肥前_{ひぜん}に首_{くび}すじが紀刕_{きしう}とのおまけにお片目_{かため}といふ面_{つら}でハ
恐_{おそ}れ入_{いり}がらのじりじりと<u>きてけつかる</u>アハ〻

（内そと 二ノ七・丁稚→<u>夜鷹</u>）

3.3　クサル、ヤガル、テケツカルについての検討

　それぞれの形式の前に、どのような形が接続しているかを検討す
る。動詞だけでなく目的語もなるべくつけた形で、それぞれの形式
の直前部分を並べたのが表3である。クサル・ヤガル・テケツカル
の直前の形式を終止形に変えた。クサル・ヤガル・テケツカルじた
いが命令形になったものとそうでないものとに分けて示した。さら
に、この表においては見やすさを優先し、現代仮名遣いに直し、漢
字仮名表記を変えた部分もある。複数現れたものについては、出現
回数を括弧に入れて示した。

　表3から、テケツカルにおいては、いくつかのパターンが見出せ
る。

　まず、「…ときてけつかる」のパターンが5例あった。これは、
意味的には「だ／じゃ」と置き換え可能である。

　　　原文「つまらぬ尻<u>ときてけつかる</u>。」
　　　　→「つまらぬ尻<u>じゃ</u>。」としても可。
　　　原文「大の好淫<u>ときてけつかる</u>が」_{すけべい}
　　　　→「大の好淫<u>だ</u>が」としても可。_{すけべい}
　　　原文「商売が盗屋藤兵へ<u>ときてけつかる</u>が」
　　　　→「商売が盗屋藤兵へ<u>だ</u>が」としても可。
　　　原文「勘弥手まり<u>ときてけつかる</u>ハ」
　　　　→「勘弥手まり<u>じゃ</u>ハ」としても可。

表3　クサル・ヤガル・テケツカルの前に接続する形式

	クサル	ヤガル	テケツカル
非命令形として現れたもの	何（を）ぬかす（2） 悪口ぬかす ケンケン言う ぽんぽんとぼうはる＊13 断りばかり言わす 片端者のように言わす …目に合わす（2） 俺をだます わしまでだます なぶる 小遣い銭を盗む 目を盗む 出歩いてばかりいる 冗談ばかりする （お金を）とる 線香を焚きに行く 埃をかける 足の先で潰す あるだけ飲む こんなことを書いておこす 折々来る	何ぬかす（2） ぬかす（2） いい口ばかりきく すました面をさらうせる 目に合わす 打ち通しにしている どうする 歩かせる ろくにおこす＋否定 ほり出す よごす	つまらぬ尻とくる 助平とくる 盗屋藤兵衛とくる 勘弥手まりとくる 恐れ入りがらのジリジリとくる 誰じゃと思う なんと思う どこへ行く いつまでかかる 何をぐずぐずする …のように思う 目が冴える ぐうぐうと寝る 飲んでもらう
命令形として現れたもの	待つ	待つ 見る 置く	目ふさいで見る

　　原文「恐れ入がらのじりじり<u>ときてけつかる</u>」
　　　→「恐れ入がらのじりじり<u>だ</u>」としても可。

　このように、「名詞句＋だ／じゃ」でも意味が通るところを「名詞句＋ときてけつかる」の形にすることにより、名詞句で描写した対象を罵りながら、リズムのある表現にしている。

次に目につくのは、テケツカルの前には疑問詞が来る場合が比較的多いことである。「誰じやと思ふてけつかるゾ」「なんとおもふてけつかるのじや」「どこへいてけつかるのじや」「いつまでかゝつてけつかるのじゃ」「何をぐづぐづしてけつかるゾ」（下線部本書筆者）である。これらはいずれも、相手を難詰する意図を持つ修辞的な疑問文である。つまり例えば「誰じゃと思うている」だけでも相手を責めることになるのであるが、それにテケツカルを組み合わせることにより、相手に詰め寄るニュアンスを強めることになる。

　さらに、クサル・ヤガルには現れない動詞でテケツカルにいくつか現れたものとして、「思う」がある。「誰じやと思ふてけつかる」「なんとおもふてけつかる」「…のよふに思ふてけつかる」である。テケツカルは、テを介するために、状態性を帯びることになり、「思う」の意味にフィットしやすいのだと考えられる。

　クサルとヤガルに共通する特徴として、「ぬかす」「ぼうはる」「言う」「口をきく」のような、「言う」という意味を持つ動詞が後続することが目に付く。クサルには、「言わす」もある。対象のせいで話し手が何かを言わされた、被害を受けたことを罵る文脈である。そのように、対象が何かを「言った」、対象から何かを「言わされた」というような、言説をめぐる罵りがクサル・ヤガルによく接続するようである。

　その他の特徴として挙げられるのは、クサルの前につく動詞は、もともと悪い意味がある場合が多いことである。「ぬかす」「ぼうはる」もそうだが、「目に合わす」「だます」「なぶる」「盗む」もそうである。また、動詞には特に悪い意味がなくても、「ばかり」をつけることによって悪い意味が発生する場合もある。「出歩いてばかりいくさる」「冗談ばかりしくさって」がそれに当たる。

　ヤガルの場合、「ぬかす」だけでなく、「さらす」「うせる」のような、罵りの意味を含む動詞に接続する傾向があるようだ。また、クサルと同様、「目に合わす」もあり、また、「ばかり」のつく形や、「ばかり」に類似の意味を持つ「…通し」のつく形もある（「打ち通しにしていやがつて」＝打ってばかりいやがって）。

　このように、ケツカルは独自の特徴があると言える。クサルとヤ

ガルの差異はあまり大きなものではないようだ。

命令形として現れたものは少ないが、クサル・ヤガル・テケツカルのいずれにも出現した。すなわち、「まちくされ」「待あがれ待あがれ待あがれ」「見やがれ」「置やがれ」「見てけつかれ」の形である。

4. まとめ

江戸時代末期の大阪の戯文集『諺 臍の宿替』『穴さがし 臍の宿替 初篇』『新板 臍の宿かへ 弐編』を資料として、同じ筆者による『穴さがし心の内そと』のデータと併せて、8つの罵りの助動詞について考察した。その結果、『諺 臍の宿替』には8つの罵りの助動詞が全て出現した。中でも、テヤルの出現が著しく多かった。

8形式のうち、「①話し手以外の動作を表す動詞に接続する。」「②罵りの程度が比較的重いという点で近い。」「③本動詞の意味とまぎれることがない。」の3つの共通点を持つクサル、ヤガル、テケツカルの用例を検討した。その結果、テケツカルには「ときてけつかる」（＝ジャ／ダ／ヤ）という定型パターンがあること、さまざまな疑問詞とともに修辞疑問文に使われて相手を責めるニュアンスを強めること、「思ふ」とともに使われやすいことがわかった。クサル・ヤガルについては、「言う」という意味を持つ動詞とともに使われやすいこと、悪い意味を持つ形式が前接する場合が比較的多いことがわかった。

＊1　テウセルを含めたのは、『諺 臍の宿替』の文章を確認している際に、テウセルが罵りの助動詞として使われていることに気づいたためである。全ての語について品詞解析を行なったわけではないので網羅性の保証という点では弱い。今後の課題にしたい。
＊2　ここで調べる8形式のうち4つは、助詞テを介した上で動詞に接続する動詞であると見ることもでき、「補助動詞」と呼ぶことも考えられるが、ここでは一律に「助動詞」と呼んでおく。

＊3 『穴さがし心の内そと』の原典には挿絵が付けられていたようだが、本書では、挿絵のない資料（前田勇によって翻刻されたもの）を用いるので、絵を参照して人物の特徴を知ることはできない。『穴さがし心の内そと』の登場人物の多彩さを示すため、村中（2019）から、罵り表現項目とそれを使用した人物の性別・年代との関係を表した表を下記に引用する。ただし、罵りの助動詞・補助動詞を用いていない登場人物は省略している。

『穴さがし心の内そと』罵りの助動詞・補助動詞の使用人物（村中 2019 の表 3）

	クサル	ヨル・オル	テケツカル	ヤガル・アガル	テヤル
男・中年	和尚 番頭 風雅人 父親	侍 稽古屋 父親	番頭 風雅人	風雅人 幇間	稽古屋
男・若年			丁稚		
女・中年	女房 中居	姑	女房		女房
女・若年	嫁	女郎			髪結の弟子 代稽古の娘

　表に示した通り、中年以上（と思しき）男性登場人物として、和尚、番頭、風雅人、父親、侍、稽古屋、幇間、がいる。明らかに若年と思われる男性登場人物は、丁稚のみ。中年以上（と思しき）女性登場人物は、女房、中居、姑、である。明らかに若年と思われる女性登場人物は、嫁、女郎、髪結の弟子、代稽古の娘、である。

＊4　三ノ三と三ノ四、三ノ六と三ノ七、三ノ九と三ノ十、三ノ十二と三ノ十三、三ノ十四と三ノ十五はそれぞれ、内容的に続いている。初ノ一、二ノ一、三ノ一には、文章がない。

＊5　「一丁」が一枚摺りになっており、2つの文章とそれに沿った挿絵が配置されている。

＊6　武藤（1997）の解説を参照。

＊7　村中（2019）でも述べた通り、国立国語研究所『日本語歴史コーパス』をオンライン検索ツール「中納言」によって検索したところ、サラスが大坂板洒落本に2件、テコマスは虎明本狂言集に1件と大坂板洒落本に9件と京都板洒落本に4件、計14件あった。

＊8　「女ひとりごと」としたが、この用例の文脈はやや分かりにくく、明らかではない。

＊9　「酒通」は挿絵によれば人間ではない。米櫃や炭醤油と共に人間の男を責めるモノである。

＊10　「かたわもの」という表現は現代では差別的であるが、文意を取るために出典のままにしておく必要があると思われるのでそのまま示す。

＊11　ここで男が「どふしやがるのじや」と言っているのは、千鳥足になっている自分の状況について、罵っているものである。

＊12 「こゝろで」とあるので、心の中の独り言である。

＊13 動詞「ぼうはる」は牧村（1979）によれば「反抗する。意地になってたてつく。」という意味であるが、ここでは「偉そうにポンポンとぼうはる」という文なので、「ぼうはる」は「口をきく」くらいの意味かと思われる。

【資料】

一荷堂半水作『穴さがし 臍の宿替 初篇』『新板 臍の宿かへ 弐編』（武藤 1997 所収）

　：安政（1855–60）ごろ刊行

一荷堂半水作『穴さがし心の内そと』（前田 1974 所収）

　：元治（1864–65）前後の刊行か

一荷堂半水作、歌川芳梅画『諺 臍の宿替』（武藤 1992 所収）

　：刊行年未詳、元治（1864–65）以降か（上記の『穴さがし心の内そと』後の刊行と推測される）

第4章

近世まとめ
我々はどこまで来たか（その1）

　第1章、第2章、第3章と、近世の資料に基づき、ののしりの助動詞類の使用状況を見てきた。その分析結果およびデータから発展的に言えそうなことを、ここで述べておこう。第1章のデータは江戸板洒落本から上方板洒落本への改作、第2章のデータは上方板から江戸板への改作、といわば逆向きのセットになっている。この2つの章について、改作に伴う大規模な変更のあった1章データを後に回し、まずは小規模な変更のあった2章データを先に見ることにする。

1.「月花余情」組のデータ観察
　　「江戸向き」にカットされた部分には何が書かれていたか

　第2章では、上方板洒落本（『月花余情』とその続編）が江戸板洒落本に改作されたものを見た。ののしりの助動詞を検索した結果、上方板で使われていた罵りの助動詞クサル5件が江戸板では3件に減っていた。クサルが同じ文脈でそのまま使われたケースと、削除されたケースとがあった。改作の際に新たに加えられた罵りの助動詞はなかった。
　江戸の読者に向けた改作に際して、上方ふうの談話を避けた結果、クサル2件を含む文章の部分が削除されたとみえた。削除されたクサル2件を含む部分、すなわち江戸向きにカットされた上方板の記述を下記に提示し、再度検討しよう。

［江戸板でカットされたクサルを含む上方板のセリフ］
〈改作前：上方板〉
　花咲：歌夕さん　夕べ　新さんにあいなんしたか

歌夕：いゝへ。夕べも客を早ふ　いなしてしまふやうに　こつち
　　　から帯といて手廻シたけれど。つい七ツまへになつて。そ
　　　れから　かどへいて　わめいたけれど。よふねていたわい
　　　な。あげくのはてニ　風引てのけた

花咲：ほんにおまへのは　よくじやわいな。わしら此間ねツから
　　　あわぬ。そしてあたいやらしい。あの伊丹の客めが　ねか
　　　ら夜があけにや。いにくさらん。そして夕べもぬかす事
　　　聞てくだんせ。あのこのやうに　あつかましういふて。あ
　　　すは身仕廻べやで。御そしりであろふとぬかしくさつた。
　　　それでわしがおもふには　なんのおのれがこと　咄しせふ
　　　と。心で思ふていたわいな。そしてマアおまへアノ　新さ
　　　んと　どふでもめうとになりなんすか。浦山しいことじや
　　　ナア

歌夕：サイナ新さんもマアもつきなり　わしももたるる気じやけ
　　　れど　おやごさんが　かたいそふなわいな。それでマアわ
　　　しも　気にかゝつて　どふもならぬわいな

　　　　　　（陽台遺編・媲閨秘言　媲閨秘言（身仕廻部屋の段）1750、3–23）

〈改作後：江戸板〉
　　丸ごと削除されており、対応箇所がない。

　　これは「身仕廻部屋の段」の一部であるが、改作に際して、「身
仕廻部屋の段」は大幅に改変されている。遊女である歌夕と花咲の
会話のうち、自分達の男に関する話と客の悪口が江戸板ではカット
されており、上記の部分もそのカット部分に含まれる。
　　上記の話の流れを詳しくみると次のとおりである。
　　支度部屋における遊女同士の会話である。花咲が歌夕に対して、
昨夜は恋人に会ったかと尋ねる。歌夕は、恋人と会いたいために、
客を早く返すようにしたがうまくいかず、時間が経って朝方近くに
なってしまい、客がようやく帰った後に恋人のところへ行って呼び
かけたこと、しかし恋人はよく寝ていて出てこず、自分は風邪を引
いてしまったことを愚痴る。それに対して花咲は、自分の方がひど

い目に遭っていると述べる。嫌な客が夜明けまで帰らず、客が自惚れた様子であったこと、心の中でその客を罵ったことを告げる。そしてまた歌夕の恋人のことを話題にし、夫婦になるであろうことを羨ましがる。歌夕はそれに答え、そのつもりであるがうまく行くかどうか気が揉めていることを打ち明ける。

　最初、花咲は歌夕に恋人と会ったかと尋ねているのであるから、歌夕はストレートに返事するならば、会っていないと答えればよいだけである。しかし実際は、恋人に会えなかった状況を説明し、それに加えて、風邪を引くという憂き目にあったことまで話している。質問されたついでに、質問されていない情報だが自分の話したいことを話し、客への腹立たしさや恋人に会えなかった残念さなどを語る。質問への答えでなく、愚痴ることが目的であるかのような発話である。

　それを聞いた花咲は、自分の状況を愚痴ってみせる。これはおそらく、相手の愚痴を聞いた以上は自分も愚痴らなければならない、という暗黙のルールに基づくものかと思われる。愚痴り返さないと、相手だけが苦しい目に遭っていることになり、自分を優越の地位に置いてしまう。遊女同士の友情めいたものを保つためには、自分を優越の地位に置くわけにはいかない。互いに、「私もひどい目に遭っています。具体的にはこれこれの状況です。」という愚痴りあいが必要なのである。

　つまり次のようなやり取りである。

花咲：質問の形で、相手の恋人（新さん）の話に水を向ける。
歌夕：質問に答える。ついでに愚痴る。
花咲：自分の話をして愚痴り返す〈ここにクサルが2回出現〉。
　　　質問の形で相手を羨ましがる。
歌夕：質問に答える。少し愚痴る。

　花咲が愚痴り返す中で自分の客の悪口を言い、クサルが2回出てくる。クサルの出現箇所を現代語訳とともに示す。

第4章　近世まとめ　　91

［元の文］

あの伊丹の客めが　ねから夜があけにや。<u>いにくさらん</u>。そして
夕べもぬかす事　聞てくだんせ。あのこのやうに　あつかましう
いふて。あすは身仕廻べやで。御そしりであろふと<u>ぬかしくさつ
た</u>。それでわしがおもふには　なんのおのれがこと　咄しせふと。
心で思ふていたわいな。

［現代語訳］

あの伊丹の客めが（早く帰ってほしいのに）まったく夜が明けな
ければ<u>帰らない</u>。そして昨夜も客が言ったこと（はひどい）。聞
いてください。このように厚かましく言っていた。（客が私に）
「明日は支度部屋で自分の悪口を言うだろう」、と<u>言った</u>。それで
私が思うのは、なんであんたのことなど噂するものかと、心の中
で思っていたよ。

　このように花咲は、早く帰って欲しい客がなかなか帰らないこと、
好きでもない客なのに自惚れていて嫌であること、を述べる。「い
にくさらん」「ぬかしくさつた」と客の動作を表す動詞にクサルを
接続することを2回重ね、客への腹立たしさの感情を強めて表現し
ている。「客め」の「め」、客の動作を描写する「ぬかす」（言う）、
客を指す「おのれ」、なども罵りのことばである。

　これに先行する歌夕のセリフには、特に罵りの意味を含むことば
がない。花咲のセリフにのみ、罵りの意味のことばがある。同じ愚
痴であっても、後から愚痴った花咲の方が強いことばによる愚痴に
なっている。これはなぜだろうか。おそらく、後から愚痴った方が
先に愚痴った方よりも「よりひどい目に遭っています」と示す必要
があるのだろう。どんな目にあったかの具体的内容を示すだけでな
く、罵りの言葉で自分の腹立ちの強さを表すことにより、自分がひ
どい目に遭ったことを増幅する表現として成立する。

　つまり、ここで使われた2つのクサルは、ただ客を強く罵りたい
という意図だけで使われたものではない。客を罵ってみせて、愚痴
を強め、朋輩の遊女への気遣いをより適切に表すために使われたと
考えられるのである。いわば、気遣いのための「ののしり」なので

ある。江戸板への改作においてはただ単に「ののしり」のクサルが
カットされたのではなく、気遣いのための「ののしり」がカットさ
れたのである。

2.「郭中奇譚」組のデータ観察

　第1章では、江戸板洒落本『郭中奇譚』が上方板に改作されたも
のを見た。江戸板洒落本『郭中奇譚』では罵りの助動詞ヤガルが6
件使用されていたが、改作後の上方板では、コマス3件、サラス2
件、ケツカル2件、クサル1件、アガル1件、とさまざまな罵りの
助動詞が使用されていた。上方の読者に向けた改作に際して、上方
ふうの談話に変えるための工夫が凝らされ、その手段の一つとして
罵りの助動詞の使用がされたものと考えられる。

　第1章で見た罵りの助動詞の出現する会話のいくつかについて、
下記に提示し、再度検討してみよう。まず、第1章の【ヤガル1】
【サラス1】【アガル1】の部分である。

〈改作前：江戸板〉

　　夜鷹：ゆふべはどふしなさッた　外にゑいのができたか

　　熊　：ナニサこよふとおもツたがアノじやんこめが　ふぐ喰にあ
　　　　　いべと　<u>いひやがツた</u>から　内にねたア　はなしのよふな
　　　　　こツた　　　　　　　　　　　　　　（郭中奇譚 1769、4–308）

〈改作後：上方板〉

　　惣嫁　：夕部は見へなんだなあ　北の方や南の方みてゐたけれど
　　　　　　外によいのかてきたかへ

　　太兵衛：なんのい　そんなこつちやない　夕べおらこふと思ふた
　　　　　　けれど腕の長兵衛めが　砂場へうとんくひにいこほとに
　　　　　　内にまつてゐよといひ<u>上つた</u>よつて　うせるかとおもふ
　　　　　　て　きよろりとまつていたけれどとう〱き<u>さらさいで</u>
　　　　　　けたいくそてついねた　ゑらひ　つぼじや

　　　　　　　　　　　　　　　　　　　（異本郭中奇譚 1772、4–326）

江戸板の夜鷹のセリフと上方板の惣嫁のセリフは、「昨夜はどう
していたか（来なかったなあ）」と尋ねていることと、「他にいい人
ができたか」とヤキモチを焼いて見せるところは共通であり、似通
っている。しかし、上方板にはその間に「北の方や南の方みてゐた
けれど」ということばが挿入されて長くなっている。これはなじみ
客（太兵衛）に対する遊女のお愛想であろう。実際には、「北の方
や南の方」など見ていないかもしれない。ただ単に、なじみ客が来
ないなと思っていただけかもしれない。客が来なければ実入りが減
り、残念だっただけかもしれない。しかし、昨日来なかったなじみ
客が、今日は来てくれている。せっかく来てくれたのだから、でき
れば次に繋ぎたいという意図がある。そこで「（太兵衛が来てくれ
るかと）北の方や南の方みて（姿を探して）ゐた」と自分の動作を
描写することにより、たとえそれが架空のものであるとしても、相
手を心待ちにしていた様子を知らせて、真情があるかのようにふる
まう。信憑性を持たせたお愛想を言っているのである。

　それを受ける江戸板の熊と上方板の太兵衛のセリフも似通ってい
る。「昨日ここへ来ようと思ったが、友達から誘われて、来そこな
った」という趣旨は同じである。ただ、やはり上方板の方が少し長
い。具体的に見ると、上方板には「誘ってくれた友達を待っていた
がとうとう来なかった」という内容が挿入されているため、説明が
長くなっている。

　罵りの言葉という点で見ると、江戸板には「アノじやんこめが」
「いひやがツた」のような罵りの言葉があり、誘ってきたのに実際
は来なかった友人に対する忌々しさが表明されている。上方板も同
様に、「長兵衛めが」や「いひ上つた」がある。しかし上方板では
さらに「きさらさいで」（来やがらないで）がある。江戸板の方で
は、友人が「来なかった」ことは明言されておらず、言外に仄めか
されているだけであるが、上方板では「きさらさいで」と来なかっ
たことを言葉で示し、そこに「サラス」という罵りの助動詞が使わ
れているのである。それに加えて、上方板には「けたいくそて」や
「ゑらひ つぼじや」のような忌々しさの感情を表明することばが重
ねられている。

このように見ると、江戸板の熊と上方板の太兵衛のセリフはいずれも忌々しさを表明しているのだが、上方板の太兵衛のセリフの方が、説明が具体的かつ念入りで、感情表明がより明示的であり、言葉を尽くしていると言ってよいだろう。

次は、第1章の【クサル1】の部分である。

〈改作前：江戸板〉

柴木：よいきみの

客　：またあいつがひいきしおる

女郎花紫：まだそこにいやるか　其屏風こツちへ引よせて　いてねや

客　：早くねる　ホンニ　あきれんすによウ

女郎花紫：コンナけがらわしい物はといふて　かんだ文ふすまへなげる
　　　　　　　　　　　　　　　　　　　（郭中奇譚 1769・4–303）

〈改作後：上方板〉

清の：よいきみの

客　：またあいつひいきしをる　さて〰残念な事

太夫花紫：ちとそふも御さりましよ　コレ清野　わがみはの　もふ内へいんで　それいひ付て置た事しや

客　：早ふ　いにくされ

太夫花紫：こんなけがらはしい物はといふて　かんだ文ふすまのもとへ捨る
　　　　　　　　　　　　　　　　　　　（異本郭中奇譚 1772・4–318）

客のセリフの「またあいつがひいきしおる」の部分はほぼ同じであるが、その後に、上方板では「さて〰残念な事」が追加されている。気持ちを明示する言葉が追加されているのである。

花紫のセリフで、上方板では「コレ清野」とかむろに呼びかける言葉がある。江戸板で「まだそこにいやるか」というセリフもかむろ（柴木）に話しかけているものなのだが、名前を呼びかけてはいない。名前を明示して呼びかけることは、文脈をはっきりさせてわかりやすくする効果と、気持ちを相手に向けていることを明瞭化させる効果があるだろう。

第4章　近世まとめ　　95

客のセリフで、江戸板では太夫に向かって「早く寝る」と自分の行動予定を表明しているところを、上方板ではかむろに「いにくされ（向こうへ行け）」と命令形で言っている。自分が寝るためにはかむろが邪魔なので、向こうへ行けと命じているのである。他者への直接的な働きかけである。

　江戸板に比べて上方板では、気持ちを明示したり文脈を明瞭化したり他者へ働きかけたりするために、言葉を使っていることがわかる。

　次は、第1章の【コマス1】の部分である。

〈改作前：江戸板〉

　女郎花紫：ばからしいわなよい〳〵しかたが有　嶋之助さん手つ
　　　　　だつてくれなんし　それそちらの手を持なんしな

　客：ををををを　こそぐつたい　はなせ〳〵ゆる〳〵とおがむ〳〵
　　　拠〻じゆつないこつた
　　　いきつぎに一盃のもう　此やうに夜をふかして其上もちあそ
　　　びにされて　あすの身がたまらぬ　　　（郭中奇譚1769・4-305）

〈改作後：上方板〉

　太夫花紫：そんならよひわいな　わしが仕様が有る　東屋す　御
　　　　　まへも手伝て御くれなさんせ　ふたりしてこそぐつててこま
　　　　　そ

　客　：そりやおれがきんもつじや　あつちへにげて行ぞ

　東屋：どりやよかろ　さあ〳〵

　客　：おおおお　こんとはほんのかんにんじや　はなしてくれ
　　　　〳〵さても〳〵じゆつない事　いきつぎにも一つ其盃　此
　　　　よふに夜ぶかしをしてなぶりものに成つてはあすの身がた
　　　　まらぬ　　　　　　　　　　　（異本郭中奇譚1772・4-322）

　江戸板・上方版ともに、太夫が客を懲らしめるため、同僚の遊女と共に、客の身体をくすぐる場面である。

　江戸板では花紫のセリフの後に客のセリフがあり、一往復するだけであるが、上方板では花紫→客→同僚の遊女→客となっており、

発話数が増えて、描写の密度が濃くなっているといえよう。

同僚の遊女（東屋）のセリフは、花紫の「こそぐつてこまそ」という誘いを「よかろ」と承諾しているが、前に「どりや」、後ろに「さあさあ」をつけることにより、勢いがよくなり、今から客に乱暴を働くのだということが示される。

江戸板では客が「こそぐつたい」というところを上方板では花紫の「こそぐつてこまそ」に変えられているが、これは、「こそぐつてこまそ」という誘いの形にすることによって客の「そりやおれがきんもつじや」のセリフと、同僚の承諾のセリフを引き出し、描写を長く濃くするためであろうと考えられる。

3. まとめ

中野三敏は、「郭中奇譚」について、上方板は、「内容の点でも、江戸板の文章を引延ばし、間延びさせたような部分が多く、上方板が江戸板の改悪であることは間違いない。」と述べている。しかし、以上見てきたことから、上方板はただ江戸板を無駄に「間延びさせた」のではないと考えられる。

上方板→江戸板の改作では特定の箇所が丸ごと削除されているところがあり、江戸板→上方板の改作では文章が長くなっていたり発話数が増えていたりするところがある。上方板には、一見無駄と思われるような言葉数が多いと言える。しかし、愚痴をこぼしたり誰かを罵ったりすることで、話し相手への「愛想」になっているケースがあった。また言葉数を増やすことにより、文脈をわかりやすくしたり、描写を念入りにしたり、明瞭な感情表明を行ったりしている。これらは、関西方言の特徴であると言ってもよいのではないか。

すなわち、たとえそれが罵りの言葉であっても、言葉を尽くすことが相手への「愛想」になったり、読者への親切になったりするのが、関西方言的なのではないか。

さらに、上方では言葉を尽くし、相手への「愛想」をすることが発展した結果、罵りの助動詞の使用へとつながり、罵りの助動詞のバラエティの豊かさにつながったのではないか。江戸にはそのよう

な現象がない。そのため、江戸はアッサリ、上方はコッテリ、という印象につながるのではないかと考える。

II

近代・現代の京阪方言におけるののしりの助動詞

第5章

明治・大正期の大阪落語資料にみる「ののしり」

　本章以降は、近代・現代における「ののしり」の様子を見る。本
章では、明治後期から大正にかけての大阪落語SPレコード文字化
資料を用いて、大阪方言における罵りの助動詞ヨル、ヤガル、クサ
ル、ケツカルについて考察した。

　ヨルの特徴として、第三者待遇がほとんどであり、叙述的な性質
が強く、噺の語り手に使われるという点が見出せた。

　クサルとヤガルの使用者が相補的であるという傾向も見られた。
クサルは重みのある年配男性、ヤガルは若者あるいは軽剽な男性が
使うと考えられた。

1.　はじめに

　本章では、明治期および大正期の、大阪方言における罵りの助動
詞について考察する。用いる資料は、明治後期から大正にかけての
大阪落語SPレコード文字化資料である。

　罵りのことばについては、①一部の人だけが使う例外的なことば
であり、②取り上げる価値がなく、つまらないもので、③存在しな
い方がよく、なくすべきもの、とみる向きもあろうかと思われる。
しかし、決してそうではないことを説明したい。

　まず、①一部の人だけが使う例外的なことばであるかどうか、に
ついて検討しよう。確かに、罵りのことばが下品なイメージを持つ
ことは否定しきれないし、公の場では使いにくいと思う人が多いだ
ろう。特定の人を公衆の面前で直接罵るということになれば、罵ら
れた方は不快で精神的ショックを受ける可能性が高いが、罵った話
し手の方も、社会的地位や人間関係にマイナスの影響を被る恐れが
ある。したがって、たとえ口を極めて罵りたい気持ちがあっても、

公衆の面前では自重する人が多いだろう。だが、友人や家族の前で、あるいは１人でいる時に、誰かや何かを罵ったという経験は、多くの人にとって稀なものでもないだろう。また面罵ではなく、陰で罵るのであれば、人間関係に重大な結果を招くこともなく、比較的気楽に行えると考えられる。身近な知り合いを罵るのではなく、有名人や何かの事態を罵る（例えば贔屓のスポーツ選手や贔屓のチームが負けたことを罵る）のであれば、ますます気楽に行えるであろう。つまり、場面や罵る相手との関係によっては、罵りのことばを使うことは、多くの人にとって大いにありうることだと考えられる。

　次に、②取り上げる価値がなく、つまらないもの、とみるのが適切かどうかである。罵りのことばは、話し手が、対象となる人や事態を否定的に捉えていることを、ことばの上で明示するものである。話し手が人や物事を否定的に捉えたことの明示を行うということは、すなわち、「貶す」「悪口をいう」「文句」に近いものとして位置づけられる。「悪口」であれば、おそらく時代や地域を問わず、古今東西存在するものである。また、人や物事の悪口を共有することによって、その場の雰囲気が盛り上がるということはよくあることであり、気の利いた悪口は人々に歓迎されることすらある。上手な悪口が言えることは、機知に富むことの証明とも言える。つまり、悪口は、特殊なものではなく一般的に存在しうるものであり、発せられる場面・状況によっては、プラスに意味付けすることも可能である。このように考えると、「悪口」に隣接する言語行動である「罵り」も、プラスの意味付けをすることが可能であり、取り上げる価値も出てくるのではないか。

　最後に、③「罵り」のことばは存在しない方がよく、なくすべきものかどうか、について検討しよう。何かに対する腹立ち、憤り、やり場のない怒りなどを抱えた時、人は罵りのことばを発する可能性がある。そして、腹立ちや怒りを抱えていることの明示をしなければ、適切な表現をしたと話し手自身が感じられない場合がある。

　例えば、大阪の阪神ファンにとっては、「阪神がまた負けた！」ではなく「阪神がまた負け<u>よった</u>！」と言わなければ、気持ちを十分に表せない、と感じることがあるだろう。愛着をも込めた罵りを

しなければ、適切な表明にならないのである。あるいは、知り合い
の人物がとんでもないことを言った（と話し手が感じた）としよう。
この場合、「こんなことを言って！」や「こんなことを言うなん
て！」ではなく、「こんなことを言いやがって！」ということばづ
かいでなければ、自分の気持ちを適切に表現したことにならない、
と話し手が感じることはありうる。あるいは、話し手が人物Aと2
人でいる時、その場にいない人物Bに対して人物Aが憤っている
と話し手が認識し、かつ話し手は目の前にいる人物Aの側に立っ
ていることを表明したい場合、「（人物Bが）こんなことを言いやが
って」と人物Aに向かって表現することによって、話し手は人物A
に寄り添う意思を示すことが可能である。罵りの助動詞を使って人
物Bの動作を貶すことにより、その場にいないBへの憤りを面前の
Aと共有しうるのである。このように、動詞に罵りの助動詞ヨルや
ヤガルを接続させることによってこそ、気持ちや意思が適切に表現
できる場合があるとすれば、ヨルやヤガルが存在しない方がよい、
とは言えないことになる。

　以上のような考えに基づき、罵りのことばに関する考察を行なっ
ていく。

2. 調査の概要

2.1　調査項目

　調査の対象とする言語項目は、大阪方言での使用が想定される罵
りの助動詞ヤガル、クサル、サラス、ケツカル*1、ヨル、の5語
である。村中（2019）ではこれにテヤル、テコマスを加えた7語
を対象としていたが、ここでは話者以外の動作を表す動詞につきう
る助動詞に限定することとした*2。以下、先行研究に簡単に言及
しておく。

　ヤガル・クサル・サラス・ケツカルの4語は、前田（1949）で
「相手の動作を口汚く云ふ形」、罵詈形としてあげられているもので、
郡（1997）でも「見下げて言う表現」として列挙されている。大
阪方言の辞書である牧村（1979）ではこの4語はすべて見出し語

となっており、かつ、それぞれの語意説明の中に他の3語が同義語としてあげられている。楳垣（1962）では、ヤガル、クサル、サラス、の順で憎悪の感情が高まり、ケツカルに至って最高潮に達する、と述べていることから、この4語を同じ意味上の軸に並べうるものとして扱っていることがわかる。さらに、山本（1962）には罵詈表現としてヨル・ヤガル・クサル・サラスがあげられていることから、ヨルも大阪方言における罵り表現として付け加えることができる。

　以上の先行研究から、ヨル・ヤガル・クサル・サラス・ケツカルの5語を、いずれも近代の大阪方言における罵り表現とみなし、調査項目とする。

2.2　資料

　用いる資料は、真田信治・金沢裕之（1991）『二十世紀初頭大阪口語の実態―落語SPレコードを資料として』（平成二年度文部省科学研究費補助金一般研究（B）課題番号01450061「幕末以降の大阪口語変遷の研究」研究報告書）に収録されている作品全てである。すなわち落語家8名による計34作品の文字化資料である。

　今回扱う落語作品群の特徴としては、短い噺が多いということが挙げられる。このことは、金澤（2016）の注3でも述べられているように、決して短所ではなく、「当時の何気ない世相を描いた小噺やちょっとした作品が多いために、結果的に、当時の実際の話しことばの断片を活写している可能性があり、この点では、言語資料としての長所となっていると考えることもできる」のである。

2.3　方法

　34作品全てに目を通し、対象とした罵り表現の出現の有無を目視で確認した。各作品における登場人物、考察対象とする罵りの助動詞を使用した登場人物、および、対象とした罵りの助動詞以外の罵り的表現の出現についても確認し、それらを一覧表にまとめた（本章末尾の【罵り表現一覧表】を参照）。

　次の3節では、罵りの助動詞と作品、演者、活用形、他の罵り的

表現との共起関係、人物との関係、の結果を順に示し、4節で用例を元に考察し、5節でまとめを行う。

3．結果

3.1　罵りの助動詞が出現した落語作品の数

　34作品において、罵りの助動詞ヨル、ヤガル、クサル、サラス、ケツカルのいずれかが出現した作品の数と、いずれも出現しなかった作品の数を示したのが表1、助動詞ごとの出現作品数を示したのが表2である。

表1　罵りの助動詞の出現した作品数（34作品中）

いずれかが出現した作品数	18（曽呂利、文枝、枝雀、染丸、松鶴、文雀）
いずれも出現しなかった作品数	16（曽呂利、文枝、文団治、文三、枝雀、松鶴）

＊括弧内は作品の演者を短い呼び名で示した。

表2　助動詞ごとにみた出現作品数（34作品中）

罵りの助動詞	出現した作品数
ヨル	14
ヤガル	11
クサル	4
ケツカル	3
サラス	0

　表1から、34作品中の18作品、すなわち全体の半分強の作品に、なんらかの罵りの助動詞が出現したことがわかる。また、演者8名のうち4名、すなわ四角で名前を囲った曽呂利、文枝、枝雀、松鶴の4人は、作品によって、罵りの助動詞を使ったり使わなかったりしていることがわかる。

　表2から、ヨルとヤガルは今回扱った作品の3割ないし4割に、クサルとケツカルは約1割に現れたことがわかる。サラスは助動詞としては出現しなかった*3。

3.2　罵りの助動詞を使った噺家

　次の表3では、8人の噺家がそれぞれ、罵りの助動詞ヨル、ヤガル、クサル、ケツカルを使ったかどうかを示した。前項で見た通り、罵りの助動詞のサラスは今回の資料には出現しなかったので表に入れていない。

表3　噺家ごとに見た罵りの助動詞使用の有無

演者とその生まれ年		ヨル	ヤガル	クサル	ケツカル
二代目曽呂利新左衛門	弘化［1844］	○	○	×	×
二代目桂文枝	弘化［1844］	×	×	○	×
三代目桂文団治	安政［1856］	×	×	×	×
三代目桂文三	安政［1859］	×	×	×	×
初代桂枝雀	元治［1864］	○	○	○	×
二代目林家染丸	慶応［1867］	○	○	×	○
四代目笑福亭松鶴	明治［1869］	○	○	○	○
桂文雀	明治2［1869］＊4	○	×	×	×
使用した演者の人数		5	4	3	2

（使用のある場合は○、使用がない場合は×で表した。）

　噺家8人中6人が、何らかの罵りの助動詞を使っていた。罵りの助動詞が出現しなかった2人（桂文団治と桂文三）はいずれも作品が2つずつと、資料の量が少ない。罵りの助動詞が出現しなかった文団治の「芝居の小噺」は登場人物が侍に扮する設定で、文三の「魚売り」は登場人物の1人が儒者の設定であることから、この2名の演者による資料は庶民の日常会話を写していない可能性がある。「侍に扮する」のは演劇的な振る舞いであり、日常的でないものとして描かれているし、「儒者」は小難しく話す人物として揶揄される対象として出てきているのである。それらを除くと、日常的な会話による演目であれば、多くの噺家は概ね、何らかの罵りの助動詞を使う可能性が高いと見てよいだろう。

　ヨル、ヤガル、クサル、ケツカルの4つのうち4つとも使っていたのは、四代目笑福亭松鶴だけであった。4つのうち3つ使っていたのは初代桂枝雀と二代目林家染丸であった。1作品だけの文雀を

106　　II　近代・現代の京阪方言におけるののしりの助動詞

除くと、噺家の生まれた年代が下るにつれて、多くの種類の罵りの助動詞を使う傾向がある。

3.3　罵りの助動詞の出現した活用形

ヨル・ヤガル・クサル・ケツカルがどのような形で出現したかを表4に示す。

表4　罵りの助動詞の活用形＊5

	る。	〜る＋α	た。	〜た＋α	〜て	否定＋α	命令形	計
ヨル	25	10	4	5	2	1	0	47
ヤガル	0	6	0	11	5	4	3	29
クサル	2	1	0	0	1	0	0	4
ケツカル	3	4	0	0	0	0	0	7

　表4から、ヨル・ヤガル・クサル・ケツカルのいずれも、「る形」か「た形」で現れる場合が多いとわかる。さらに、ヤガルを除く3つ、すなわちヨル・クサル・ケツカルは、「〜る。」のように「る形」の後ろに何もつかない形で文が終わるタイプが約半数を占めることがわかる。ヤガルは他の3つとは異なり、「て形」や「否定形」が比較的多く現れた。また、命令形は、ヤガルにのみ出現した（「〜ヤガレ」の形）。文法的にはクサルの命令形「〜クサレ」も可能であるが、真田・金沢（1991）にはみられなかった＊6。

3.4　その他の罵り的表現との関連

　本章末尾の【罵り表現一覧表】では、罵りの助動詞のほかに何らかの罵り的表現が出現したかどうかも記した。具体的には、ワレ・キサマ・オノレといった代名詞、アホ・バカ・ガキ・クソッタレ・ヒョットコなどの名詞、動詞のヌカス・ホザク・サラス・ドツキコロス、形容詞のケッタイクソノワルイ、接頭辞ド・ズ＊7・クソ・ブッ＊8、接尾辞メ、終助詞ガ＊9などである。ナグルデ（殴るで）は、罵りと言うよりは脅しであるが、罵り的表現として含めた。ダマレ（黙れ）も、単なる命令ではなく罵り的な表現と見なした。

この一覧表から、「罵りの助動詞の使われた作品」と「助動詞以外の罵り的表現が使われた作品」をそれぞれ数えてクロスさせたのが表5である。

表5　助動詞と助動詞以外の罵り表現の出現した作品数

	助動詞以外の罵り表現あり	助動詞以外の罵り表現なし	計
罵り助動詞あり	14	4	18
罵り助動詞なし	2	14	16
計	16	18	34

　表5から、罵りの助動詞の出現と、助動詞以外の罵り表現の出現には、比較的つよい相関関係があると見てよいだろう。すなわち、罵りの助動詞が使われている作品においては、その他の罵り表現も使われる傾向があり、罵りの助動詞の使われていない作品では、その他の罵り表現も使われない傾向がある、といえよう。

3.5　罵りの助動詞の話者と待遇の対象

　本節では、誰が誰を待遇する時に罵りの助動詞が出現したかに注目して作表した。表6はヨル、表7はヤガル、表8はクサル、表9はケツカルについてである。資料掲載順で作品に通し番号を付し、作品ごとに話者、話し相手、待遇の対象、の組み合わせを示した。例えば表6の一番上の行は、資料中の1番目に掲載されている作品「馬部屋」において「語り手」が「聴衆」に向けて話す文脈で、作品に登場するキャラクターの「馬」を、助動詞ヨルで待遇した例が1件あったことを示す。話し相手と待遇の対象とが異なるので第三者待遇として〇印をつけている。上から2つ目の行は、同じく「馬部屋」において、「語り手」が「聴衆」に向けて、登場人物「丁稚」を助動詞ヨルで待遇した例が3件あったことを示す。

4.　考察

　以下では、用例を示しつつ、罵りの助動詞についての考察を行う。

表6　罵りの助動詞「ヨル」の話者と待遇の対象

作品名	話者	話し相手	待遇の対象	第三者○か対者●か	数
1 馬部屋	語り手	聴衆	馬	○	1
1 馬部屋	語り手	聴衆	丁稚	○	3
1 馬部屋	主人	権助	馬	○	1
4 鋲盗人	語り手	聴衆	泥棒	○	1
4 鋲盗人	語り手	聴衆	丁稚	○	1
4 鋲盗人	丁稚	（独り言）	泥棒	○	2
7 動物博覧会	語り手	聴衆	留さん（虎）	○	2
18 蛸の手	語り手	聴衆	蛸	○	5
18 蛸の手	語り手	聴衆	猫	○	2
18 蛸の手	猫	（独り言）	蛸	○	2
21 いびき車	車屋	（独り言）	客	○	1
23 さとり坊主	息子	母	坊主*	○	5
25 電話の散財	若旦那	番頭	旦那（父親）	○	1
25 電話の散財	旦那	番頭	若旦那（息子）	○	1
25 電話の散財	旦那	番頭	芸者（作鶴）	○	1
25 電話の散財	旦那	番頭	体内の水	○	1
26 一枚起請	伯父	甥	甥	●	1
26 一枚起請	伯父	甥	非人	○	1
27 愛宕参り	語り手	聴衆	作	○	2
28 魚尽し	主人	田中	松島（地名）	○	1
31 理屈あんま	語り手	聴衆	太郎兵衛	○	1
31 理屈あんま	語り手	聴衆	長屋の者	○	1
31 理屈あんま	太郎兵衛	（独り言）	自分の胸	○	1
31 理屈あんま	太郎兵衛	（独り言）	あんま	○	2
31 理屈あんま	太郎兵衛	あんま	あんま	●**	1
32 やいと丁稚	語り手	聴衆	やいと屋	○	1
33 浮世床	客	他の客	割木屋	○	1
33 浮世床	割木屋	客	客	●	2
33 浮世床	客	割木屋	本の登場人物	○	1
34 長屋議会	お松	お崎	女房一般	○	1

*「さとり坊主」の「坊主」は複数人いるがまとめて示した。

**対者待遇かどうか、やや微妙である。

表7 罵りの助動詞「ヤガル」の話者と待遇の対象

作品名	話者	話し相手	待遇の対象	第三者○か対者●か	数
2 盲の提灯	盲	主人	目明き一般	○	1
2 盲の提灯	いさみな男	盲	盲	●	2
4 鋲盗人	丁稚	（独り言）	源助や茂七等	○	1
18 蛸の手	たこ	（独り言）	猫	○	5
18 蛸の手	猫	（独り言）	たこ	○	2
18 蛸の手	たこ	猫	猫	●	2
18 蛸の手	猫	たこ	たこ	●	1
23 さとり坊主	息子	母	坊主	○	3
23 さとり坊主	息子	坊主	坊主	●	1
24 日和違い	吉兵衛	（独り言）	易者	○	1
24 日和違い	吉兵衛	（独り言）	周囲の人々か	○	1
25 電話の散財	作鶴（芸者）	母（女将）	旦那	○	1
26 一枚起請	甥	伯父	女	○	1
27 愛宕参り	作	（独り言）	妻	○	2
27 愛宕参り	作	隣人の妻	隣人の妻	●	1
29 筍手討	可内	（独り言）	今の事態	○	1
31 理屈あんま	太郎兵衛	（独り言）	周囲の人々	○	1
31 理屈あんま	太郎兵衛	あんま	あんま	●	1
32 やいと丁稚	丁稚	やいと屋	やいと屋	●	1

表8 罵りの助動詞「クサル」の話者と待遇の対象

作品名	話者	話し相手	待遇の対象	第三者○か対者●か	数
12 近日息子	父	息子	息子	●	1
18 蛸の手	蛸	（独り言）	猫	○	1
31 理屈あんま	太郎兵衛	あんま	あんま	●	1
32 やいと丁稚	旦那	丁稚	丁稚	●	1

表9　罵りの助動詞「ケツカル」の話者と待遇の対象

作品名	話者	話し相手	待遇の対象	第三者待遇○か 対者待遇●か	数
24 日和違い	吉兵衛	（独り言）	周囲の人々か	○	2
24 日和違い	吉兵衛	輪替え屋	輪替え屋	●*	2
24 日和違い	吉兵衛	（独り言）	輪替え屋	○*	1
26 一枚起請	甥	伯父	女	○	1
31 理屈あんま	太郎兵衛	あんま	あんま	●**	1

*吉兵衛が輪替え屋を罵る言葉は、輪替え屋に言っているのか独り言なのか、
　ややわかりにくい。
**対者待遇としたが、わざと聞こえるようにいう独り言、とも取れる。

　用例内の罵りの助動詞に下線を引く。用例の後ろの括弧内は（噺家
「作品」話者→聞き手、待遇の対象）である*10。聞き手と待遇の
対象が同一の場合は「話者→聞き手」とする。つまり「待遇の対
象」に必ず下線を付す。
　まずは、ヨルの例を示す。

（1）〈馬1と馬2の会話の後〉馬めはいろんなこと言うて<u>よる</u>。
　　　ついにはもし竹すのこが腐りまして、でっちは昼のくたぶ
　　　れで　のたうって寝て<u>よる</u>。竹すのこの腐ったとっから下
　　　へダッと落ち<u>よった</u>んで。

　　　　　　　　　　　　　（曽呂利「馬部屋」語り手→聴衆、<u>馬・丁稚</u>）

　（1）では、噺の語り手が、馬が話している様子（この噺では馬
が人と同様に話す）や、丁稚が寝ている様子、その後丁稚がすのこ
から落ちる様子を、馬や丁稚の動作を表す動詞にヨルをつけて、描
写している。「言うてる」「寝てる」「落ちたんで」ではなく、「言う
てよる」「寝てよる」「落ちよった」と表現することにより、話し手
が馬や丁稚に対して軽侮のニュアンスをにじませつつも親しみを込
めて語っているように感じられる。
　表6を見ると、「馬部屋」だけでなく、「鋏盗人」「動物博覧会」
「蛸の手」「愛宕参り」「理屈あんま」「やいと丁稚」においても、語

り手がヨルを用いている。しかも同じ人物に対して複数回使っている場合が多い。一方、表7・表8・表9においては、話者が「語り手」の例は皆無である。すなわち、ヤガル・クサル・ケツカルを、語り手が使った例はない。このことから、「語り手が使用しうること」を、ヨルの特徴とみなしてもよいと思われる。おそらく、ヨルが叙述的な性質を持っているため、語り手に使われやすいのではないか。次の（2）（3）（4）も語り手がヨルを使った例である。

（2）泥棒「あーさいですか。そりゃー縁がござりません。さよなら」と俵をかたげて戻って行き<u>よる</u>。夜が明けてみると庭の五斗俵が一俵足らんてなことがござります。

（曽呂利「鋲盗人」語り手→聴衆、<u>泥棒</u>）

（3）中じきを取ると大虎とライオンの室が一つに成ったある。虎はガタガタ震うて<u>よる</u>。

（曽呂利「動物博覧会」語り手→聴衆、<u>虎</u>（＝留さん））

（4）蛸めは砂っぱへ上がってきてグーッと寝込んでしまい<u>よる</u>。漁師のうちに飼うてあったもんと見えて、大きな猫めが出てきて蛸の前の手をば二本ムシャムシャッと食てしまい<u>よる</u>。

（枝雀「蛸の手」語り手→聴衆、<u>蛸・猫</u>）

このように、語り手は、動物や丁稚や泥棒など、軽く扱っても差し支え無さそうな人物や擬人化された動物に対して、親しみのニュアンスのある描写を行いつつ、「〜ヨル。」の形で文を切り、次の内容へと進めることで、話を展開させている。

　以上、ヨルは他の罵りの助動詞と異なり、語り手が使用可能であった。ただ単に使用可能というだけでなく、語り手が話を進めていく上でヨルを有効活用している様子が観察された。では、語り手以外の話者についても、「話者に特徴のある」罵りの助動詞はあるだろうか。

　クサル（表8）の話者に、「父」「旦那」が見られる。ヨル（表6）にも、話者として「旦那」「主人」「伯父」がある。用例を見てみよう。

（5）そんなことをし<u>くさって</u>　引っ込んでえ。

（文枝「近日息子」父→<u>息子</u>）

（6）要らんとこで義理立てをして<u>くさる</u>。

（松鶴「やいと丁稚」旦那→<u>丁稚</u>）

（7）えらいこと言うてき<u>よった</u>な。　（松鶴「一枚起請」伯父→<u>甥</u>）

　このように「父」「旦那」「伯父」がそれぞれ目の前にいる人物「息子」「丁稚」「甥」の動作についてクサルやヨルを用いている。

　一方、ヤガル（表7）やケツカル（表9）の話者としては、「父」「旦那」「伯父」が見られない。

　逆に、ヤガルの話者の中には「息子」「丁稚」「甥」がある。使用例を次にあげる。

（8）坊主めはまじめな顔し<u>やがって</u>、

（枝雀「さとり坊主」息子→母、<u>坊主</u>）

（9）起請まで書いとき<u>やがって</u>からに

（松鶴「一枚起請」甥→伯父、<u>女</u>）

（10）もぐさ二銭がん　くれ<u>やがれ</u>

（松鶴「やいと丁稚」丁稚→<u>やいと屋</u>）

　クサルを「息子」「丁稚」「甥」が用いた例は見られなかった。

　ヨルは、「息子」「丁稚」も使っている。次の如くである。

（11）おや　盗人　入り<u>よった</u>で。

（曽呂利「鋲盗人」丁稚独り言、<u>泥棒</u>）

（12）母じゃ人　見なはれ。あんな大けな目　開き<u>よった</u>。

（枝雀「さとり坊主」息子→母、<u>坊主</u>）

　以上のことから、表10のような関係が想定できる。

　ヨルは、話し手の年齢や身分や人物像にかかわらず使える語形であるとみてよさそうだ。ケツカルは例が少なく、確たることが言えないが、ヤガルとクサルは、相補的な面があると見てよいだろう。

表10　罵りの助動詞と話者の属性との関係

話者	ヨル	ヤガル	クサル	ケツカル
中高年男性（父、旦那、伯父）	○	×	○	×
若年層以下の男性（息子、丁稚、甥）	○	○	×	△

（使用の有無を○×△で表した。）

　重みのある年配男性は罵りの助動詞としてクサルは使用するが、ヤ
ガルは使用しない。逆に、若者や軽剽な人物はクサルではなく、ヤ
ガルを使用する。そのような傾向がありそうだ。
　昭和・平成の代表的な上方落語家のひとり桂米朝は、その著書
『三集・上方落語ノート』において、次のように述べている。

　　　落語の人物表現は微妙な敬語の使い分けで成立していると言
　　ってもよいくらいです。（中略）上品な言葉ばかりでなく、き
　　たない言葉も同様でして、相手を罵倒するときでも大旦那の言
　　い方がある。いくら激昂しても、いやしくも船場の大旦那が、
　　使うはずのない言葉があるのです。例えば「……しやがる」と
　　いう語はまず使わない。その場合は「……しくさる」という。
　　「何を言いやがる」ではなくて「何を言いくさる」となる。

　この米朝の言と、表10の結果は合致する。ただし、「船場の大旦
那」の位置付けとしては、由緒ある家柄で育ちが良く上品だという
ような要素ではなく、人間的な重みがあり貫禄・貫目を感じさせる
年配男性という要素が効いているのではないか。「近日息子」の
「父」は近所の人と銭湯で出会っているようであるし、必ずしも大
店の旦那ということではなさそうなのである。一方で、「近日息子」
の「父」と「一枚起請」の「伯父」はいずれも落ち着きのある人物
で、息子や甥の間違いを正し、意見している。「一枚起請」の「伯
父」は中国の故事を長々と語ることによって甥を説得し、甥が物騒
な事件を起こさないよう気遣っている。噺の中で、人生経験豊かで
篤実な中高年男性と位置づけられる人物が、クサルという言葉と結
びつきやすいのではないかと思われる。

ケツカルは、使われる状況が限定的なようである。用例をあげる。

（13）ほかに男こしらえてそれ時々入れてけつかる。

（松鶴「一枚起請」甥→伯父、女）

（14）何ぬかしてけつかるねん　内らから。

（染丸「日和違い」吉兵衛独り言、周囲の人々）

（15）はっはっはっはっ　なんぎしてけつかる。

（松鶴「理屈あんま」太郎兵衛→あんま）

（13）は、好きな女に裏切られたことを甥が伯父に訴えているところであり、強いいまいましさが込められているようである。（14）は易者の言葉を信じたばかりに雨に降られてびしょ濡れになった吉兵衛が、周りの人から馬鹿にされていると思って向かっ腹を立てているところである。（15）はさほど強い罵りではない。理屈っぽさが過ぎて周囲から敬遠されている太郎兵衛のところに流しのあんまがやってきた。太郎兵衛は理屈で凹ませることのできそうな相手がやってきたので内心喜んでいる場面である。つまり（15）は軽い罵りに過ぎない。ケツカルはおそらく本来的には強烈な罵りの意味を持つと思われるが、このように軽く冗談のように使うことも可能なのであろう。

　次に、表6・7・8・9の○と●に注目してみよう。各表の●、すなわち対者待遇の割合を分数で表したのが表11である。

表11　各助動詞の「対者待遇」の割合

ヨル	ヤガル	クサル	ケツカル
4/47	9/29	3/4	3/7

　ヨルは対者待遇がごく少なくほとんどが第三者待遇であること、それに対して、ヤガルは約3割が対者待遇であることがわかる。クサルとケツカルは母数が少ないので確実ではないが、ヤガル同様、対者待遇が珍しくないものと思われる。

　なお、ヨルの対者待遇4例のうち1例は、次の通り、対者かどう

かが微妙な例である。

　（16）ようごちゃごちゃ　言いよるなあ

　　　　　　　　　　　（松鶴「理屈あんま」太郎兵衛→あんま）

　このセリフの前に、太郎兵衛があんまに「早うこっち入らんかい」と強く命じる口調で言い、あんまが「今入ろうと思うてるのえ。思うたり入ったり　いっときには出来んもんや」と言い返し、太郎兵衛の（16）のセリフとなる。音声のない文字起こし資料なので判然としないが、聞こえても構わない独り言、という可能性もあり、だとすれば、実は●ではなく○かもしれない。

　したがってこの４つの助動詞は、第三者待遇専用に近いヨルと、対者待遇が珍しくないヤガル・クサル・ケツカルに、二分できるとみてよいだろう。つまり、ヨルは待遇する人物を罵るためのものでもあるが、話題の人物への軽い親しみの気持ちを添えながら描写するためのものでもある。一方、ヤガル・クサル・ケツカルは目の前の相手を罵る、という意味合いが強いのではないか。ヤガルの対者待遇の例は（10）が該当する。（10）を再掲し、他の例も挙げる。

　（10）もぐさ二銭がん　くれやがれ

　　　　　　　　　　　　（松鶴「やいと丁稚」丁稚→やいと屋）

　（17）やい　気をつけやがれ　このひょっとこめが。向こう向いて歩きやがれ　ど盲めが

　　　　　　　　　　　（曽呂利「盲の提灯」いさみな男→盲の男）

　（18）こら　おのれら　あんじょうさらしときやがらんもんやさかい　ウータラッタ　（松鶴「いらちの愛宕参り」作→隣人の妻）

　（17）は、勇み肌の男が、ひょこひょこ歩いている盲人の男に向かって、実際に盲であるとは知らずに罵るところである*11。命令形のヤガレが連続して出現する。（18）は、いらち（せっかちで苛立ちやすい人間）の作が、弁当を持参してお参りに出かけたつもりが間違えて枕を持ってきており、妻が悪いと思い込んで、独り言で

「クソッタレが」などと罵りながら帰宅する。ところが間違えて隣人宅に入ってしまい、自分の妻と間違って隣人の妻を思いきり罵って、殴るところである＊12。どちらも強い憤りと罵りのニュアンスが漂う。

　クサルの対者待遇の例としては、（5）（6）がそうであった。（5）（6）を再掲し、他の例も挙げる。

（5）そんなことをしくさって　引っ込んでえ。

（文枝「近日息子」父→息子）

（6）要らんとこで義理立てをしてくさる。

（松鶴「やいと丁稚」旦那→丁稚）

（19）そ　何を言いくさる。　（松鶴「理屈あんま」太郎兵衛→あんま）

　（19）は、理屈屋の太郎兵衛が、同じく理屈屋で口の悪いあんまに言い負かされそうになり、捨てゼリフのように言うところである。クサルの出現数が多くないので確たることは言えないのだが、ヤガルほどの本気の罵りの強さは感じられない。とりあえず強く言っておこう、くらいのニュアンスであろうか。

5．まとめ

　明治後期から大正にかけての大阪落語SPレコード文字化資料（落語家8名による34作品）を用いて、大阪方言における罵りの助動詞について考察した。ヨル、ヤガル、クサル、ケツカル、サラスの5語を対象としたが、サラスは今回の資料には出現しなかった。

　作品という点から見ると、半分強に何らかの罵りの助動詞が現れた。多くの作品に現れた順を示すとヨル、ヤガル、クサル、ケツカル、である。

　噺家という点から見ると、8人中6人が何らかの罵りの助動詞を使っていたが、使っていない2名は作品数が少なかった。生まれた年代が現代に近づくにつれて、多くの種類の罵りの助動詞を使う傾向があった。

出現した活用形の点から見ると、「る形」と「た形」が多かった。さらに、ヨル・クサル・ケツカルは、「〜る。」のように「る形」の後ろに何もつかない形で文が終わるタイプが約半数を占めていた。ヤガルは、他の３つの助動詞とは異なる特徴があった。すなわち「て形」や「否定形」が比較的多く現れた。また、命令形は、ヤガルにのみ出現した。

　罵りの助動詞と、その他の罵り的表現との間には、比較的強い相関関係が見られた。

　当該語形を使用する話者との関係を見ると、落語の語り手は、ヨルは使うが、ヤガル・クサル・ケツカルは使わないようであることがわかった。ヨルは主として第三者待遇の助動詞として使われており、このことと叙述的な性質とが結びつくものと思われる。ヨルは重々しくない人物や擬人化された動物に対して、親しみをにじませた描写を行いつつ、「〜ヨル。」の形で文を切り、次の内容へと進めて、話を展開させるように使われていた。

　ヨルは語り手だけでなく、さまざまな人物によって使われていた。話し手の年齢や身分や人物像にかかわらず使える語形であるとみてよさそうだ。

　それに対して、クサルとヤガルは使用する人物像が相補的であると見ることもできそうであった。例外もあるものの、典型的には、クサルは貫禄・貫目を感じさせる年配男性が使う、と言えそうであった。噺の中で、人生経験豊かで篤実な中高年男性と位置づけられる人物が、罵りを行う際に使うのがクサルである。それに対して、若者や軽剽な人物は、ヤガルを使用していた。これは家柄や家産に影響されるものというよりは、人間としての重みに影響されるものと考えた。

　また、第三者待遇か対者待遇かという点から見ると、ヨルはほぼ第三者待遇専用に近く、待遇する人物を描くためのものという傾きがあるように思われた。ヤガル・クサル・ケツカルは対者待遇の割合がかなりあり、特にヤガルは眼前の相手を罵るという意味合いを強く持つものと思われた。

6. おわりに

　大阪方言において罵りの意を持つ助動詞ヨル・ヤガル・クサル・ケツカルの性質の違いは、罵りの強さもあるが、それ以外のニュアンスの違いもありそうである。ヨルは語りの表現効果に関わりがあると考えられ、クサルは決して上品な言葉ではないとしても、話者の人間としての貫禄に関係するのではないかと考えられた。このように、関西方言の待遇表現は複雑であり、丁寧さや非・丁寧さという一つの軸だけでは測れないものである。

＊1　村中（2019）では、テケツカルという形式を見出しとして用いていたが、本章では用言部分のケツカルを見出しとする。

＊2　テコマスおよび罵りとしてのテヤルは、話し手の動作を表す動詞に接続する。

＊3　本動詞としてのサラスは出現した。

＊4　桂文雀の生年については Wikipedia による。

＊5　「やがってん」の形が1件出現した。これは「やがったのだ」の意味であるため、「〜た」に入れる方針もありうるが、ここでは「〜て」に含めた。また、文字化資料において「やがっ・・」と末尾が不明瞭とされたものが1件あったが、文脈から判断し「た＋α」に入れた。

＊6　真田・金沢（1991）において不明瞭で聞き取り困難とされた箇所に「見され」という語が出現しており、「見くされ」の変形したものとも考えられるが、今回はクサルとして数えていない。

＊7　ズは「理屈あんま」に「ずあんま」の形で出現する。罵りの意を持つ接頭辞のドの音声的変異形で、ドと同様、名詞の直前につくものと思われる。

＊8　ブッは「ぶっ殺す」「ぶっ放す」のように動詞の直前について勢いを強めるものであり、「ぶん殴る」「ぶん投げる」のブンと相補的に分布する音声的変異形である。

＊9　「この鼻垂れが」や「クソッタレめが」のように、罵りの意を強める文末の「が」である。

＊10　ただし、噺家名は、8名の中での同定が可能な程度に短く略した形にした。

＊11　現代的な視点からは、相手が実際にそうであるかどうかは別として、「メクラ」と罵ること自体に問題があるが、この時代には特に問題とはされていなかったものであろう。

＊12　現代的な視点からはドメスティックバイオレンスとも言えそうな行動で

あるが、これもこの時代にはありふれた行動として容認されていたものと思われる。

【罵り表現一覧表】

通番	作品名	演者名	登場人物	ヨル	ヤガル	クサル	ケツカル	その他の罵り的表現（括弧内は使用人物）
1	馬部屋	二代目曽呂利新左衛門	農家の主人、丁稚、馬2頭、権助	主人、語り手	×	×	×	ワレ、キサマ（以上、主人）ウマメ（語り手）
2	盲の提灯	二代目曽呂利新左衛門	主人、盲、いさみな男	×	盲、いさみな男	×	×	ヒョットコメガ、ドメクラメガ（以上、いさみな男）
3	後へ心がつかぬ	二代目曽呂利新左衛門	男、女	×	×	×	×	
4	鋲盗人	二代目曽呂利新左衛門	泥棒、米屋、丁稚	丁稚、語り手	丁稚	×	×	ヌスットメ（語り手、丁稚）
5	恵比須小判	二代目曽呂利新左衛門	源さん、隠居	×	×	×	×	ハナタレガー（源さん）
6	日と月の下界旅行	二代目曽呂利新左衛門	月、日、雷、女中	×	×	×	×	
7	動物博覧会	二代目曽呂利新左衛門	留さん、隠居、客、ライオン	語り手	×	×	×	
8	絵手紙	二代目曽呂利新左衛門	清さん、木村の妻、木村、宿の主人、女中	×	×	×	×	
9	近江八景	二代目桂文枝	易者、客	×	×	×	×	
10	小噺	二代目桂文枝	男2人	×	×	×	×	
11	たん医者	二代目桂文枝	医者、婦人	×	×	×	×	

12	近日息子	二代目桂文枝	父、息子、近所の人	×	×	父	×	バカ、バカメ（以上、父）
13	倹約の極意	三代目桂文団治	主人、丁稚、向かいの主人、番頭、鰻屋	×	×	×	×	
14	芝居の小噺	三代目桂文団治	佐野、三浦	×	×	×	×	
15	天神咄	三代目桂文三	男2人	×	×	×	×	
16	魚売り	三代目桂文三	魚屋、儒者	×	×	×	×	
17	亀屋佐兵衛	初代桂枝雀	和尚、佐兵衛、他の人	×	×	×	×	
18	蛸の手	初代桂枝雀	蛸、猫	猫、語り手	蛸猫	蛸	×	オノレ、ガキ（蛸）、ネコメ（語り手、蛸）タコメ（語り手、猫）
19	きらいきらい坊主	初代桂枝雀	和尚、檀家の奥さん、女中	×	×	×	×	ドボーズ（語り手）
20	煙管返し	初代桂枝雀	若旦那、芸者	×	×	×	×	
21	いびき車	初代桂枝雀	車屋、客	車屋	×	×	×	
22	芋の地獄	初代桂枝雀	和尚	×	×	×	×	
23	さとり坊主	初代桂枝雀	老母、息子、盲、つんぼ、坊主	息子	息子	×	×	クソヤカマシ、ナグルデ、ヌカス（以上、息子）
24	日和違い	二代目林家染丸	吉兵衛、易者、米屋、輪替え屋、菓子屋、僧、魚屋	×	吉兵衛	×	吉兵衛	オノレ、ドベタ、ヌカス、アホ（以上、吉兵衛）アホカイナ（輪替え屋）

25	電話の散財	二代目林家染丸	若旦那、番頭、旦那、作鶴、女将、繁八、芸妓	若旦那、旦那	作鶴	×	×	
26	一枚起請	四代目笑福亭松鶴	おじ、甥	おじ	甥	×	甥	ブッコロス、ドッキコロス（以上、甥）キサマ（おじ）
27	いらちの愛宕参り	四代目笑福亭松鶴	作、柵の妻、参詣人、隣人の妻	語り手	作	×	×	クソッタレメガ、サラス、オノレラ（以上、作）
28	魚尽し	四代目笑福亭松鶴	主人（句者）、田中	主人	×	×	×	
29	筍手打	四代目笑福亭松鶴	主人、可内、隣家の主人	×	可内	×	×	ダマレ（主人）
30	平の蔭	四代目笑福亭松鶴	男2人	×	×	×	×	
31	理屈あんま	四代目笑福亭松鶴	太郎兵衛、あんま	太郎兵衛、語り手	太郎兵衛	太郎兵衛	太郎兵衛	ズアンマ、ワレ、サラス（以上、太郎兵衛）ドビンボー（あんま）
32	やいと丁稚	四代目笑福亭松鶴	やいと屋、旦那、丁稚	語り手	丁稚	旦那	×	ワレ（丁稚）
33	浮世床	四代目笑福亭松鶴	客、割木屋、松公	客、割木屋	×	×	×	ヌカス、ホザク、オノレ（以上、割木屋）
34	長屋議会	桂文雀	お松、お崎、お婆さん	お松	×	×	×	ケッタイクソノワルイ（お崎）

第6章

20世紀前半（明治・大正・昭和）の
上方落語にみる「ののしり」

　本章では20世紀前半（明治・大正・昭和）に口演された上方落
語の文字化資料を用いて、待遇の助動詞の使用状況を調べた。その
結果、大阪方言における上向き待遇および下向き待遇の助動詞に関
しては、1900年代から1930年代にかけてさほど大きな変化がな
さそうであり、時代的に一つのまとまりとして扱うことが可能だと
考えられた。

　下向きの待遇の助動詞については、ヤガルとクサルに関わる使用
人物の特徴や、サラスとコマスの使用状況について、先行研究の結
果を一部検証した。上向き待遇の助動詞については、テとナスの使
用人物の特徴を見た。

　それらの結果から、待遇の助動詞の使用頻度は、待遇の強さの度
合い、および、使用文脈の限定の度合いや、時代の変化と関わりが
あると考え、モデル化を試みた。

1.　はじめに

　第5章では、明治後期から大正にかけての大阪落語SPレコード
文字化資料（真田・金沢1991）を用いて、罵りの助動詞について
考察した。

　本章では真田・金沢（1991）に加えて矢島（2007）を用いるこ
とによって資料を増やし、第5章の結果を一部検証し直す。真田・
金沢（1991）と矢島（2007）を合わせると明治後期から昭和初期
まで、すなわち20世紀前半に口演された上方落語文字化資料を用
いることになる。

　また本章では、下向き待遇（いわゆる罵り）の助動詞と上向き待
遇（いわゆる敬語）の助動詞の使用状況を併せてみることにより、

123

上方方言（大阪方言）における待遇の助動詞全般に関する示唆を得られると考えている。

2. 資料

　前述した通り、資料として、真田・金沢（1991）と矢島（2007）を用いる。

　真田・金沢（1991）は、8名の落語家（二代目曽呂利新左衛門、二代目桂文枝、三代目桂文団治、三代目桂文三、初代桂枝雀、二代目林家染丸、四代目笑福亭松鶴、桂文雀）による 34 演目の落語口演の録音文字化資料である。8名のうち桂文雀のみが明治期・奈良の生まれで、他の7名は江戸期生まれ、大阪育ちとのことである。生まれ年は 1844（弘化 1）年から 1869（明治 2）年にわたり*1、SP レコード録音・発売年は 1903（明治 36）年から 1926（大正 15）年にわたる。

　矢島（2007）は、9名の落語家（三代目桂文団治、初代桂ざこば、四代目笑福亭松鶴、三代目桂米團治、初代桂春團治、初代桂文治郎、初代桂春輔、笑福亭圓歌、五代目笑福亭松鶴）による 16 演目の落語口演の録音文字化資料である。9名とも大阪出身とのことである。生まれ年は 1857（安政 4）年から 1884（明治 17）年にわたり、録音・発売年は 1920（大正 9）年から 1938（昭和 13）年にわたる。

　真田・金沢（1991）と矢島（2007）では、三代目桂文団治*2と四代目笑福亭松鶴の2名が重複するが、それぞれの演目は異なっており、口演の重複はない。したがって、合わせて 15 名の演者による 50 演目の口演資料となる。

3. 方法

　落語文字化資料に目を通し、上向き待遇の助動詞と下向き待遇の助動詞を数える。

　上向き待遇の助動詞としては、ナハル、ナサル、ハル、テ、ナスを数え、下向き待遇の助動詞としては、ヨル、オル、ヤガル、ケツ

カル、クサル、サラス、コマスを数える。

　国立国語研究所『日本語歴史コーパス』の「明治・大正編Ⅵ落語SP盤」には「東京の76作品（落語家13人）、大阪の51作品（落語家10人）＊3」が収められており、その検索も有効であろうと思われるが、今回は紙資料の矢島（2007）と真田・金沢（1991）を合わせて用いるため、目視による調査とする＊4。15名という比較的多くの演者による資料を使うことになり、矢野（1976）の「多数決の原理」を応用できることがメリットとなる＊5。

4．結果

　真田・金沢（1991）と矢島（2007）の演目ごとに待遇の助動詞の出現数を示したのが、表1と表2である。いずれも真田・金沢（1991）と矢島（2007）に掲載された演目の順で並べた。すなわち、演者の生まれ年の順であり、同じ演者の演目は録音・発売年の順になっている。

　表3では、真田・金沢（1991）と矢島（2007）を合わせて、録音・発売年代の順に並べ変えた。録音・発売年代が同じ場合は、演者の生まれ年の順にした。

　表1・2・3とも、左側に下向き待遇の助動詞、右側に上向き待遇の助動詞をまとめた。左から右へ、おおよそ出現の多い項目から少ない項目になるように、かつ表1・2・3とも同じ順で並べた。出現数ゼロのところに×をつけ、網掛けを付した。

　表の中では、下向き待遇の助動詞をカタカナ、上向き待遇の助動詞をひらがなで表記した。

5．考察

5.1　1900年代から1930年代の口演全体について

　演者ごとに生年順に並べた表1を見ると、1850年代以前に生まれた演者は1860年代以降に生まれた演者に比べて下向き待遇の助動詞の出現が少なく、時代が進むに従って下向き待遇の助動詞の出

表1　真田・金沢落語資料における関西方言・待遇助動詞の出現数

演者と生年	演目	ヨル	オル	ヤガル	ケツカル	クサル	サラス	コマス	なはる	なさる	はる	て	なす
二代目曽呂利新左衛門／1844	馬部屋	5	1	×	×	×	×	×	1	×	×	×	×
二代目曽呂利新左衛門	盲の提灯	×	×	3	×	×	×	×	×	2	×	×	×
二代目曽呂利新左衛門	後へ心がつかぬ	×	×	×	×	×	×	×	×	×	×	×	×
二代目曽呂利新左衛門	鋲盗人	4	1	1	×	×	×	×	1	1	×	×	×
二代目曽呂利新左衛門	恵比須小判	×	×	×	×	×	×	×	×	×	×	2	×
二代目曽呂利新左衛門	日と月の下界旅行	×	×	×	×	×	×	×	×	×	×	×	×
二代目曽呂利新左衛門	動物博覧会	2	×	×	×	×	×	×	×	×	×	1	×
二代目曽呂利新左衛門	絵手紙	×	×	×	×	×	×	×	1	×	×	1	×
二代目桂文枝／1844	近江八景	×	×	×	×	×	×	×	×	×	×	×	×
二代目桂文枝	小噺	×	×	×	×	×	×	×	×	×	×	×	×
二代目桂文枝	たん医者	×	×	×	×	×	×	×	×	2	×	×	×
二代目桂文枝	近日息子	×	×	×	×	1	×	×	×	6	1	×	×
三代目桂文団治／1856	倹約の極意	×	×	×	×	×	×	×	3	1	×	×	×
三代目桂文団治	芝居の小噺	×	×	×	×	×	×	×	×	×	×	×	×
三代目桂文三／1859	天神咄	×	×	×	×	×	×	×	×	2	×	×	1
三代目桂文三	魚売り	×	×	×	×	×	×	×	5	×	×	×	×
初代桂枝雀／1864	亀屋佐兵衛	×	×	×	×	×	×	×	4	3	×	1	×
初代桂枝雀	蛸の手	8	1	10	×	1	×	×	×	×	×	×	×

演者と生年	演目	ヨル	オル	ヤガル	ケツカル	クサル	サラス	コマス	なはる	なさる	はる	て	なす
初代桂枝雀	きらいきらい坊主	×	×	×	×	×	×	×	2	1	1	×	1
初代桂枝雀	煙管返し	×	×	×	×	×	×	×	13	×	×	×	×
初代桂枝雀	いびき車	1	×	×	×	×	×	×	1	1	×	×	
初代桂枝雀	芋の地獄	×	×	×	×	×	×	×	×	×	×	×	×
初代桂枝雀	さとり坊主	5	1	4	×	×	×	×	12	6	×	×	
二代目林家染丸／1867	日和違い	×	1	2	5	×	×	×	4	×	3	×	×
二代目林家染丸	電話の散財	4	×	1	×	×	×	×	6	1	8	×	×
四代目笑福亭松鶴／1869	一枚起請	2	×	2	1	×	×	×	2	2	×	×	1
四代目笑福亭松鶴	いらちの愛宕参り	2	×	3	×	×	×	×	5	×	×	1	3
四代目笑福亭松鶴	魚尽し	1	×	×	×	×	×	×	×	×	2	×	×
四代目笑福亭松鶴	筍手打	×	×	1	×	×	×	×	×	×	×	×	×
四代目笑福亭松鶴	平の蔭	×	×	×	×	×	×	×	×	×	×	×	×
四代目笑福亭松鶴	理屈あんま	7	×	2	1	1	×	×	3	1	×	×	×
四代目笑福亭松鶴	やいと丁稚	1	×	1	×	1	×	×	8	4	×	×	1
四代目笑福亭松鶴	浮世床	4	×	×	×	×	×	×	7	6	×	×	×
桂文雀／1869	長屋議会	1	×	×	×	×	×	×	9	2	10	1	×
計		47	5	30	7	4	0	0	87	41	25	7	7

表2　矢島落語資料における関西方言・待遇助動詞の出現数

演者と生年	演目	ヨル	オル	ヤガル	ケツカル	クサル	サラス	コマス	なはる	なさる	はる	て	なす
三代目桂文團治／1857	四百ぶらり	4	×	×	1	×	×	×	1	×	×	×	×

演者と生年	演目	ヨル	オル	ヤガル	ケツカル	クサル	サラス	コマス	なはる	なさる	はる	て	なす
初代桂ざこば／1867	大和橋	×	×	×	×	×	×	×	1	×	×	×	×
初代桂ざこば	脱線車掌	×	×	×	×	×	×	×	×	×	×	1	×
四代目笑福亭松鶴／1869	天王寺詣り	5	1	×	×	×	×	×	11	×	×	×	×
三代目桂米團治／1870	ぬの字鼠	1	1	×	×	×	×	×	7	1	×	×	2
三代目桂米團治	大安売	1	×	×	×	×	×	×	6	×	3	×	11
初代桂春團治／1878	古手買い	3	1	3	2	×	×	×	14	1	2	×	×
初代桂春團治	阿弥陀池	15	1	4	3	×	×	×	7	3	3	×	×
初代桂春團治	寄合酒	8	×	3	3	1	×	×	1	×	5	×	×
初代桂春團治	いかけや	13	1	17	6	3	×	1	7	×	2	×	×
初代桂文治郎／1878	親子茶屋	3	1	×	2	×	×	×	11	7	1	×	×
初代桂春輔／1881	十七倉	3	×	×	×	×	×	×	1	×	×	×	×
笑福亭圓歌／1882	ひやかし	3	1	6	1	×	1	1*	4	×	1	×	×
五代目笑福亭松鶴／1884	くしゃみ講釈	1	×	×	×	×	×	×	6	×	2	×	×
五代目笑福亭松鶴	船弁慶	12	×	2	×	×	×	×	8	×	6	×	×
五代目笑福亭松鶴	天王寺詣り	10	×	×	×	×	×	×	22	1	×	×	×
計		82	7	35	18	4	1	2	107	13	25	1	13

＊をつけた演目「ひやかし」の「コマス」は、文字化部分は「クテカマシタッテン（食てかましたってん）」であるが「コマス」が音声変化して「カマス」になったものとみなし、コマスに含めた。

表3 真田・金沢落語資料および矢島落語資料における関西方言・待遇助動詞の出現数（録音・発売年順）

演者	演者生年	録音・発売年	演目	ヨル	オル	ヤガル	ケツカル	クサル	サラス	コマス	なはる	なさる	はる	て	なす
二代目曽呂利新左衛門	1844	1903	馬部屋	5	1	×	×	×	×	×	1	×	×	×	×
二代目曽呂利新左衛門	1844	1903	盲の提灯	×	×	3	×	×	×	×	×	2	×	×	×
三代目桂文三	1859	1903	天神咄	×	×	×	×	×	×	×	×	2	×	×	1
三代目桂文三	1859	1903	魚売り	×	×	×	×	×	×	×	5	×	×	×	×
初代桂枝雀	1864	1903	亀屋佐兵衛	×	×	×	×	×	×	×	4	3	×	1	×
初代桂枝雀	1864	1903	蛸の手	8	1	10	×	1	×	×	×	×	×	×	×
初代桂枝雀	1864	1903	きらいきらい坊主	×	×	×	×	×	×	×	2	1	1	×	1
初代桂枝雀	1864	1903	煙管返し	×	×	×	×	×	×	×	13	×	×	×	×
二代目曽呂利新左衛門	1844	1907	後へ心がつかぬ	×	×	×	×	×	×	×	×	×	×	×	×
四代目笑福亭松鶴	1869	1907	一枚起請	2	×	2	1	×	×	×	2	2	×	×	1
四代目笑福亭松鶴	1869	1907	いらちの愛宕参り	2	×	3	×	×	×	×	5	×	×	1	3
四代目笑福亭松鶴	1869	1907	魚尽し	1	×	×	×	×	×	×	×	×	×	2	×
四代目笑福亭松鶴	1869	1907	笏手打	×	×	1	×	×	×	×	×	×	×	×	×
四代目笑福亭松鶴	1869	1907	平の蔭	×	×	×	×	×	×	×	×	×	×	×	×
初代桂枝雀	1864	1909	いびき車	1	×	×	×	×	×	×	1	1	×	×	×
初代桂枝雀	1864	1909	芋の地獄	×	×	×	×	×	×	×	×	×	×	×	×
二代目曽呂利新左衛門	1844	1911	日と月の下界旅行	×	×	×	×	×	×	×	×	×	×	×	×
二代目曽呂利新左衛門	1844	1911	動物博覧会	2	×	×	×	×	×	×	×	×	×	1	×
二代目曽呂利新左衛門	1844	1911	絵手紙	×	×	×	×	×	×	×	1	×	1	×	×
二代目桂文枝	1844	1911	近江八景	×	×	×	×	×	×	×	×	×	×	×	×
二代目桂文枝	1844	1911	小噺	×	×	×	×	×	×	×	×	×	×	×	×
二代目桂文枝	1844	1911	たん医者	×	×	×	×	×	×	×	×	2	×	×	×
二代目桂文枝	1844	1911	近日息子	×	×	×	×	1	×	×	6	1	×	×	×
二代目曽呂利新左衛門	1844	1912	鋲盗人	4	1	1	×	×	×	×	1	1	×	×	×
二代目曽呂利新左衛門	1844	1912	恵比須小判	×	×	×	×	×	×	×	×	×	×	2	×
三代目桂文団治	1856	1912	倹約の極意	×	×	×	×	×	×	×	3	1	×	×	×

演者	演者生年	録音・発売年	演目	ヨル	オル	ヤガル	ケツカル	クサル	サラス	コマス	なはる	なさる	はる	て	なす
三代目桂文団治	1856	1912	芝居の小噺	×	×	×	×	×	×	×	×	×	×	×	×
初代桂ざこば	1867	1920	大和橋	×	×	×	×	×	×	×	1	×	×	×	×
初代桂枝雀	1864	1923	さとり坊主	5	1	4	×	×	×	×	12	6	×	×	×
二代目林家染丸	1867	1923	日和違い	×	1	2	5	×	×	×	4	×	3	×	×
二代目林家染丸	1867	1923	電話の散財	4	×	1	×	×	×	×	6	1	8	×	×
桂文雀	1869	1923	長屋議会	1	×	×	×	×	×	×	9	2	10	1	×
初代桂春輔	1881	1923	十七倉	3	×	×	×	×	×	×	1	×	×	×	×
笑福亭圓歌	1882	1923	ひやかし	3	1	6	1	×	1	1*	4	×	1	×	×
四代目笑福亭松鶴	1869	1924	理屈あんま	7	×	2	1	1	×	×	3	1	×	×	×
三代目桂米團治	1870	1924	ぬの字鼠	1	1	×	×	×	×	×	7	1	×	×	2
三代目桂文團治	1857	1925	四百ぶらり	4	×	×	1	×	×	×	1	×	×	×	×
四代目笑福亭松鶴	1869	1925	やいと丁稚	1	×	1	×	1	×	×	8	4	×	×	1
四代目笑福亭松鶴	1869	1925	天王寺詣り	5	1	×	×	×	×	×	11	×	×	×	×
四代目笑福亭松鶴	1869	1926	浮世床	4	×	×	×	×	×	×	7	6	×	×	×
初代桂文治郎	1878	1926	親子茶屋	3	1	×	2	×	×	×	11	7	1	×	×
初代桂ざこば	1867	1927	脱線車掌	×	×	×	×	×	×	×	×	×	×	1	×
初代桂春團治	1878	1929	古手買い	3	1	3	2	×	×	×	14	1	2	×	×
三代目桂米團治	1870	1930	大安売	1	×	×	×	×	×	×	6	×	3	×	11
初代桂春團治	1878	1930	阿弥陀池	15	1	4	3	×	×	×	7	3	3	×	×
初代桂春團治	1878	1933	寄合酒	8	×	3	3	1	×	×	1	×	5	×	×
初代桂春團治	1878	1934	いかけや	13	1	17	6	3	×	1	7	×	2	×	×
五代目笑福亭松鶴	1884	1935	くしゃみ講釈	1	×	×	×	×	×	×	6	×	2	×	×
五代目笑福亭松鶴	1884	1935	船弁慶	12	×	2	×	×	×	×	8	×	6	×	×
五代目笑福亭松鶴	1884	1938	天王寺詣り	10	×	×	×	×	×	×	22	1	×	×	×
計				129	12	65	25	8	1	2	194	54	50	8	20

＊をつけた演目「ひやかし」のコマスについては表2と同じ。

現が増えたようにも見える。しかし録音・発売年順で並べ変えた表
3で全体を見ると、時代差はさほど大きい訳ではない。

　表3において、録音・発売年の1900年代、1910年代、1920年
代、1930年代、の年代ごとに待遇助動詞の出現を観察すると、出
現数の希少なコマス・サラスを除けば、1900年代から全て出現し
ていて、その後の年代においても、数の多少はあるものの出現が続
いている。したがって、少なくとも上方落語の世界では、そしてお
そらく落語以外の日常世界においてもそれに近い状況だったかと推
測されるが、1900年代から1930年代までずっと、下向き待遇の
ヨル・オル、ヤガル、ケツカル、クサル、および、上向き待遇のナ
ハル、ナサル、ハル、テ、ナスが存在し続けていた。少なくとも約
40年の間、下向き待遇・上向き待遇の助動詞に関しては時代の変
化による流行りすたりは少なく、複数の助動詞が存在し、それぞれ
使われていたとみてよいだろう。

5.2　待遇の助動詞の出現頻度について

　前節で見たとおり、下向き待遇・上向き待遇の複数の助動詞の存
在については、1900年代から1930年代にかけて、大きな変化が
ないようである。

　では、約40年間における、それぞれの助動詞の出現頻度は何を
意味するだろうか。次の表4は、全50演目において当該助動詞が
出現した演目数と割合を示したものである。表5は、全15名の演
者のうち当該助動詞を使用した演者数と割合を示したものである。

　表4と表5において、数値の大小の傾向は極めて類似している。
すなわち、使われる演目の多い助動詞は、使う演者が多い助動詞で
ある。下向き待遇の助動詞は、ヨル・オル*6、ヤガル、ケツカル、
クサル、コマス、サラス、の順に多い。上向き待遇の助動詞は、ナ
ハル、ナサル、ハル、テ、ナスの順に多い。

　また、表4と表5において「割合」を比べると、どの語項目も表
5の方が高い数値を示す。つまり、使用する人の割合が、使用され
る演目の割合よりも多い。すなわち待遇の助動詞は、演目によって
使われたり使われなかったりするが、ある演者が、たまたまその演

第6章　20世紀前半（明治・大正・昭和）の上方落語にみる「ののしり」　131

表4　待遇の助動詞が出現した演目の数

	ヨル	オル	ヤガル	ケツカル	クサル	サラス	コマス	なはる	なさる	はる	て	なす
出現した演目の数	28	12	17	10	6	1	2	33	21	15	7	7
50演目中の割合	0.56	0.24	0.34	0.2	0.12	0.02	0.04	0.66	0.42	0.3	0.14	0.14

表5　待遇の助動詞を使った演者の数

	ヨル	オル	ヤガル	ケツカル	クサル	サラス	コマス	なはる	なさる	はる	て	なす
使用した演者の数	11	7	7	5	4	1	2	14	12	10	5	4
15名中の割合	0.73	0.47	0.47	0.33	0.27	0.07	0.13	0.93	0.8	0.67	0.33	0.27

目ではその待遇の助動詞を使わなかったとしても、他の演目では使っていることはよくある、といえそうである。

　ここで、考察のための仮説として、ルールAを設定する。

　　ルールA：待遇の度合いの強さは、出現頻度と反比例する。

　これは、下向き待遇の助動詞には、概ねそのまま当てはまりそうである。下向き待遇の度合いの比較的弱いもの、すなわち、程度の軽い罵りの意味を持つヨル・オルは頻繁に使われやすく、やや重い罵りの意味を持つヤガル、ケツカル、クサルは使われにくい。これは、人々の通常の談話において、軽い罵りは気軽に行いやすい行動なので現れやすいが、重い罵りという行動は、普段気軽に行うには抵抗感があり、やや思い切った行動であるため、あまり頻度高く表れるものではない、ということなのであろう。下向き待遇の助動詞のうち、出現数の希少なサラス・コマスについては、5.4で述べる。

　一方、上向き待遇の助動詞には、ルールAは必ずしも当てはまっていない。上向き待遇の助動詞は、ナサル＞ナハル＞ハルの順に、音声的にくだけていくことになるので、丁寧さ・待遇の高さはこの順に低くなると考えられる。ここにルールAを当てはめると、出

現頻度はハル＞ナハル＞ナサルになるはずである。しかし実際の出現頻度はナハル＞ナサル＞ハルであった。すなわち、上向き待遇の度合いの弱いハルの出現頻度は高くなるはずなのに実際は低い、という点で、ルールＡが当てはまらない。

　この理由として考えられるのは、ハルの使用が1900年代以前の近い時期に始まったところであり（江戸期のハル使用は発見されていない）、まだ使用が十分に熟していなかったからではないか、ということである。逆に言えば、ハルが20世紀前半においてすでに長く使われていて熟した語形であったならば、ルールＡが当てはまったのではないかと考える。上向き待遇の助動詞のうち、比較的出現数の少ないテとナスについては、5.5で見る。

5.3　ヤガルとクサルについて

　第5章において、「クサルとヤガルの使用者が相補的」という傾向が見られ、「クサルは重みのある年配男性、ヤガルは若者あるいは軽剽な男性が使う」と考えられた。本章では、矢島（2007）を資料として増やすことで、この結論が変わらないかどうかを見てみよう。

　真田・金沢（1991）ではクサルは4件、ヤガルは30件、矢島（2007）ではクサルは4件、ヤガルは35件であった。

　以下、用例内の待遇の助動詞には上向き・下向きいずれであっても波線を引いた。用例の後ろの括弧内は、（演者名「演目名」：話者→聞き手、待遇の対象）である。ただし、演者名は同定が可能な程度に短く略した形にした。聞き手と待遇の対象が同一の場合は、「話者→聞き手」とした。すなわちいずれにしても待遇の対象に太い下線を付すことになる。

　矢島（2007）におけるクサルの4件は次の通りである。

（1）泣かいでもええがな　また 泣いてくさんねやがな。

（初代春團治「寄合酒」：兄貴→若者）

（2）おれを人間と思とらんねん　豚みたいに思てくさんねや。

（初代春團治「いかけや」：いかけ屋→こども）

（３）馬みたいに言うて<u>くさる</u>ねん。

（初代春團治「いかけや」：いかけ屋→<u>こども</u>）

（４）その縄グーグー引っ張って<u>くさる</u>ねん　お前ら。

（初代春團治「いかけや」：いかけ屋→<u>こども</u>）

　（１）の話し手は「兄貴」である。「重みのある年配男性」とまで
は言えない。ただ、この演目の中では、若者連中が集まって、この
兄貴のところに酒を飲みにいくという設定であり、他の人物に比べ
ればやや年かさで、年長者らしく振る舞っている様子が見られる。
　（２）（３）（４）は同じ文脈で、いかけ屋が自分をからかった近所
のこどもに対して発するセリフである。（2）（3）（4）ともに、話
し相手の「こども」の動作につく助動詞としてクサルが使われてい
る。しかし直接にあしざまに罵っているというよりは、小さいこど
もにこんなひどいことをされた、という描写を誰かに向かっておこ
なっているような、やや突き放したニュアンスである。描写して見
せるようなニュアンスは、（1）も同様である。面罵の感じではな
く、対等に攻撃するような罵りでもない。
　いずれにしても、クサルは、その場面における年長者が年長者と
して振る舞う中で出てくる助動詞であるとは言えそうである。
　一方、ヤガルはどうであろうか。矢島（2007）におけるヤガル
の用例35件のうち、最も多くを占めたのが、初代春團治の「いか
けや」の17件である。話し手を見ると、いかけ屋、こども、うな
ぎ屋、である。すなわち主だった登場人物は全員、複数回使ってい
るのである。同じく春團治の「古手買い」では、番頭と、買い物に
来た男が使う。「阿弥陀池」では、隠居、喜六、とら、すなわち、
かしこい役柄、間抜けな役柄、間抜け役の相手をする役柄、の皆が
使っている。「寄合酒」では、兄貴と若者の両方が使う。圓歌の
「ひやかし」では遊郭の客の１人が盛んに使い、五代目松鶴の「船
弁慶」では松と喜六が使う。
　以上のように、ヤガルは、矢島（2007）の資料においては、話
し手の役柄を問わず使われる語形のようである。クサルの使用者で
ある「いかけ屋」と「兄貴」がヤガルも使用しており、相補的では

ない。若者あるいは軽剽な男性が使うとは限らないようだ。年長者
の用例を挙げておこう。

（5）尼はんの胸板いたいて筒先をこう向け<u>やがっ</u>たん＊7。
　　　　　　　　　　（初代春團治「阿弥陀池」：隠居→喜六、<u>泥棒</u>）
（6）割り<u>やがっ</u>て、言い訳立たんもんやさかい、ほなあんじょ
　　　う抜かし<u>やがれ</u>んねん。　　（初代春團治「寄合酒」：兄貴→<u>若者</u>）

　以上のことから、第5章における結論のうち「クサルは重みのあ
る年配男性が使う」というのは本章においてもある程度当てはまる
が、年配男性とまでは限定できず、「クサルは年長者がそれらしく
振る舞う中で出現する」と言い換えることができそうである。一方、
ヤガルは「若者あるいは軽剽な男性が使う」とは言いきれず、年代
や人物を問わず誰でも使う語形のようであり、「クサルとヤガルの
使用者が相補的であるという傾向」は見出しにくい。
　ただ、矢島（2007）におけるヤガルの用例35件のうち、27件
までが初代春團治の演目に出現するものであり、残りの圓歌（6
件）と五代目松鶴（2件）が資料の中で最も若い演者であることに
注目すると、ヤガルに関しては、真田・金沢（1991）と矢島
（2007）の資料の間に質的な違いがあるのかもしれない。金沢裕之
は真田・金沢（1991）の「はじめに」の中で落語・寄席研究家の
正岡容の記述を引用し＊8、「初代春団治のことばは、言語研究の立
場からするとかなりの留保を付けた上で扱う必要がありそうだ」と
述べて、真田・金沢（1991）の資料の中に初代春團治を入れず、
その前の世代の落語家の口演に限定していた。初代春團治のことば
は個性が強く、独自の性質を持ったものだった可能性があるが、圓
歌の「ひやかし」の例と五代目松鶴の「船弁慶」の例から見ると、
ヤガルが「若者あるいは軽剽な男性が使う」ものから誰でも用いる
ものへと、時代による変化が生じた可能性もある。

5.4 サラスとコマスについて

　第5章で用いた資料の真田・金沢（1991）において、サラスは、本動詞としては出現したが、助動詞としては出現しなかった。本章で、矢島（2007）を資料として増やしたところ、待遇の助動詞としてのサラスの使用が1件だけ出現した。次の（7）である。

　（7）ええおなごばっかり、抱いて寝さらして。

　　　　　　　　　　　　　　　　　（圓歌「ひやかし」：客→他の客）

　遊郭に客として来た男が、自分にあてがわれた遊女について不満タラタラで、もう1人の男の客を羨ましがりながら罵る場面である。1例しかないため、一般化はできないのであるが、かなり強い腹立ちの感情と共に使われる助動詞のようである。

　また、村中（2021）においてコマスは調べていなかったが、今回調べたところ、真田・金沢（1991）にはゼロであり、矢島（2007）には2件出現した。1つは次の（8）である。文字化ではカマシタとなっているが、使用文脈から考えて、コマシタの音声的訛りであろう。

　（8）腹減ってたもんやから、むしゃむしゃっと　食てかました
　　　　ってん。　　　　　（圓歌「ひやかし」：客→他の客、遊女）＊9

　これは上記のサラスの用例（7）のすぐ後の場面に出てくるもので、羨ましがられた方の男が、自分にあてがわれた遊女もひどいものであったと愚痴るところである。その遊女の枕元に落ちていた団子のようなものを食べてやったのだ、ザマアミロ、というようなニュアンスのセリフである。もう1つは次の（9）である。

　（9）ヤケドすんならヤケドさしてみたれ。しょんべんで火、消
　　　　してこましたら。　　　（初代春團治「いかけや」：こども→いかけ屋）

　「いかけや」は、いかけ屋と近所のこどもの言い合いが続く演目

である。いかけ屋が商売で鍋や釜を直すために火を使っており、こどもに向かって、近づくとヤケドする、と注意をしたところ、気の強いこどもが上記のように言い返す。「火、消してこましたら」というのは、火を消すことによって相手に被害を与えてやる、という強い罵りのニュアンスのあるセリフである。「こましたら」の「たら」は仮定のタラではなく、「～てやらあ（～てやるぞ）」が音声的に訛って「たら」になったものである。

　下向き待遇の助動詞としてのサラスおよびコマスは、真田・金沢（1991）では使われていなかったが、矢島（2007）では上記のように、特異なキャラクターや特異な場面ではない、市井の普通の人物による自然でありふれた会話の場面で使われていた。使用頻度は低いが、日常に存在していた証拠となる、と見てよいだろう。いずれも、ことばの上では、罵りの程度はかなり強めのようである。出現頻度が低い理由の一つとしては、その罵りの程度の強さが考えられる。

5.5　テとナスについて

　テ（いわゆるテ敬語）は、二代目曽呂利新左衛門、初代桂枝雀、四代目笑福亭松鶴、桂文雀、初代桂ざこばによって使われており、計8件である。それぞれ、1演目に1回か2回出現する。使用している話し手を見ると、「恵比寿小判」の毘沙門天、「動物博覧会」の隠居、「絵手紙」の清さん、「亀屋佐兵衛」の聴衆、「いらちの愛宕参り」の作の奥さん、「長屋議会」のお婆さん、「脱線車掌」の遊女である。使用者は、穏やかな大人の人物あるいは女性にやや傾く傾向があるようだが、さほど丁寧度が高いわけでもない。例を挙げる。

（10）お前毎日わしのうちへ福くれえちゅうて来てくれてやけども、お前に福上げるくらいなーわしとこはこないな大けな賽銭箱出しておかんちゅうん。

　　　　　　　　　（二代目曽呂利「恵比寿小判」：毘沙門さん→源さん）＊10

（11）ブラブラと歩いててやったら、月に五十円の月給がもらえる。　　　　　　　（二代目曽呂利「動物博覧会」隠居→皆さん）

（12）お参りしいか。いつ参ってや。

（四代目松鶴「いらちの愛宕参り」：奥さん→作（夫））

　毘沙門天から見た源さん、隠居から見た留さんは、さほど高く待遇すべき人物とは思えないし、前後のセリフを見ても、丁寧な感じではない。奥さんから夫の作に対しても同様である。待遇のテの響きは柔らかいものなのだろうが、目上ではない親しみのある相手に対するものであり、丁寧度は低めのようである。

　ナスは、三代目桂文三、初代桂枝雀、四代目笑福亭松鶴、三代目桂米團治、によって使われており、計20件である。およそ1演目に1〜3回出現するのだが、三代目桂米團治の「大安売」だけが例外的に多く、11回も出現している。

　「大安売」は、相撲取りと、相撲取りをおだてて面白がろうとする男たちとの会話から成り立っており、男1と男2が相撲取りに向かって盛んにナスを使う。次のようである。

（13）しばらく見まへなんだが、どこぞ行てなしたかい。

（二代目米團治「大安売」：男1→関取）

（14）あれだけの大けえ相撲取りになりなしたんじゃが、えらいもんじゃちゅう。あんたかて、そん中にあるや、心配せんでもよろしい。　（二代目米團治「大安売」：男1→関取、他の関取）

（15）立ち上がりにどうしなした。（略）かましなしたか。

（二代目米團治「大安売」：男1→関取）

　この男は関取に対して、ナスだけでなくナハルも用いており、やや距離のある関係であるのは見てとれる。ナスの、他の例の話し手・相手・待遇対象を見ると、次のようであった。

（16）な無茶したらどうもならんが。お賽銭にあげなしたんや。

（三代目文三「天神㗂」：男（かしこい役回り）

→男（間抜けな役柄）、賽銭を上げた第三者）

（17）えらいアバズレな和尚。勝手元へつかつかっとおいでなし

て、　　　　（初代枝雀「きらいきらい坊主」：語り手→聴衆、和尚）

(18) それまでの証拠と、身につけてなさる衣を取って渡してや
　　　りなした。　　　（四代目松鶴「一枚起請」：伯父→甥、中国の人物）

(19) どうしなしたんや。
　　　（四代目松鶴「いらちの愛宕参り」：参詣人→（通りすがりの）作さん）

(20) 旦那様も置きなさりゃええのに、こどもがためにおかしい
　　　言い上がりんなってきて、火をつけなしたん。
　　　　　　　　　（四代目松鶴「やいと丁稚」：語り手→聴衆、旦那）

　これらを見ると、ナスは、通りすがりのよそよそしい関係の相手
（用例19）や第三者（用例16）の動作に使ったり、あるいは、語
り手が話の中の人物の動作を描写する際に使ったり（用例17、18、
20）しているようである＊11。

6. 待遇の助動詞の出現頻度に関するまとめ（モデル化）

　以上みてきた通り、上方方言（大阪方言）においては、上向き待
遇においても、下向き待遇においても、複数の助動詞が存在する。
同様の働きの語が複数存在するということは、何らかの棲み分けが
あると考えられるが、それはどのようなものなのだろうか。

　複数の待遇の助動詞には「出現頻度」「待遇の強さの度合い」「使
用文脈の限定の度合い」「時代的変化」に違いがある。今回のデー
タにおける出現数の合計（表3の最下段の数値）で50を境界と仮
定し、出現頻度を高低の2つに分けて、図1のように考えた。

　大きく2つのカテゴリに分けたが、出現頻度の高いカテゴリの中
でも、待遇の度合いが強いものは、使用頻度が比較的低いものであ
るので、時代が進めば、さらに出現頻度が減り、出現頻度の低い方
のカテゴリに含まれるようになることもあろう。例えば、ナサルは
現在の大阪方言では出現頻度の低い方のカテゴリに含まれ、①に該
当するのではないかと考えられる。

　また、ナスがそうであるように、①②③の要素は重なりうる。

出現頻度の高い助動詞

汎用性が高い。文脈や使用者は様々である。
上向き待遇では、ナサル、ナハル、ハル。
下向き待遇では、ヨル・オル、ヤガル。
このカテゴリの中では、使用頻度の高さと待遇の強さが反比例する。

待遇の度合いが弱め　(ハル、) ナハル、ナサル →　待遇の度合いが強め

使用頻度が高め　← ヨル・オル、ヤガル　使用頻度が低め

出現頻度の低い助動詞

汎用性が高くない。何らかの点で特殊である。例えば次の①②③。
①特定の限定的な文脈で使われる。
　→クサル（年長者らしさ）。ナス（語り手らしさ、よそよそしさ。）
②待遇の度合いがかなり強い。→ケツカル・サラス・コマス。
③時代の流れですたれる方向に進みつつある。　→テ、ナス。

図1　出現頻度別のモデル化試案

7．おわりに

　以上、本章では真田・金沢（1991）および矢島（2007）の資料、すなわち20世紀前半に口演された上方落語文字化資料から、上方方言（大阪方言）における下向き待遇（いわゆる罵り）の助動詞と上向き待遇（いわゆる敬語）の助動詞の使用状況をみた。

　その結果、大阪方言における上向き待遇および下向き待遇の助動詞に関しては、1900年代から1930年代にかけてさほど大きな変化がなさそうであり、時代的に一つのまとまりとして扱うことが可能だと考えられた。

　下向き待遇の助動詞については、ヤガルとクサルに関する使用者の特徴と、サラスとコマスの使用状況について、第5章の結果を検証し直した。第5章では「クサルとヤガルの使用者が相補的」「クサルは重みのある年配男性、ヤガルは若者あるいは軽剽な男性が使

う」と考えられたのだが、本章の結果から見ると、クサルは年長者らしさと結びついていたが、ヤガルは比較的誰でも使う語形のようであり、相補的とは言いにくいようであった。第5章に出現しなかったサラス・コマスは、本章の結果でわずかに出現し、いずれもありふれた普通の人物が用いていたが、罵りの程度は強めであった。

　上向き待遇の助動詞については、テとナスの使用者と使用文脈の特徴を見た。それらをもとに、待遇の助動詞の出現頻度に関して、モデル化に向けての考察を行った。待遇の助動詞を出現頻度で2つのグループに分け、出現頻度が高いグループの中で使用頻度と待遇の度合いの強さが反比例すること、および、出現頻度の低いグループの中でその理由が3つ考えられることを述べた。

　今後も引き続き、待遇の助動詞について、扱う時代や資料を増やして、より妥当な結論に至るよう調べを進めていく必要がある。

＊1　表1・表2・表3を作成するにあたり、演者の生まれ年は、真田・金沢（1991）と矢島（2007）の記載にそれぞれ従った。ただし、真田・金沢（1991）で生年不明とされている桂文雀については、ウィキペディアの記述に従って1869年とした。

＊2　三代目桂文団治の生まれ年が、真田・金沢（1991）では1856年、矢島（2007）では1857年となっていて1年ずれているが、作表にあたってはそのままにしておく。

＊3　『日本語歴史コーパス』の「明治・大正編Ⅵ落語SP盤」の「大阪の51作品（落語家10人）」には、真田・金沢（1991）の収録作品が含まれている。

＊4　ゆえに、数え間違いの可能性は残る。

＊5　矢野（1976）では「多数決の原理」として「多種の洒落本にわたって一般的に認められ多数の用例を持つ現象の方が、特殊な場面に認められる少数の現象よりは、口頭語を反映している可能性が大きい」という考え方を述べている。これは洒落本以外にも応用できる考え方であろう。例えば、より多くの落語家にわたって用例を持つ現象は、同時代の口頭語を反映している可能性が大きいと言えるだろう。

＊6　ここではヨルとオルがほぼ同じものであるとして、まとめて扱う。

＊7　「胸板いたいて」は「胸板に対して」の意味。「向けやがったん」は「向けやがったのだ」の意味である。

＊8　正岡（1976）の「大阪弁へ、酸を、胡椒を、醤油を、味の素を、砂糖を、

蜜を、味醂を、葛粉を、時としてサッカリンを、クミチンキを、大胆奔放に投込んで、気随気儘の大阪弁の卓袱料理を創造した畸才縦横の料理人こそ、先代桂春団治であると云へよう」という記述を、金沢は引用している。つまり初代春團治の落語における大阪弁は、濃く味付けした大げさな大阪弁であったろうということのようだ。ただ、同じ正岡（1976）が「上方には独自の陰影を有つ市井語が現代近くまで遺ってゐたから、此を自由に使駆し得た上方落語は…」と述べており、初代春團治の特徴として、オノマトペ・感動詞の発音のしかたとそれに結びついた声の特色（「どぎつい」印象のある太い声）や、身振り手振り、姿かたちなどを挙げていることから、初代春團治の落語の個性は音声的特徴や非言語行動に強く現れていたとも取れるので、語形だけを取り上げれば、市井の人々が使う通常の大阪方言の性質とさほど大きくは変わらなかった可能性もあるのではないか。なお、正岡（1976）は正岡容（1904–1958）の没後に編集されたものであり、上記の記述の初出は不明である。

*9　ここで扱った他の下向きの助動詞は、低く待遇する対象の動作につくものであるが、コマスの場合は、自分の動作につく助動詞である。その自分の動作を向ける相手（自分の動作によって被害を与えようとする相手）を、「待遇の対象」の形で示すこととする。

*10　このセリフは、毘沙門天が自分にこのように言った、ということを源さんが隠居に伝えている場面のセリフである。すなわちその場でこのセリフを発しているのは、源さんなのであるが、前後の文脈からすると、実際の会話をそのままリアルに再現したものであると思われるので、この演目では毘沙門天のセリフとして発せられたとみなすことにする。

*11　用例18は伯父が甥に中国の話を比較的長く語り聞かせている中に出てくるものである。ここでの伯父は「語り手」と位置づけることが可能である。

第7章

20世紀前半の小説資料

織田作之助『わが町』にみる「ののしり」

　本章では織田作之助の長編小説『わが町』を大阪方言の資料として用い、罵りの助動詞ヨル、ヤガル、クサル、サラス、テケツカル、テコマスの用例を検討した。それを同じ20世紀前半の落語資料における罵りの助動詞の状況と比較・考察した。ヨルはいずれの資料においても最も多く出現し、罵りの程度が軽く、多様な話し手が使う傾向にあった。面と向かっては丁寧に話す相手を第三者としてヨルで待遇する例もあった。これも罵りの程度が軽いことと繋がるだろう。ヨルは第三者待遇がほとんどなのに対し、ヤガルとクサルは、対者待遇が多かった。ヤガルとクサルの使い手に関する相補性は『わが町』には見られなかったが、意味的な差は認められた。

1.　はじめに

　大阪方言における罵りの助動詞として、ヤガル、クサル、サラス、テケツカルがある。たとえば、次の文はいずれも、太郎が何かとんでもないことをしたと罵る意図を持つ文である。

　　・太郎が、とんでもないことをしヤガッタ。
　　・太郎が、とんでもないことをしクサッタ。
　　・太郎が、とんでもないことをしサラシタ。
　　・太郎が、とんでもないことをしテケツカッタ。

　これらの4つの助動詞は、牧村（1979）では「皆同じ意である」「物事を罵倒するときに用いる語」との説明がある。しかし、形式が異なる以上、わずかなりとも使われ方の違いが潜んでいる可能性はあろう。大阪方言における罵りの助動詞としては、このほかにヨ

ルがある。「太郎が、とんでもないことをしヨッタ」と言えるが、ヨルは、牧村（1979）によれば「多少軽蔑の意を含んでいる」とのことで、「多少」ということは、他の4語に比べて罵りのニュアンスがやや弱いものと思われる。このほか、使用法がやや異なる大阪の罵りの助動詞としてテコマスがある。

　これらの罵りの助動詞の使用状況について、第5章、第6章で20世紀前半における大阪落語の録音文字化資料を用いて調べた。本章では、20世紀前半の小説の大阪方言のセリフを資料として用い、罵りの助動詞の使用状況を調べる。落語資料から得られた結果との比較も行いつつ、それぞれの助動詞の特徴や違いを見出せるかどうか検討する。

2. 対象と方法

2.1　調査項目

　罵りの助動詞ヤガル、クサル、サラス、テケツカル、ヨル、テコマス、の6つの形式を対象とし、資料を調査する。いずれも大阪方言における罵りの助動詞・補助動詞である。

　ヤガル、クサル、サラス、テケツカル、ヨル、の5語は、話し手以外の動作に接続し、動作主を罵るニュアンスを含む形式である。話し相手の動作に接続した場合を対者待遇、話し相手ではない人物の動作に接続した場合を第三者待遇と呼ぶ。

　テコマスは、話し手の動作を表す動詞に接続し、動作の対象に何らかの被害を与える意図を示す機能を持つ形式である。「被害を与える意図」は「罵り」に強いつながりがあると考え、扱うことにする。

2.2　資料

　織田作之助（1913–1947）の長編小説『わが町』*1 を用いる。織田作之助は、大阪市内中心部の生まれ育ちであり、小説のセリフに現れる大阪方言については定評がある。20世紀前半当時の大阪の実際の人物の話し言葉を生の形で残す資料がほとんどないため、

織田作之助の小説のセリフを資料として用いるのは、その時期の大阪方言を知る適当な手段の一つだと考えられる。

　同じ『わが町』を用いて別の項目を調べた村中（2020a）から、『わが町』を用いた理由、および『わが町』のストーリーに関する記述を引用すると次の通りである。

　　　短編よりも長編の方が人物一人当たりのセリフが多いことが期待され、人物ごとの傾向を見るのに都合がよいと考えて、長編小説『わが町』を選んだ。
　　　『わが町』は頑固で愚直な働き者の男、佐渡島他吉と周辺の人々を描いた長編小説であり、織田作之助の生育地である大阪中心部のミナミ近辺に設定された架空の町「河童路地（がたろ）」界隈が舞台で、大阪の下町の生活実態をよく反映していると考えられる。『わが町』には織田作之助の既発表作品「夫婦善哉」や「婚期はずれ」の人物やエピソードが一部はめ込まれているが、それらは「わが町」独自の人物と渾然一体となり、全体が河童路地に生きる人々の大きな物語となっている。（村中 2020a: 12）

『わが町』の登場人物は 50 人を超えるが、セリフが多いのは、主人公の車引きの他吉、他吉の孫娘の君枝、君枝の夫となる次郎、他吉の隣人で売れない落語家の〆団治、である。村中（2020a）によれば、セリフ数の合計 813 のうち、他吉 216、君枝 174（大人時代 134、子供時代 40）、次郎 81（大人時代 74、子供時代 7）、〆団治 78 である。

2.3　方法

『わが町』本文を「青空文庫」からダウンロードし、セリフ部分を Excel でデータベース化し、調査項目を検索・集計する。用例を検討し、人物ごとの状況や文脈も観察する。

3．結果と考察

3.1　出現数

『わが町』において、調査対象となる語形が出現した数を、表1に示す*2。

表1　『わが町』における罵りの助動詞の数

罵りの助動詞	出現数
ヨル	17
ヤガル	8
クサル	5
テケツカル	2
テコマス	2
サラス	1

　各語形の出現状況を見ると、ヨルが最も多い。次がヤガル、クサル、テケツカル、テコマス、サラスと続く。これを、近代の大阪落語の資料と比べてみよう。第6章の表3の計の部分を取り出して表2に示す。これは明治後期から昭和初期にかけて（1903年から1938年にかけて録音・発売）の、大阪落語口演の録音文字化資料によるものである*3。

表2　明治・大正・昭和初期の落語作品における罵りの助動詞の数

罵りの助動詞	出現数
ヨル	129
ヤガル	65
テケツカル	25
オル	12
クサル	8
テコマス	2
サラス	1

　表1と表2を比べると、ヨルが最も多く、2番目がヤガルである

こと、2位のヤガルは1位のヨルの約半数であること、は共通している。違いは、落語の方にテケツカルが比較的多いことであるが、20世紀前半の大阪出身作家が創作物の中で示した大阪のことばと、20世紀前半に口演された上方落語のことばは、ののしりの助動詞という点では極めてよく似ているといえよう。

3.2　用例の検討

表1で出現数の合計が多かったものから順に、すなわち、ヨル、ヤガル、クサル、テケツカル、テコマス、サラス、の順に、用例を検討する。セリフ内の当該部分に下線を付す。セリフの後ろのカッコ内は、（岩波文庫における該当ページ、話者→聞き手、罵りの対象）である。独り言の場合は、「→聞き手」がない。聞き手と罵りの対象が同一である場合、すなわち対者待遇の場合は、「話者→聞き手」として、聞き手に太い下線を引いた。いずれにしても罵りの対象に下線を付すことになる。小説の中で1組のカギカッコに括られたものを、ひとまとまりのセリフの例として挙げた。したがって1つのセリフの例は、必ずしも1文のみから成り立つものではない。語形ごとに用例を挙げているが、別の語形の出現する用例が、すでに挙げた他の語形の用例と重なる場合がある。その場合、同一の用例であっても、別の番号を振っている（例えば（14）と（27）は同一内容）。

3.2.1　ヨル（17件）

ヨルが現れたセリフは次の通りである。セリフ数は13だが、（11）には4件、（13）には2件、他は1件ずつ出現するので、合計17件のヨルが見られた。以下、小説における出現順に並べる。（出典のルビの代わりに漢語の直後に《　》で読みを記した。）

（1）――ところで、皆どこ╲行き<u>よって</u>んやろ。影も形も見えんがな　　　　　　　　　（18頁、他吉→〆団治、<u>周囲の住人</u>）

（2）さあ、わいには異存はないけど、新太郎の奴がどない言い<u>よりまっしゃろ</u>か　　　　　　　（24頁、桶屋主人→他吉、<u>新太郎</u>）

（3）なんじゃらと、巧いこと言いよって……。そないべんちゃら（お世辞）せんでも、他あやん喧嘩したこと黙ってたるわいな　　　　　　　　　　　　　　　　（33頁、次郎→他吉）

（4）へえ。娘の婿めが、あんた、マニラでころっと逝きよりましてな　　　　　　　　　　　　（45頁、他吉→車の客、婿）

（5）嘘言うもんか。おまはんも知ってる通り、うちは子供が一人も出けへんし、それにまた、わしもそうやが、うちの家内《おばはん》と来たら、よその子供が抱きとうて、うちに風呂があるのに、わざわざ風呂屋へ行きよるくらい子供が好きやし、まえまえから、養子を貰う肚をきめてたんや。ほかにも心当りないわけやないけど、それよりもやな、気心のよう判ったおまはんの孫を貰たらと、こない思てな。それになんや、その子は両親《ふたおや》ともないさかい、かえって貰ても罪が無うて良えしな
　　　　　　　　　　　　（50頁、笹原→他吉、笹原の妻）

（6）――まあ、聴いてやっとくれやす。この子のお父つぁんも、わいが無理矢理｜横車《ごりがん》振ってマニラィ行かしたばっかりに、ころっと逝ってしまいよりました。この子のお母んもそれを苦にして、到頭……。言うたら皆わたいの責任だす。もうわたいは自分の命をこの孫にくれてやりまんねん　　　　　　　　　（52頁、他吉→笹原夫婦、婿）

（7）やっぱし校長先生や。良えこと言いよんなあ。人間は何ちゅうても学やなあ　　　　　　（58頁、他吉→提灯屋、校長）

（8）書きよったなあ。うーむ。なるほど、よう書いたァる
　　　　　（62頁、〆団治（落語の中の人物のひとりごと、不明））

（9）灸すえたろと思たら、お前、泣きだしよったんや
　　　　　　　　　　　　　　　（68頁、他吉→〆団治、君枝）

（10）そない言うたかて、お前、まあ、聴いてくれ、笹原の小伜も古着屋の子も、みな優等になってんのに、この子はなんにも褒美もろて来よれへんねん。こんな不甲斐性者《がしんたれ》あるやろか　　　　　（68頁、他吉→〆団治、君枝）

（11）まあどっちでもええ、とにかく、人間はらくしたらあかん。

148　　Ⅱ　近代・現代の京阪方言におけるののしりの助動詞

らくさせる気ィやったら、わいはとっくにこの子を笹原へ
遣ったァる。しかし、〆さん、笹原の小倅みてみィ、やっ
ぱり金持の家でえいように育った子ォはあかんな。十やそ
こらで、お前、日に二十銭も小遣い使い<u>よる</u>言うやないか、
こないだ千日前へひとりで活動見に行って、冷やし飴五銭
のみ<u>よって</u>、種さんとこの天婦羅十三も食べ<u>よって</u>、到頭
下痢《はらく》になって、注射うつやら、竹の皮の黒焼き
のますやら、えらい大騒動やったが、あんな子になってみ
ィ、どないもこないも仕様ない。親も親や、ようそんだけ
金持たし<u>よる</u>な　　　　（99–100頁、他吉→〆<u>団治</u>、<u>笹原の息子</u>）

（100頁、他吉→〆<u>団治</u>、<u>笹原</u>）

（12）こらまた、えらい大きに伸びたもんやなあ。ほんまに、こ
れ次郎ぼんが引伸したら言うもんし<u>よっ</u>たんか。ふうん。
ほな、次郎ぼん、もう一人前の写真屋になっとるんやなあ。
──銭渡したか　　　　　　　　（165頁、他吉→君枝、<u>次郎</u>）

（13）えらい奴ちゃ。人間は身体を責めて働かな嘘や言うこと忘
れ<u>よ</u>らん。あいつはお前、夕刊配達しとった時から、身体
を責めて来<u>よっ</u>た奴ちゃし、わいがよう言い聴かせといた
ったさかいな　　　　　　　　　（166頁、他吉→君枝、<u>次郎</u>）

　上記の用例から、話し手・罵り対象・話し相手と、デスマス体で
あるかどうかを示したのが表3である。
　（3）の1例を除いては、全て第三者待遇である。（3）の話し手は、
次郎という人物の子供時代である。次郎は、子供時代はかなり生意
気な態度をとっており、親世代よりも年長の他吉に向かって「他あ
やん」と呼びかけ、デス・マスの全くないくだけた話し方をしてい
る。（3）の次郎の使用が例外的であり、ヨルは基本的には第三者
待遇だと考えられる。
　ヨルを使っている人物に注目すると、他吉13件、〆団治1、笹
原1、桶屋の主人1、次郎（子供時代）1、である。他吉は貧しい
車引き、〆団治は売れない落語家、笹原は近所の裕福な家の主人、
桶屋の主人は他吉の娘の結婚相手の雇い主である。いずれも大阪の

表3　ヨルの話し手・話し相手・罵り対象とデス・マス体

話し手	罵りの対象	話し相手	デス・マス体	件数	用例番号
他吉	周囲の住人	〆団治		1	(1)
他吉	新太郎（婿）	車の客	○	1	(4)
他吉	新太郎（婿）	笹原夫婦	○	1	(6)
他吉	君枝	〆団治		2	(9) (10)
他吉	次郎	君枝		3	(12) (13)
他吉	笹原の息子	〆団治		3	(11)
他吉	笹原	〆団治		1	(11)
他吉	校長	提灯屋		1	(7)
〆団治	不明	なし（独言）		1	(8)
笹原	笹原の妻	他吉		1	(5)
桶屋の主人	新太郎（桶屋の弟子）	他吉	○	1	(2)
次郎（子供時代）	他吉	他吉		1	(3)

下町の住人であるが、比較的さまざまな属性を持った人物がヨルを使っていると言ってもいいだろう。ただし、女性の人物は使っていなかった。

　デス・マス体と共起しているのは、(2)(4)(6)の3例である。(2)のヨルは、桶屋の主人が他吉に向かっていう「まっしゃろか」、(4)のヨルは、他吉が車の客に向かっていう「ましてな」、(6)のヨルは、他吉が笹原の夫婦に向かっていう「ました」、にそれぞれ接続している。丁寧に話す相手への談話の中でヨルを用いても差し支えないということである。

　罵りの対象を見ると、おおむね目下のものが対象となっているが、前述した通り、子供時代の次郎が自分よりもずっと年長の大人である他吉を対象としている。そのほか、他吉が、笹原や校長を対象としているのが注目される。他吉にとって、笹原は、用例(6)を見ても分かる通り、面と向かってはデス・マス体で話す相手である。しかし(11)においては、「親も親や、ようそんだけ金持たしよるな」と言っており、笹原が甘すぎる親であるということを取り上げて、軽く罵っている。対象が校長の場合は、(7)の内容を見ると、

「良えこと言いよんなあ。人間は何ちゅうても学やなあ」となって
おり、その前の地の文を見ても「校長先生の挨拶に他吉はいたく感
心し」とあるので、からかっているわけではなく、校長を心から誉
めている文脈なのである。罵っているニュアンスはほとんどない。
ではなぜ、ここで他吉は、校長の動作「言う」にヨルをつけたのか。
おそらく第三者待遇であることを明確に示すのと、軽く親しみを表
す意図があるのかと思われる。

3.2.2 ヤガル（8件）
ヤガルが現れたセリフは次の通りである。

(14) こらッ。ベンゲット道路には六百人という人間の血が流れ
てるんやぞォ。うかうかダンスさらしに通りやがって見ィ。
自動車のタイヤがパンクするさかい、要心セェよ。帰りが
けには、こんなお化けがヒュードロドロと出るさかい、眼
ェまわすな。いっぺん、頭からガブッと嚙んでこましたろ
か　　　　　　　　　　　　　　　　（16頁、他吉→外国人）

(15) さいな、あんまり現糞《げんくそ》のわるい事言いやがっ
たさかい……　　　　　（31頁、他吉→次郎、喧嘩の相手）

(16) ようもひとの縄張りを荒しやがったな　（56頁、車夫→他吉）

(17) さあ、来やがれ！　　　　　　　　　（56頁、他吉→車夫）

(18) この子を芸者にするつもりか。何ちゅうことをさらしやが
んねん　　　　　　　　　　　　　　　（85頁、他吉→オトラ）

(19) 写真、写真て、写真がなにが良えのや。次郎ぼんに写真き
ちがいを仕込まれやがってェ……　　（170頁、他吉→君枝）

(20) ──お前ら寄ってたかって巧いこと言いくさって、到頭マ
ニラへ行けんようにしてしまいやがった。しかし、言うと
くけど、これは今だけの話やぜ。行ける時が来たら、誰が
何ちゅうてもイの一番に飛んで行くさかい、その積りで居
ってや　　　　　　　　　　　（177頁、他吉→次郎と〆団治）

(21) ──どうせマニラも陥落したこっちゃし、マニラへも行く
んやろ。うまいことしやがんな　（201頁、他吉→〆団治）

第7章　20世紀前半の小説資料　**151**

ヤガルの場合、8例中7例が対者待遇であり、対者待遇が多いのが特徴であると言えよう。また、8例中7例の話し手が、主人公の他吉であった。〆団治や次郎は使っていない。他吉は、気に入らない相手をいきなり殴りつけたり、「わいはベンゲットの他あやんや」とすごんだりする暴れ者であることから、ヤガルは穏やかでない粗暴なニュアンスがあると思われる。用例を見ても、(14)(16)(17)は相手に喧嘩を売っている場面である。(18)は喧嘩ではないが、相手のオトラに対して、怒り心頭に発している場面である。ただし、(15)(19)(20)(21)は、対象へのにがにがしい気持ちを込めつつ、口調は穏やかである。

3.2.3　クサル（5件）
　クサルが現れたセリフは次の通りである。

(22) 取るもんだけは、きちきち取り<u>くさって</u>、この子をそんな目に会わしてけつかったのか（57頁、他吉→君枝、<u>君枝の里親</u>）

(23) 阿呆らしい、ひとを年寄り扱いに<u>しくさって</u>……。去年着られたもんが、今年着られんことがあるかい。暑い言うたかて、大阪の夏はお前マニラの冬や　　　（126頁、他吉→<u>君枝</u>）

(24) ああ、やっぱり親のない娘はあかん。なんぼ、わいが立派に育てたつもりでも、到頭あいつは堕落し<u>くさった</u>

　　　　　　　　　　　　　　（163頁、他吉ひとりごと、<u>君枝</u>）

(25) 阿呆！　いま何時や思てる。もう直きラジオかて済む時間やぜ、若い女だてらちゃらちゃら夜遊びし<u>くさって</u>。わいはお前をそんな不仕鱈な娘に育ててない筈や。朝日軒の娘はんら見てみイ。皆真面目なもんや。女いうもんは少々縁遠ても、あない真面目にならなあかん。今までどこィ行てた？　　　　　　　　　　　　　　（164頁、他吉→<u>君枝</u>）

(26) ──お前ら寄ってたかって巧いこと言い<u>くさって</u>、到頭マニラへ行けんようにしてしまいやがった。しかし、言うとくけど、これは今だけの話やぜ。行ける時が来たら、誰が何ちゅうてもイの一番に飛んで行くさかい、その積りで居

ってや　　　　　　　　　（177頁、他吉→次郎と〆団治）

　5件とも、他吉のセリフである。話し相手は、君枝、次郎、〆団治のようにごく親しい身内のような相手であるか、もしくは独り言である。クサルの直前につく部分を見ると、クサルがつく以前から罵る気持ちが含まれているように見えるものばかりである。クサルの直前につく部分は、(22)「取るもんだけは、きちきち取り」、(23)「阿呆らしい、ひとを年寄り扱いにし」、(24)「到頭あいつは堕落し」、(25)「若い女だてらにちゃらちゃら夜遊びし」、(26)「お前ら寄ってたかって巧いこと言い」、である。罵る気持ちがもともと含まれた文を、より強めるものとしてクサルが付加されるのか、あるいはより強めるのではなく罵る気持ちのマーカーに過ぎないかもしれない。ということは、クサルそのものには、さほど強いニュアンスは含まれていない可能性がある。その点は、ヤガルの粗暴なニュアンスとは異なるのであろう。

3.2.4　テケツカル（2件）
テケツカルが現れたセリフは次の通りである。

(27) 取るもんだけは、きちきち取りくさって、この子をそんな
　　　目に会わしてけつかったのか（57頁、他吉→君枝、君枝の里親）
(28) ――阿呆な奴らや。なにを大騒ぎさらしてけつかる
　　　　　　　　　　　　　（103頁、他吉ひとりごと、周囲の人々）

　これもクサルと同様、直前の部分から罵る気持ちが含まれている文である。(27)「そんな目に会わして」、(28)「何を大騒ぎさらして」、である。クサルと同様、罵る気持ちがもともと含まれた文を、より強めるものとしてテケツカルが付加されている可能性がある。

3.2.5　テコマス（2件）
テコマスが現れたセリフは次の通りである。

（29）こらッ。ベンゲット道路には六百人という人間の血が流れ
てるんやゾォ。うかうかダンスさらしに通りやがって見ィ。
自動車のタイヤがパンクするさかい、要心セェよ。帰りが
けには、こんなお化けがヒュードロドロと出るさかい、眼
ェまわすな。いっぺん、頭からガブッと噛んでこましたろ
か 　　　　　　　　　　　　　　　（16頁、他吉→外国人）

（30）向うへ行ったらな、イの一番に南十字星見てこましたろ思
てるねん 　　　　　　　　　（203頁、〆団治→他吉と君枝）

（29）（30）の2例とも、「てこましたろ」の形である。

テコマシタロ＝テコマス＋タル（＜テヤル）＋ウである。この
「ウ」は、話し手の意志・決意を表すものである。

テコマスがシテヤルと同意であるから、テコマスにタル（＜テヤ
ル）がついたテコマシタルは、意味的に重複した表現であり、強調
表現と思われる。（29）は聞き手である外国人に被害を与えようと
いう意図の発話である。つまり外国人が罵りの対象と見られるが、
（30）は特定の対象に被害を与える意図ではなく、対象があいまい
な罵りである。

3.2.6　サラス（1件）

罵りの助動詞のサラスが現れたセリフは次の1件である。

（31）──そんなへなちょこな考えでいさらしたんか。ええか、
この子はな、痩せても枯れても、ベンゲットの他あやんの
孫やぞ。そんなことせいでも、立派にやって行けるように、
わいが育ててやる。もう、お前みたいな情けない奴に、こ
の子のことは任せて置けん。出て行ってくれ。出て行け！
暗うなってからやと夜逃げと間違えられるぜ。明るいうち
に荷物もって出て行ってもらおか 　　（86頁、他吉→オトラ）

これはかなり強いニュアンスのものである。他吉はこのセリフの
前に「いきなり家の中へ飛び込んで、オトラをなぐりつけた。」と

ある。オトラに対して激怒していて、このセリフでオトラを追い払っているのである。

　（31）は動詞「いる」に助動詞サラスがついて「いさらす」の形になっており、明らかに助動詞のサラスなので、サラスはこの1件とした。ただし、サ変動詞「〜する」の「する」部分がサラスに取り替えられたものを、自立語ではなく付属語的であると見れば、つまり助動詞的なサラスであるとみれば、次の（32）（33）も類似の仲間として考えることができる。（32）は「ダンスする」、（33）「大騒ぎする」、の「する」部分が助動詞サラスに取り替えられたものである。

　（32）こらッ。ベンゲット道路には六百人という人間の血が流れ
　　　　てるんやぞォ。うかうかダンスさらしに通りやがって見ィ。
　　　　自動車のタイヤがパンクするさかい、要心セェよ。帰りがけ
　　　　には、こんなお化けがヒュードロドロと出るさかい、眼
　　　　ェまわすな。いっぺん、頭からガブッと噛んでこましたろ
　　　　か　　　　　　　　　　　　　　　　　　（16頁、他吉→外国人）
　（33）──阿呆な奴らや。なにを大騒ぎさらしてけつかる
　　　　　　　　　　　　　　　（103頁、他吉ひとりごと、周囲の人々）

　一方、次の例は助動詞ではなく動詞のサラスである。

　（34）この子を芸者にするつもりか。何ちゅうことをさらしやが
　　　　んねん　　　　　　　　　　　　　　　（85頁、他吉→オトラ）

　このように、本動詞としてのサラスは「する」の意味である。どちらもかなり強い語気の感じられるものであり、話者の意識としては、本動詞のサラスと助動詞のサラスはあまり区別なく捉えられているかもしれない。

4. 落語資料との比較

　罵りの助動詞のそれぞれについて、本章で観察した結果（すなわち20世紀前半における大阪方言の反映された小説からのデータ）と、20世紀前半の落語資料から得た結果（第5章、第6章）を比較しながら、考察する＊4。

4.1　ヨルの比較

　ヨルの源流であるオルは、落語とは異なり、小説『わが町』には現れなかった。これが落語と小説の違いであるのか、あるいは小説の中でも、織田作之助の特徴であるのかは、他の作品を観察してみないとわからない。

　ヨルについては、3.1で見た通り、落語資料と同様、罵りの助動詞の中では最も多く出現した。これは、罵りの程度が軽いからであろう。「ヨルは、年齢や身分や人物像にかかわらず使える語形である」という第5章の記述は、『わが町』でも矛盾なく当てはまっていた。ヨルのほとんどが第三者待遇であるという点も共通である。

　第5章では、ヨルの特徴として、「語り手が使用しうること」を挙げていた。これは落語の構造上から生じる必然性だったのかも知れない。今回扱った小説資料には、「語り手がヨルを使う」「ヨルの叙述的な性質が生かされる」に当てはまるような場面は特にはなかった。

　ヨルの待遇の対象には、違いがあった。落語資料には、「体内の水」や「自分の胸」のような無情物があった。次の例である。

（35）わい、唄聞くちゅうとな、頭痛治って、胃病の水がげぶっと下がりよる。　　　　　（体内の水の例：「電話の散財」の旦那）

（36）理屈二つ三つぱっぱって言うたら、胸がぐうっとすきよる。

（自分の胸の例：「理屈あんま」の太郎兵衛）

　このような無情物を待遇の対象としたヨルは、『わが町』には見られなかった。

『わが町』に見られた、面と向かっては上向き待遇をするような相手を第三者とした場合のヨル（（7）（11）の例）は、落語資料にも見られた。次の例である。

（37）あ　寝て<u>よる</u>。

（「いびき車」の車引きが客について述べる部分）

この車引きは、上記の部分以外は、客に対して、「やっとり<u>ます</u>さかいなあ」「御馳走よばれ<u>まして</u>なあ」のようにデス・マス体で話しているが、客が寝た途端、「寝て<u>よる</u>」という表現を用い、その後客が目を覚ますとまた「踏み<u>まして</u>なあ」のようにデス・マス体に戻っている。客が寝ていた間のセリフは、車引きが独り言の中で客を第三者として待遇したものである。

4.2　ヤガルの比較

第5章の落語資料では、「息子」「丁稚」「甥」がヤガルを用いており、「若者あるいは軽剽な人物」が使用するという傾向が見られたが、今回の小説資料においてヤガルをほぼ1人で使っていた他吉は若者でも軽剽な人物でもなく、食い違いのあるところである。第6章ではヤガルが「「若者あるいは軽剽な男性が使う」ものから誰でも用いるものへと、時代による変化が生じた可能性もある」と述べた。『わが町』の傾向が、時代的な変化を経た後のものだと考えるとつじつまが合う。

また、『わが町』のヤガルは対者待遇がほとんどであったが、第5章の落語資料では、対者待遇の占める割合はさほど高くなく、29例中の9例が対者待遇であった。ヨルに比べれば、対者待遇が珍しくない、ということは落語資料と共通している。

4.3　クサルの比較

第5章の落語資料では、クサルは重みのある年配男性が多く使っており、ヤガルと相補的であった。『わが町』では、それは当てはまらなかった。ヤガルもクサルも、ほぼ全て他吉が使っていたので

第7章　20世紀前半の小説資料　157

ある。

『わが町』はクサル5件中3件が対者待遇、第6章では4件中3件が対者待遇である。クサルは比較的、対者待遇が多めであると言ってよいかも知れない。『わが町』におけるクサルは、ごく親しい身内相手か、もしくは独り言で使われており、ヤガルほど強いニュアンスではないようだった。第5章の落語資料では、クサルが8例あったが、独り言もしくは独り言的なものが多かった。例えば次の通りである。

(38) 向こうに猫めがうまい口してくさるなあ。

（「蛸の手」の蛸の独り言）

(39) 要らんとこで義理立てをしてくさる。

（「やいと丁稚」の旦那→丁稚）

共通点として、クサルは話し相手に強く迫るものではなく、身内に向けて、あるいは独り言として、さほど強い勢いではなく使われるものである。その意味ではヤガルとの相補性は残っていると言ってよい。

4.4　サラスの比較

落語資料では、サラスが1例のみ出現していた。次の例である。

(40) ええおなごばっかり、抱いて寝さらして。

（圓歌「ひやかし」：客→他の客）

文脈からすると、かなり強い腹立ちの感情を表しているもののようであり、それは、『わが町』の例（31）とも共通している。

4.5　テケツカルの比較

落語資料では、テケツカルは忌々しさが込められた例もあるが、ごく軽い罵りの例もある。『わが町』の出現数が少なく、比較・考察をするのが難しい。

4.6　テコマスの比較

第6章の落語資料では、2例見られた。次に挙げる。

（41）腹減ってたもんやから、むしゃむしゃっと　食<u>てかました</u>
　　　ってん。　　　　　　　　（圓歌「ひやかし」：客→他の客、<u>遊女</u>）

（42）ヤケドすんならヤケドさしてみたれ。しょんべんで火、消
　　　<u>してこました</u>ら。　　（初代春團治「いかけや」：こども→<u>いかけ屋</u>）

テカマシタッテンとテコマシタラである。後者は、テコマスにタ
ル（＜テヤル）がついた形であり、『わが町』の例（29）（30）と
同様であるが、前者にはタルがついていない。つまり落語資料には、
テヤルとの重複形ではないものが見られたわけである。しかしいず
れにせよ数が少なく、確たる結論は出せない。

5.　まとめ

織田作之助の長編小説『わが町』のセリフを、大阪方言の資料と
して用い、罵りの助動詞ヨル、ヤガル、クサル、サラス、テケツカ
ル、テコマスの出現状況を調べ、用例を検討した。それを、ほぼ同
時代の落語資料における罵りの助動詞の出現状況と比較し、考察し
た。

その結果、ヨルはいずれの資料においても、罵りの助動詞の中で
最も多く出現した。ほとんどが第三者待遇であった。罵りの程度が
軽く、さまざまな話し手にとって使いやすい形であるように思われ
た。他の罵りの助動詞と異なり、ヨルは、面と向かってはデス・マ
ス体を使うような相手を待遇するケースもあったが、これも罵りの
程度が軽いことと繋がるであろう。無情物を待遇の対象としたヨル
は『わが町』には現れなかったが、この点については、今後、広く
小説資料を検討すべきである。

ヤガルとクサルは、いずれも対者待遇が多いという特徴があった。
使い手に関する特徴は、落語資料ではヤガルは「若者あるいは軽剽
な人物」、クサルは「重みのある年配男性」という相補性が見られ

たのであるが、『わが町』ではその傾向は見られなかった。ただし、クサルはヤガルよりもやや弱いニュアンスがあるのは共通である。

　サラスは、いずれも、強い腹立ちを表しているようであった。

　テケツカルとテコマスは、出現数がごく少なく、結論が出しにくい状況であった。

6.　おわりに

　今回は、織田作之助という、いわば大阪を代表するとも言える1人の小説家の、『わが町』という一つの長編小説のみに絞って調べた。大阪方言のセリフが多用される小説資料としてふさわしいものは他にもあるだろう。今後、他の多くの近現代小説家の使用状況を調べる必要がある。

*1　長編小説『わが町』の成立はやや複雑である。1943（昭和18）年に書き下ろし単行本として刊行されたが、それ以前に同名の短編小説『わが町』が雑誌『文藝』の1942年11月号に発表されている。長編小説の単行本の「後記」に、この作品を縮小して雑誌『文藝』に掲載、と記述されているとのことで、実は、短編小説よりも長編小説が先に書かれたようである。以上は佐藤秀明の、岩波文庫『わが町・青春の逆説』の解説による。したがって、『わが町』の中で使われている大阪方言は、1942年以前に織田作之助が発したものであると考えられる。

*2　ヨルとサラスについては、次のセリフの中にも出現したが、このセリフは言葉遣いから、話し手が非関西人であると考えられるため、本書での集計には入れないこととした。

　　　そうとものし、俺《うら》らはアメジカ人やヘリピン人や、ドシア人の出来なかった工事《こうり》を、立派《じっぱ》にやって見せちやるんじゃ。俺《うら》らがマジダへ着いた時、がやがや排斥さらしよった奴らへ、お主《んし》やらこの工事《こうり》が出来るかと、いっぺん言うて見ちやらな、日本人であらいでよ

　　　　　　　　　　（13頁、ベンゲットの労働者→労働者仲間、外国人）

*3　本書第6章のデータは真田・金沢（1991）および矢島（2007）によるもので、合わせて15名の演者による50演目の口演資料となる。真田・金沢（1991）は、8名の落語家（二代目曽呂利新左衛門、二代目桂文枝、三代目桂文団治、三代目桂文三、初代桂枝雀、二代目林家染丸、四代目笑福亭松鶴、桂

文雀）による 34 演目の落語口演の録音文字化資料である。SP レコード録音・発売年は 1903（明治 36）年から 1926（大正 15）年にわたる。矢島（2007）は、9 名の落語家（三代目桂文団治、初代桂ざこば、四代目笑福亭松鶴、三代目桂米團治、初代桂春團治、初代桂文治郎、初代桂春輔、笑福亭圓歌、五代目笑福亭松鶴）による 16 演目の落語口演の録音文字化資料である。録音・発売年は 1920（大正 9）年から 1938（昭和 13）年にわたる。

＊4　本書第 5 章で用いた落語資料は、真田・金沢（1991）であり、第 6 章と違って、矢島（2007）は含まれていない。

第8章

20世紀後半の落語の東西比較

六代目笑福亭松鶴の「らくだ」と六代目三遊亭圓生の「らくだ」

　本章では上方落語と江戸落語の共通演目「らくだ」におけるののしりの助動詞の使用状況を比較した。上方の「らくだ」には6種類ののしりの助動詞が出現し、人物の特徴を表すもの、人物の置かれた状況を反映するもの、誰でも使うもの、に分けられそうであった。江戸の「らくだ」にはののしりの助動詞がヤガルしかなく、人物の置かれた状況を反映するもののようである。江戸において、ののしりの助動詞に類似した性質を持つ言語項目として、命令形と母音の融合形に注目し、調べた。命令形は人物の特徴を表す一方で、母音の融合形は誰もが使うものと思われた。上方の語り手と江戸の語り手の噺への関与のしかたが異なる可能性も示唆された。

1. はじめに

　東西の落語資料を比較して、ののしり表現のはたらきを検討する。ののしり表現として主に、ヤガルやサラスなどののしりの助動詞を取り上げる。

　本稿で「ののしり」と呼ぶのは、面前の相手への罵倒も含むが、それだけではない。目の前に対象がいるかいないかにかかわらず、対象にマイナスの対人的影響が及ぶことを志向した一群のことばを「ののしり」と称する。たとえば、目の前にはいない人の顔を思い浮かべながら「ちくしょう、あの野郎」などと独り言を言う場合なども含める。ののしりの気持ちが本気であるかごく軽いものであるかは問わず、ののしりの意を含む語形ベースで考察する。

　東西比較を行うのは、関東と関西で、会話を形づくる方法が異なるのではないかという予測に基づいている。なかでも、会話において、ののしり表現がどのように使われ、どのように働いているかに

注目する。

　落語を資料とするのは、あらかじめ稽古され演じられた会話であっても、やり取りがダイナミックであり、特徴を取り出すのに適すると思われるからである。落語においては、実際の話者は落語家一人だけであるが、落語家によって演じ分けられる数人の話者が登場し、ひとつづきの会話の流れの中で、話し相手や場面・状況による言葉づかいの変化が観察できる。落語は話芸の専門家によるもので、笑わせたり感動させたりするための技巧が凝らされており、自然会話とは異なる特徴を持つことが想定されるが、その一方で、いかにも実際のものらしく感じさせるように演じられていて、市井の人々の会話をリアルに映し出す部分も多いと思われる。自然会話に準じたものとして考察の対象としてもよいであろう。

　そこで本稿では、上方落語と江戸落語の口演 CD を用いて、会話におけるののしり表現について考察することとした。

2.　対象と方法

2.1　「らくだ」と分析手順

　上方落語と江戸落語の共通演目「らくだ」を扱う。もとは上方落語の演目で「らくだの葬礼」と呼ばれていたものを、三代目柳家小さんが東京へ移したとのことである（東大落語会 1994）。「らくだ」には、その内容から考えて、ののしり表現が多く出現することが見込まれる。大ネタであり、登場人物が比較的多いことも分析に向いている。

　用いた落語口演 CD は次の通り。上方落語と江戸落語それぞれ 1 種類ずつである *1。

①上方落語の「らくだ」
　六代目笑福亭松鶴「らくだ」49 分 39 秒（1973 年 9 月録音　録音場所：MBS 第一スタジオ）『六代目笑福亭松鶴セレクト二』disc1（ビクターエンタテインメント）
②江戸落語の「らくだ」

六代目三遊亭圓生「らくだ」56分49秒（1961年10月31日
東横ホール　五代目追善三遊亭圓生独演会より）『名人　六代
目三遊亭圓生　その八　らくだ』（EMIミュージックジャパ
ン）

　分析には次の手順を踏んだ。
　上方落語と江戸落語の「らくだ」口演 CD の音声を聞き取り、文
字に起こす。上方落語の方は、音声情報から直接の文字起こしであ
る。江戸落語の方は、CD 付属の冊子に文字起こしが載せられてい
たため、それに追加・修正を施す形で、聞き取りを行なう＊2。
　文字起こしデータから、ののしりの助動詞を抜き出して数え、表
を作る。表をもとに、比較を行い、考察する。

2.2　「らくだ」のあらすじと構成
演目「らくだ」のあらすじは、次の通りである。

　「らくだ」というあだ名の嫌われ者の男のところに、兄弟分
の男「やたけたの熊（熊五郎）」が訪ねてくると、らくだは死
んでいた。前夜に食べたフグの毒にあたったらしい。そこへ屑
屋が通りかかる。熊五郎は、らくだを弔う費用を得るために、
屑屋に家財を買い取らせようとするが、めぼしいものは何もな
いと屑屋は断る。熊五郎は屑屋に、長屋の月当番のところへ行
って香典をもらって来いと命じ、気弱な屑屋は渋々応じる。次
に熊五郎は屑屋に、長屋の家主のところへ行って、酒と煮しめ
とご飯を持って来させよと命じる。もし家主が応じない場合は、
らくだの死骸にカンカンノウ＊3 を踊らせると言え、という。
屑屋がその通り伝えると、家主は酒や煮しめやご飯など持って
いくわけがないと断ったため、屑屋は熊五郎に命じられるまま
らくだの死骸を家主のところに担ぎ込み、カンカンノウを歌う
羽目になる。次に屑屋は漬物屋（江戸落語では八百屋）でも同
様の脅し文句で、棺桶がわりに樽をもらう。家主から酒肴が届
いて熊五郎は飲み始め、帰りたがる屑屋にも酒を飲ませる。酒

を飲み、酔いが回った屑屋は、それまでのおとなしい態度が一
変し、身の上話を長々と話し、それまで自分を脅しつけていた
熊五郎を逆に脅したりし始める。屑屋と熊五郎はらくだを樽に
入れて、二人で火葬場へ担いでいく。途中で樽の底が抜けてら
くだの体を落としてしまい、慌てて拾いに行くが、酔っ払って
道端に寝ていた願人坊主（乞食坊主）を間違って樽に入れる。
火葬場でその坊主が目を覚まし、「ここはどこだ」「火屋だ」
「冷やでもいいからもう1杯」。

　最後の「火屋」と「冷や」が同音異義語で、オチとなっている。
　中心人物は熊五郎と屑屋の二人で、ほかに、長屋の月当番、長屋
の家主、近所の漬物屋（江戸では八百屋）、隠亡（火葬場で働く人、
江戸では安公という名）、願人坊主（乞食坊主のこと）、が登場する。
登場人物は全員男性である。
　上方と江戸でセリフに違いはあるものの、話の内容はほとんど同
じである。ただし、上方では、熊五郎と屑屋がらくだを火葬場へ運
ぶ途中に、砂糖屋の丁稚や主人と交わす短い会話が挿入されるが、
江戸の方にはそれがない。屑屋が酔った時の、身の上話の内容が異
なる。最後の方で、らくだを落としたことに気づくタイミングも少
し異なる。
　表1に、話の内容と、それに対応する上方・江戸の発話番号を示
す。発話番号は、筆者が文字起こしの際につけたものである。A～
Pの記号は、話のまとまりごとにつけたもので、後の考察で活用す
る。

2.3　文字起こしについて
2.3.1　上方落語「らくだ」の文字起こし
　上方落語の六代目笑福亭松鶴の「らくだ」のCD音声を文字に起
こしたものを、本書の末尾に載せた。聞き取りは繰り返し行い、で
きるだけ音声に忠実に文字起こしするよう努め、漢字仮名交じり文
で表記した。繰り返し聞いても明確でない部分については下線を付
し、語の聞き取りが不可能な部分は「……」で表した。感動詞など

表1　上方と江戸の「らくだ」の内容と発話番号

話の内容	上方	江戸	記号
語り手の前置き。熊五郎がらくだの死体を発見し、長い独り言。	1、2	1、2	A
屑屋の登場。熊五郎が屑屋に家財道具を売りつけようとして叶わず。屑屋が弔いのためのお金を出す。	3-23	3-31	B
熊五郎が屑屋に、月当番を訪ねて香典をもらうよう命じる。	24-37	32-43	C
屑屋は月当番にらくだの死を知らせ、香典をもらうことに成功。	37-45	43-58	D
熊五郎は屑屋に、家主を訪ねて酒や煮しめをもらうよう命じる。	46-53	58-75	E
屑屋は家主にらくだの死を知らせ、酒と煮しめを要求し、失敗。	53-67	75-105	F
熊五郎は屑屋にらくだの死体を背負わせて二人で家主を訪ねる。死人のカンカン踊り。家主は要求に応じる。	67-89	105-144	G
熊五郎は屑屋に、漬物屋／八百屋を訪ねて樽をもらうよう命じる。	90-95	145-160	H
屑屋は漬物屋へ行き、棺桶がわりの樽を手に入れる。	95-115	160-198	I
弔いの支度ができ、熊五郎が屑屋に酒を勧める。屑屋は断る。	116-126	199-211	J
熊五郎の強引な勧めに負けて、屑屋が酒を飲み始める。熊五郎が続けて勧め、屑屋はどんどん飲む。	127-132	212-229	K
酔っ払った屑屋の長ゼリフ。熊五郎を褒める。身の上話をする。	133	230	L
屑屋が飲み続けるのを熊五郎は止めようとする。屑屋は飲み続け、大きな態度で熊五郎に命令し始める。弔いのためらくだの髪を抜く／剃る。さらに飲む。	134-138	231-251	M
二人でらくだを火葬場に運ぶことになる。	139-143	252-263	N
通りすがりの砂糖屋の丁稚・主人とのやりとり。	144-151	（無し）	O
運ぶ途中で樽の底が抜けてらくだを落とす。慌てて戻り、道に寝ていた乞食坊主を間違って樽に入れる。火葬場で、隠亡とのやり取り。乞食坊主とのやり取り。	152-174	264-316	P

において母音や子音の発音が標準的でなかったり、「ははは」や「おおお」などの短い繰り返し発音の回数の聞き取りが難しかったりして、カナでは正確に音声を写したとは言えない部分があるが、近い発音を表すと思われるカナ表記にした。

　句読点は、発話が途中で一休みした、あるいはひとつづきの発話

がひとまず終了した、という印象によってつけたものである。必ずしも文法的な区切りに従って句読点を打ったわけではない。

　話者が交代するごとに、発話番号を振った。話者交代は、口調と内容から概ね明瞭であったが、酒を飲んで酔っ払った後の場面の発話に、屑屋なのか熊五郎なのかややはっきりしない部分があった。例えば発話番号 136 のセリフである。これは前の 135 や後ろの 137 と口調があまり変わっておらず、屑屋の発話がずっと続いているようにも聞こえるが、136 の部分の内容からここだけ熊五郎に交代したものと判定した。また、逆に、141 の「ソーーレンや、ソーレンや」は屑屋と熊五郎が掛け合いで発話してもおかしくない文脈だが、内容から確実に話者交代したとは判定できず、口調も変わっていないように聞こえるため、屑屋一人の発話であると判定した＊4。

2.3.2　江戸落語「らくだ」の文字起こし

　江戸落語の六代目三遊亭圓生「らくだ」は、口演 CD 付属冊子の文字起こしを確認すると、音声にかなり忠実ではあったが、話の内容把握に支障のないような多少の抜け・省略などが見られた。次のようなものである。

《脱落》
　　感動詞「ええ」「うん」「おう」「おい」「あのー」「まあ」「な」や代名詞「おめえ」「これ」等が文字化されていないケースがあった。
《繰り返しの省略》
　　例えば「買え買え買え」が「買え」にされていたり、「ここにいる、ええ、ここにいるよ」が「ここにいるよ」に、「しみじみ、しみじみ」が「しみじみ」に、「お届けを、お届けを」が「お届けを」に、「やるよやるよ、やるよやるよ」が「やるよやるよ」に、というような繰り返しの省略されたケースがあった。
《音声的訛りの非表示》
　　CD 付属の冊子の文字起こしにおいて、「第一」「お前」「大概」

「葬式」などのように漢字表記に発音に沿ったふりがなが振られているものもあったが、ふりがながなく、聞き取りの結果、「心配」の発音が「シンペー」、「使い」の発音が「ツケー」、「帰って」の発音が「ケエッテ」、「当り前」の発音が「アタリメエ」、「一杯」の発音が「イッペー」などであると判明したものもあった。

《間違い》

ごく僅かであるが、CD付属冊子の文字起こしに間違いと思われる部分があった。音声聞き取りおよび前後の文脈から、発話50の「大損」は「おー、損」、発話66の「まだ行ったって」は「ただ行ったって」、発話96の「一つは払うんだ」は「一つは払うもんだ」、発話106の「机を早くしろ」は「つけえ（「使い」の音声的訛り）を早くしろ」、発話264の「日本一の死者だ」は「日本一の火屋だ」がそれぞれ正しいものと思われた。

これらについて、聞き取れた限りで追加・修正を行った。上方落語の文字起こしと同様、話者交代ごとに発話番号を振った。発話293の願人坊主のセリフの後、屑屋なのか熊五郎なのか判別し難いセリフが幾つかあったが、迷う場合は屑屋であるとした。上方落語の「らくだ」と同様、CD音声を文字に起こしたものを、本書の末尾に載せた。

3. 「らくだ」におけるののしり表現の出現

3.1 ののしりの助動詞の出現した数

六代目笑福亭松鶴の「らくだ」（以下、上方「らくだ」と呼ぶ）は発話数174、六代目三遊亭圓生の「らくだ」（以下、江戸「らくだ」と呼ぶ）は発話数316であった。上方「らくだ」は49分39秒、江戸「らくだ」は56分49秒であるから、1発話あたり平均で上方17.1秒、江戸10.8秒である。江戸の方が、頻繁に話者交代をしている。

ののしりの助動詞と思われるものを数え、人物ごとにののしりの助動詞の出現した「発話の数」を示したものが表2と表3である。表2は上方、表3は江戸についての表であり、いずれも全ての登場人物を示した。なお、人物Aのセリフの中に人物Bのセリフが引用されてその中にののしりの助動詞が出現した場合は数に入れていない。

表2 【上方】落語「らくだ」：ののしりの助動詞の出現した「発話」の数

人物	ケツカル	ヤガル	サラス	クサル	テウセル	ヨル	計	総発話数
語り手	0	0	0	0	0	3 (5)	3 (5)	7
屑屋	4 (9)	2 (2)	0	0	0	3 (5)	9 (16)	78
熊五郎	1 (6)	4 (4)	3 (3)	0	1 (1)	3 (5)	12 (19)	49
家主	0	0	0	1 (1)	0	2 (2)	3 (3)	11
月番	0	0	0	0	0	1 (1)	1 (1)	4
漬物屋	0	0	0	0	0	1 (1)	1 (1)	10
隠亡	1 (1)	1 (1)	1 (1)	0	0	0	3 (3)	6
願人坊主	0	0	0	0	0	0	0	5
砂糖屋	0	0	0	0	0	0	0	3
丁稚	0	0	0	0	0	0	0	1
計	6 (16)	7 (7)	4 (4)	1 (1)	1 (1)	13 (19)	32 (48)	174

カッコ内はののしりの助動詞の出現数。

ののしりの助動詞の用例を示す。後ろの括弧内には共通語訳を示す。共通語訳にはののしりの意味を含めていない。

まず、上方落語におけるののしりの助動詞の例である。ケツカルの用例に次のものがある。

・発話02（熊五郎）：敷居、枕に、足、庭へほりだしてどぶさってけつかる。（敷居を枕に、足を庭に放り出して、寝ている。）

ヤガルとサラスの用例には次のものがある。

・発話02（熊五郎）：フグ食らいさらして、フグに当たってゴネ

やがってんな。（フグを食べて、フグに当たって死んだんだな。）

クサルの用例は次の1つだけである。

・発話66（家主）：何を言いくさんねん。（何をいうのだ。）

テウセルの用例も次の1つだけである。

・発話68（熊五郎）：どや、酒と煮しめとすぐ、持ってうせるか。（どうだ、酒と煮しめとをすぐ、持ってくるか。）

ヨルの用例には次のものがある。

・発話40（月番）：長屋の連中にすぐに知らすわ、皆喜びよるわ。

表3 【江戸】落語「らくだ」：ののしりの
助動詞の出現した「発話」の数

人物	ヤガル	総発話数
語り手	0	4
屑屋	13（33）	153
熊五郎	9（23）	95
家主	3（4）	18
月番	1（1）	6
八百屋	1（3）	18
安公（隠亡）	0	14
願人坊主	0	8
計	27（64）	316

カッコ内はののしりの助動詞の出現数。

　江戸落語におけるののしりの助動詞はヤガルのみであった。ヤガルの用例を1つだけ挙げておく。

・発話02（熊）：返事がせん、寝込みやがったのか。（返事がしない、寝込んだのか。）

結果をまとめると、次のことが言える。

(1) 上方「らくだ」・江戸「らくだ」ともに、ののしりの助動詞が出現した。

(2) 上方「らくだ」に出現したののしりの助動詞はケツカル、ヤガル、サラス、クサル、テウセル、ヨルの6種類であった。江戸「らくだ」に出現したののしりの助動詞はヤガルの1種類のみであった。

(3) 上方「らくだ」でのののしりの助動詞を最も多く使っていた人物は熊五郎であり、5種類を計19回使用、次に多いのが屑屋で、3種類を計16回使用していた。江戸「らくだ」でのののしりの助動詞を最も多く使ったのは屑屋で33回、次が熊五郎の23回、いずれもヤガルのみである。これは、それぞれの人物の総発話数の多さと必ずしも比例していない。上方「らくだ」で発話数が多いのは屑屋の発話数78、熊五郎の発話数49であった。この2人の発話で全体の発話数の約73％を占める。江戸「らくだ」では屑屋の発話数153、熊五郎の発話数95、この2人で全体の発話数の約78％を占める。

(4) 上方「らくだ」では、語り手が、ごく軽いののしりの意味を含む助動詞ヨルを使用していた。一方、江戸「らくだ」では、語り手はののしりの助動詞を使っていない。

(5) 上方「らくだ」において、家主だけがクサルを使用し、熊五郎だけがテウセルを使用していた。サラスは熊五郎と隠亡だけである。隠亡は発話が6回しかなく、1回の発話もさほど長くないが、3種類ののののしりの助動詞（ケツカル、サラス、ヤガル）を使っていた。ののしりの助動詞は登場人物の特徴を描き分ける方法の一つなのだと考えられる。

(6) 上方「らくだ」で使用する人物の一番多いののしりの助動

詞はヨルであり、語り手も含めた6人の人物が使用していた。
上方のヨルは、キャラクターにかかわらず誰もが使うののしりの助動詞であると考えられる。

3.2　ののしりの助動詞の出現した位置

ここでは、話の流れと、ののしりの助動詞の出現の関係を見る。発話数の多い屑屋と熊五郎の2人にしぼって、ののしりの助動詞が出現した発話を取り出して順に並べたのが表4と表5である。屑屋の部分に網かけをつけた。

表4と表5から、上方落語でも江戸落語でも、まず、話の初めに熊五郎が登場する発話2において、ののしりの助動詞が多く使われていることがわかる。熊五郎はこのあと登場する屑屋を脅しつけて、

表4　【上方】屑屋と熊五郎のののしりの助動詞の出現

発話番号	人物	ののしりの助動詞				
2	熊五郎	ケツカル6	サラス1	ヤガル1		
14	熊五郎					ヨル1
16	熊五郎					ヨル1
52	熊五郎			ヤガル1		
67	屑屋					ヨル1
68	熊五郎				テウセル1	
88	熊五郎		サラス1			
115	屑屋			ヤガル1		
116	熊五郎			ヤガル1		ヨル3
126	熊五郎		サラス1			
133	屑屋					ヨル3
135	屑屋	ケツカル4				
137	屑屋	ケツカル2				
141	屑屋	ケツカル2				
154	熊五郎			ヤガル1		
157	屑屋			ヤガル1		ヨル1
159	屑屋	ケツカル1				

語形の後ろの数字は出現した回数である。

第8章　20世紀後半の落語の東西比較　173

表5 【江戸】屑屋と熊五郎ののしりの助動詞の出現

発話番号	人物	ののしりの助動詞
2	熊五郎	ヤガル7
4	熊五郎	ヤガル1
6	熊五郎	ヤガル1
18	熊五郎	ヤガル2
20	熊五郎	ヤガル2
26	熊五郎	ヤガル1
74	熊五郎	ヤガル1
199	熊五郎	ヤガル7
221	熊五郎	ヤガル1
230	屑屋	ヤガル12
238	屑屋	ヤガル1
240	屑屋	ヤガル1
242	屑屋	ヤガル1
260	屑屋	ヤガル2
264	屑屋	ヤガル3
266	屑屋	ヤガル2
268	屑屋	ヤガル1
288	屑屋	ヤガル2
292	屑屋	ヤガル2
302	屑屋	ヤガル2
304	屑屋	ヤガル3
308	屑屋	ヤガル1

語形の後ろの数字は出現した回数である。

月当番、家主、漬物屋に無理やり行かせ、香典や食べ物や樽などを入手させる。その流れを自然に感じさせるため、最初に熊五郎の人物造形をはっきりさせておく必要がある。そこでののしりの助動詞が一役買っていると考えて良いだろう。

　屑屋によるののしりの助動詞は、酒を飲んで酔っ払った後半部に出現することがわかる。表1で記号Lのユニット、上方の「らくだ」では発話133、江戸の「らくだ」では発話230が、酔っ払った

屑屋の長いセリフである。上方の長ゼリフ133そのものにはヨル
が出てくるだけだが、その後の135、137、141と立て続けにケツ
カルが現れる。江戸の方は、長ゼリフの230の中にヤガルが12回
も織り込まれている。屑屋は酒を飲んで酔っ払い、人が変わったよ
うに多弁になり、態度が大きくなる。その「キャラ変」にののしり
の助動詞が関わっていると見てよいだろう。

　しかし、上方「らくだ」においては、いくらキャラ変しても、屑
屋は熊五郎ほどに多くの種類ののののしりの助動詞を使うわけではな
い。屑屋はサラスやテウセルは使わず、ヨル・ヤガル・ケツカルを
使っている。

　江戸「らくだ」においては、屑屋の長ゼリフを境目にして、熊五
郎にはヤガルの出現が全く見られなくなる。熊五郎は、屑屋の長ゼ
リフの後、すっかりおとなしくなってしまったのだろうか。ガラの
悪い怖い人物からおとなしい人物へと、屑屋とは逆のキャラ変が起
きたのだろうか。それを知るためには、ののしりの助動詞以外の項
目も調べてみる必要がある。

4.　ののしりの助動詞以外の類似の要素について

　ののしりの助動詞として、江戸の「らくだ」にはヤガルの1種類
しか出現しなかった。そこで、江戸のことばにおいてのののしりの助
動詞に似た働きを持ちそうな他の項目についても調べることにした。
江戸の「らくだ」を聴き込んだ結果、ののしりの助動詞に似たもの
として、「命令形」と「母音の融合形」があるように思われた。そ
の出現状況を表6・表7に示す。発話ごとではなく、表1で話のま
とまりにつけた「記号」ごとに出現数を示した。「-」はそのまとま
り部分に当該人物の発話がなかったことを表す。物語の転換点とな
るユニットLに網掛けをつけた。

　ここで数えた「命令形」は、「起きろ」「行ってこい」「言ってや
れ」「歌え」「歩け」などのいわゆる命令形と、「こっちを向くな」
「つけるなよ」などの禁止命令形である。ののしりの助動詞に類似
した印象になるのは、命令形と禁止命令形だと考えたからである。

第8章　20世紀後半の落語の東西比較　175

「行ってこいってんだい」「よく聞いていけ、てぇんだよ」などの、自分で自分の命令を引用して念を押すような形も含めている。「向こう向きな」「言ってやんな」などは、指示命令の表現ではあるが、命令形ではないと判定し、含めていない。

　ここで数えた「母音の融合形」は、アイがエーになったものと、アエがエーになったものとオイがエーになったものである。アイがエーになったものとしては「いねえのか（＜いないのか）」「あぶねえ（＜あぶない）」「こまけえ（＜こまかい）」「やりてえ（＜やりたい）」「時候ちげえ（時候ちがい）」「へえれ（＜入れ）」「ねえねえで（＜内々で）」などがあり、アエがエーになったものとしては「おめえ（＜おまえ）」「けえす（＜帰す）」「立てけえて（＜立て替えて）」などがある。オイがエーになったものとしては「ふてえ野郎（＜太い野郎）」がある。

　なお、ののしりの助動詞を数えた時と同様、他の人物のセリフを引用した中に出現したことが明らかである場合は、当該人物の使用とはみなさず、含めないことにした。

表6　江戸「らくだ」屑屋の発話：命令形と母音の融合形の出現数

	A	B	C	D	E	F	G	H	I	J	K	L	M	N	P	計
命令形	-	0	0	0	0	0	0	0	0	0	0	0	8	1	3	12
母音の融合形	-	2	2	0	2	3	1	0	1	0	0	19	21	14	43	108

表7　江戸「らくだ」熊五郎の発話：命令形と母音の融合形の出現数

	A	B	C	D	E	F	G	H	I	J	K	L	M	N	P	計
命令形	2	1	3	1	4	-	9	5	0	0	2	-	3	1	3	34
母音の融合形	21	21	8	3	16	-	13	5	0	24	28	-	18	6	1	164

　表6を見ると、屑屋の発話においては、ユニットLの長ゼリフの前には命令形が全くなく、母音の融合形も少ないが、ユニットLの長ゼリフの後には命令形が出現し、母音の融合形は極端に増えている。屑屋に焦点を当てると、命令形と母音の融合形は、ヤガルに似た出現の仕方である。

表7を見ると、熊五郎の発話においては、命令形も母音の融合形も、ユニットLの前後ともに出現している。ユニットL後に特に減ったという様子はない。つまり、熊五郎の場合は、命令形と母音の融合形は、ヤガルの出現状況とは異なるのである。

これはどういうことか。そこで、他の登場人物の「命令形」と「母音の融合形」の使用状況を確認してみる。当該語形そのものの出現数ではなく、当該語形の出現した発話数の一覧表が表8である。

表8　江戸「らくだ」において命令形と母音の融合形の出現した「発話の数」

	語り手	熊五郎	屑屋	月番	家主	八百屋	隠亡	乞食坊主	計
命令形	0	24	9	0	1	0	2	0	36
母音の融合形	0	60	38	4	5	7	9	1	124
各話者の総発話数	4	95	153	6	18	18	14	8	316

語り手は、命令形、母音の融合形、ともに、ゼロである。

家主と隠亡は、わずかながら命令形を使っているが、月番・八百屋・乞食坊主は命令形の使用がゼロである。

母音の融合形は、語り手以外の全ての登場人物が使っている。

以上のことから、「母音の融合形」は、江戸の下町の人物であれば、キャラクターにかかわらず、普通に使うものなのだと考えられる。語り手が使っていないのは、話の中の登場人物ではなく全体を見渡す立場にあり、その場面に居合わせた人物であるという感じを出さないためかと思われる。

一方、「命令形」は、その人物がやや偉そうな強気の性格を持つことを表しているようだ。月番と八百屋はさほど自己主張が強くないが、家主は「因業」と自称するほどであり、ややアクの強い人物である。隠亡も、また熊五郎も、そうである。「命令形」は人物のキャラクター作りに関与しているものと考えられる。

ヤガルは、その人物の元々の性格というよりも、その時点での態度を表しているものであり、したがって、熊五郎が途中からヤガルを使わなくなったのはそのせいであると解釈できよう。

5. まとめ

以上、上方と江戸の「らくだ」を比較し、ののしりの助動詞を中心に考察した。まとめると、次の通りである。

上方では、6種類のののしりの助動詞が出現した。語り手も含めた6人の人物が使うヨルは軽い意味あいのもので、キャラクターにかかわらず気軽に使うことができ、最もポピュラーなものと見られる。家主しか使わないクサル、熊五郎しか使わないテウセル、熊五郎と隠亡しか使わないサラスは、それぞれの人物造形に関わりがあるのだろう。クサルは年配のやや落ち着いた人物を表す可能性があり、テウセルとサラスはやや粗暴な人物を表す可能性がある。それに対して、ケツカルは人物のキャラクターも表しつつ、その場の状況にも依存して使われるもののようである。ケツカルは熊五郎が登場の時に多く使ったほか、屑屋がへべれけに酔った状況でのみ、ケツカルを盛んに使っていた。

江戸のことばには、ののしりの助動詞はヤガルしか見受けられなかった。発話回数の最も多い人物である屑屋がののしりの助動詞もたくさん使っていた。屑屋の長いセリフのあとは、熊五郎はヤガルを全く使わなくなり、屑屋は盛んに使うようになる。江戸のヤガルは、人物の性質を表すというよりも人物の置かれた状況を表すものかと思われる。ののしりの助動詞と類似の性質を持ちそうな項目を調べたところ、「命令形」が強気で偉そうな人物の性質を表すものであり、「母音の融合形」は江戸の下町の人物であれば誰でも使うもののようである。ののしりの助動詞ヤガル、命令形、母音の融合形は一見、同じような粗野な印象を持つ言語項目であるが、使う人物や使われる話の流れから見ると、そのような違いがあるように思われた。

以上のように、上方では複数のののしりの助動詞があり、人物の特徴を表すもの、人物の置かれた状況を反映するもの、誰でも使うもの、と分けられそうである。それに対し、江戸ではののしりの助動詞がヤガルしかなく、人物の置かれた状況を反映するもののようである。似た言語項目で、人物の特徴を表すものとして命令形、誰

でも使うものとして母音の融合形、があるように思われた。

　なお、上方の語り手は軽いののしりの助動詞ヨルを使うが、江戸の語り手はののしりの助動詞も命令形も母音の融合形も使わない。江戸の語り手はあくまでも俯瞰した立場をとるのに対し、上方の語り手は話の中に参与する姿勢があるのではないかとも考えられる。

　本章では上方と江戸の「らくだ」の口演を一つずつ選んで比較した。いずれも「ののしり」のニュアンスがあふれていたがそれを構成するものが異なっていた。今後、「らくだ」のほかの演者の口演や、「らくだ」以外の落語口演を確認する必要もあるだろう。

＊1　「らくだ」口演CDは複数あるが、上方落語においては六代目笑福亭松鶴の口演が特に評判が高いようであるため、①を選んだ。江戸落語では五代目古今亭志ん生、八代目三笑亭可楽、六代目三遊亭圓生が得意としたとのことであるが、入手できた「らくだ」のCDのうち、五代目古今亭志ん生と八代目三笑亭可楽のものは口演年月日が不明であり、かつ、五代目古今亭志ん生のものは内容が一部カットされて18分21秒と短いため、②の六代目三遊亭圓生の口演CDが①と比較するのに適当であると考えた。可楽はややかつぜつがよくないように思われた。志ん生は人のいい江戸っ子らしい雰囲気があり、圓生は端整な語り口で、それぞれの個性があった。

＊2　①の「らくだ」については、マネジメント会社「松竹芸能」の担当者と連絡をとり、それを用いた研究を公にしても問題がないことを確認した。②の「らくだ」については、マネジメント会社「オフィスまめかな」を通じて著作権継承者から研究目的使用の許可をいただいた。あわせて、お礼申しあげる。

＊3　カンカンノウとはカンカン踊りとも呼ばれ、江戸時代、動物のラクダが日本に持ち込まれたのと同じ文政の頃に、ラクダと同じく長崎経由で入ってきた中国風の踊りで、大阪で老人から子供にまで大流行し、のちに江戸にも広まった。太鼓やトライアングルのような鐘を鳴らしながら「かんかんのう　きゅうのです　きゅうはきゅうです」などと歌う。元歌の清楽「九連環」の歌詞がそのまま口伝えされて流行ったらしい。（高島 2022）

＊4　今回はCD音声からの文字起こしであったが、DVD等の動画に基づいて文字起こしをすれば、首を振る動作の有無によって話者交代したかどうかが明らかになった可能性もある。

【資料】
「らくだ」（1961年10月31日　東横ホール　五代目追善三遊亭圓生独演会よ

り）『名人　六代目三遊亭圓生　その八　らくだ』（EMI ミュージックジャパン）

「らくだ」（1973 年 9 月録音　録音場所：MBS 第一スタジオ）『六代目笑福亭松鶴セレクト二』disc1（ビクターエンタテインメント）

【謝辞】

　「らくだ」を分析対象として選んだのは神田外語大学大学院言語科学研究科教授の木川行央氏からの示唆によるところが大きい。記して感謝申し上げます。

第9章

近代・現代まとめ
我々はどこまで来たか（その2）

　第5章、第6章、第7章、第8章においては、近代・現代の資料に基づき、ののしりの助動詞類の使用状況を見てきた。その分析結果およびデータから言えそうなことをまとめる。近現代と近世とをあわせたまとめも行う。

1. ののしりの助動詞の存在について

　まずは、語形の存在について確認しよう。第5章の資料（真田・金沢（1991）：明治・大正の上方落語）、第6章の資料（第5章と同じものに加えて矢島（2007）：明治・大正・昭和の上方落語）、第7章の資料（織田作之助の長編小説「わが町」）、第8章の資料（笑福亭松鶴の落語「らくだ」）でそれぞれ出現した罵りの助動詞をまとめると表1の通りである。それぞれの資料のなかで一度でも使用があった場合に丸印をつけ、一度もなかった場合はバツ印をつけた。

表1　ののしりの助動詞が使われたか否か

	ヨル	ヤガル	クサル	ケツカル	サラス	コマス
明治・大正の上方落語	○	○	○	○	×	×
明治・大正・昭和の上方落語	○	○	○	○	○	○
織田作之助「わが町」（1940年代公刊）	○	○	○	○	○	○
笑福亭松鶴の「らくだ」（1970年代口演）	○	○	○	○	○	×

　表1に示した通り、ヨル・ヤガル・クサル・ケツカルはどの資料

にも出現した。

　サラス・コマスは、第5章で用いた落語資料には出現しなかったが、第6章で追加した落語資料にはごくわずかながら出現した。第7章の織田作之助の「わが町」にも出現が見られた。20世紀前半の落語と小説において存在が確認できたことから、20世紀前半の大阪にこれらののしりの助動詞が存在したとみてよいだろう。20世紀後半の落語においても、コマス以外の語形は確認できた。

　20世紀の上方（主に大阪）では、ののしりの助動詞が複数存在し、使われていたとみられる。

2.　ののしりの助動詞の使い分け

　大阪にののしりの助動詞が複数存在し、使われていたとなると、それらがどのように使い分けられているのか、ということが問題になる。

　落語資料の分析によれば、ヨルは、落語の「語り手」がよく使う。逆に、語り手がヤガル・クサル・ケツカルなどを使う例はなかった。ヨルは罵りの度合いが低く、登場人物の行動を描写しながら語る叙述の部分に使いやすいのだろうと思われる。語り手が、身分の高くない人間や軽い扱いをしても良さそうな人間、擬人化された動物などに対して、軽侮のニュアンスをにじませつつも親しみを込めて語る時に、ヨルが用いられる。

　ヤガルとクサルの使い分けについては、先行研究の記述を下記に引用する。

　・楳垣実（1962）：ヤガル、クサル、サラス、の順で憎悪の感情
　　が高まり、テケツカルに至って最高潮に達する。
　・山本俊治（1962）：ヨル・ヤガルは相当広く用いられるが、ク
　　サル・サラスは、中年以上の主として男子に用いられるきわめ
　　て下品なことば。
　・桂米朝（1991）：落語の人物表現は微妙な敬語の使い分けで成
　　立していると言ってもよい…（略）…上品な言葉ばかりでなく、

きたない言葉も同様…（略）…相手を罵倒するときでも大旦那
の言い方がある。いくら激昂しても、いやしくも船場の大旦那
が、使うはずのない言葉があるのです。例えば「……しやが
る」という語はまず使わない。その場合は「……しくさる」と
いう。「何を言いやがる」ではなくて「何を言いくさる」とな
る。

　以上の引用を見ると、楳垣（1962）と山本（1962）は矛盾しな
いが、桂（1991）は異なっている。楳垣（1962）と山本（1962）
はクサルがヤガルよりも強く下品なののしりの言葉であるとする。
ところが、桂（1991）は、ヤガルは船場の大旦那の使う言葉では
ないが、クサルは大旦那の使って良い言葉であるとする。つまり桂
米朝は、クサルがヤガルよりも品のある言葉であると述べているわ
けで、これはおそらく、罵りの強さという面から見ても、クサルが
ヤガルほど強くないと位置付けていると解釈できる*1。
　第5章で用いた資料（真田・金沢 1991）においては、「父」「旦
那」「伯父」がクサルを使っている一方で、ヤガルやケツカルを使
っていなかった。逆に、「息子」「丁稚」「甥」がヤガルを使ってい
るが、クサルを使っていなかった。すなわち、クサルは年嵩の重み
のある人物が使い、ヤガルは年若く軽い人物が使う、という結果で
あった。この結果は、桂米朝の記述（大旦那はヤガルを使わず、ク
サルを使う）と符合するものである。
　このように、第5章では、ヤガルとクサルを使う人物が相補的で
あると言えそうであった。しかし、第6章で用いた資料（真田・金
沢（1991）に矢島（2007）を追加したもの）を見た結果によると、
相補的とまでは言えなかった。詳しく観察すると、クサルについて
は、矢島（2007）の資料においても、年長者が年の若いものにつ
いて言及するときに出現した。しかし、ヤガルについては、年長者
も年若の者も使う語形となっていた。番頭や隠居、兄貴などもヤガ
ルを使っていたのである。これは、明治から昭和初期にかけて、ク
サルの使い手はある程度限定的なまま保たれたが、ヤガルの使い手
の幅が広がり、年若の軽い人物の使う語形という位置付けから、誰

でも使う語形へと変化したのかと思われる。

　ヤガルが東京で使われていることが、大阪におけるヤガルの広がりと関係しているかもしれない。

　以上のように、ヨル、およびクサルとヤガルについては、ある程度はっきりした違いがあり、使い分けが見出せたといってよいだろう。

3．20世紀前半の小説資料について

　落語資料を用いた結果においては、語形の出現数はヨルが最も多く、ヤガルがそれに次ぐ。それに比べてケツカル・クサル・サラスは多くない。演者別にみると、生まれた年代が現代に近づくにつれて多くの種類の罵り助動詞類を使う傾向が見られた。

　第7章で資料とした織田作之助の長編『わが町』におけるののしりの助動詞の出現数は、ヨルが最も多く、ヤガルがそれに次ぎ、クサル・サラス・ケツカル・コマスは少なかった。これは第5章・第6章で見た落語資料とほぼ同じ傾向である。落語資料と小説資料が、いずれも当時の方言の使用状況を写し出すものとして、一定の信頼性を有することがわかったといってもよいだろう。

　『わが町』のセリフ数の合計は813であり、その内訳を多い順に示すと、主人公の他吉216、他吉の孫娘の君枝174（大人時代134、子供時代40）、君枝の幼馴染でのちに結婚相手となる次郎81（大人時代74、子供時代7）、他吉の隣人である〆団治78、近所の娘である蝶子29、蝶子の父親の種吉22、近所の中年女性であるおたか17、君枝の同僚である元子15、君枝の上司である主任12、他吉のところへ押しかけてくるオトラ12、が主なものであった。

　罵りの助動詞類を使っていた人物は、表2のとおりである。

　ヨルは多様な話し手（他吉、桶屋主人、次郎、笹原、〆団治）が使う傾向があったが、それ以外の語形は、ほとんどが他吉に集中していた。また、使用人物はすべて男性であり、女性の登場人物（君枝、蝶子、おたか、元子、オトラ）がこれらの語形を使った例がなかった。

表2 『わが町』における罵りの助動詞類の人物ごとの分布

罵りの助動詞	他吉	〆団治	笹原	桶屋	次郎	車夫	合計
ヨル	13	1	1	1	1	0	17
ヤガル	7	0	0	0	0	1	8
クサル	5	0	0	0	0	0	5
サラス	4	0	0	0	0	0	4
テケツカル	2	0	0	0	0	0	2
テコマス	1	1	0	0	0	0	2

　使用人物による違いは明らかにできなかったが、主人公の他吉は
ここで調べた罵りの助動詞類を全て使っていて、使い分けの様子を
観察することはできた。結果として、クサルがさほど強くないニュ
アンスを持ち、ヤガルがより粗暴なニュアンス、サラスが強い腹立
ちの感情を表すということがわかった。この点、落語資料と矛盾は
なかった。

　罵りの助動詞の一つ一つについて、落語資料との使われ方の違い
を観察したところ、大きな食い違いはなかった。落語資料によって、
時代の流れによってヤガルの使い手の特徴が変化したことが示唆さ
れたが、『わが町』におけるヤガルの使われ方は、変化後に符合す
るものと思われた。

　語形のイキイキした使われ方が示されているという点では『わが
町』は優れている。ただ、人物による違いを見出すことができない
という点ではやや残念であった。織田作之助の長編小説『わが町』
は、当時の大阪方言をある程度忠実に映し出していると推測できる
が、小説としての効果を上げるために、主人公を重点的に濃密に描
き、その他の人物のセリフについては淡彩的に省略した部分があっ
たのではないかとも思われる。今後、資料として別の小説を見てい
く必要がある。

4．近世と近現代のまとめ（1）
ののしりの助動詞の出現

第5章・第6章・第7章・第8章から、近世と近現代の上方方言の資料における、罵りの助動詞類の出現数をまとめると、表3のようになる。

近世・近代を通して、上方においては、複数の罵りの助動詞類の使用が続いているといえよう。ヨル・オルが多い点は近世・近現代に共通である。近世から近代への変化としては、クサルの割合が減少し、ヤガルの割合が増加した。このことは、ヤガルの使用者の幅が広がったことと関連があると思われる。ヤガルが江戸と共通のことばであるということも、ヤガルの広がりの原因の一つだろうか。

落語資料には、近代のものも現代のものも、共にケツカルが多くみられた。落語にケツカルが多く見られるのは、庶民的な人物が時に攻撃的な発話をするという落語の特徴と関係があるかもしれない。

クサル・サラスは減少傾向であるが、20世紀の間は生きていたとみてよいだろう。

表3　近世資料・近現代資料の罵りの助動詞類

罵りの助動詞類	近世			近代			現代
	洒落本・上方	穴さがし心の内そと	諺膦の宿替	真田・金沢資料（明治・大正の落語）	矢島資料（明治・大正・昭和初期の落語）	織田作之助『わが町』	上方落語「らくだ」笑福亭松鶴
ヨル・オル		6	45	52	89	17	19
ヤガル・アガル	9	2	11	30	35	8	7
クサル	16	9	15	4	4	5	1
ケツカル	5	4	9	7	18	2	16
サラス	2	0	1	0	1	4	4
コマス	13	0	1	0	2	2	-

5. 近世と近現代のまとめ（2）
東西の違いについて

　第1章・第2章では、近世の洒落本における、江戸と上方の違い
が観察された。近世の江戸語資料に見られたののしりの助動詞はほ
とんどがヤガルであった。近世の上方語資料ではヤガルに加えて、
クサル・ケツカル・サラス・コマスが見られた（第1章の表1・表
2・表3を参照）。

　第8章でも同様の結果が観察された。すなわち、上方落語の「ら
くだ」にはヨル・ヤガル・ケツカル・サラス・クサル・テウセルと
いったののしりの助動詞が使われていたのに対し、江戸落語の「ら
くだ」に見られたののしりの助動詞はヤガルだけであった。しかし、
このことは、江戸落語にはののしりが少なくて穏やかだとか、江戸
落語が単調だとかを意味するわけではない。江戸落語には助動詞は
1種類しか見られなかったが、その代わり、「母音の融合」や「命
令形の多用」という特徴が、話の流れに合わせて出現した。「母音
の融合」も「命令形の多用」もその人物の特徴や態度を表すもので
ある。それらが助動詞の種類の少なさを補っているようであった。

＊1　江戸時代の方言書『浪花聞書』に「しくさる」の項目があり、「中より下
の悪言也何しくさるなといふ江戸の何しやァがるに近くしてもそつと軽き言葉
なり」と述べられている。クサルとヤガルについての桂米朝の認識は、このよ
うな江戸時代からの流れをくむものと考えられる。

第9章　近代・現代まとめ　**187**

終章

「ののしり」と「ことばの調整」

　本書では、洒落本、滑稽本、落語、小説、を資料として用いて、関西方言の「ののしり」に関する論を積み重ねてきた。

　要するに、何がわかったのか。扱った内容は、大きく括れば次の2つである。

　　A．関西方言における複数の「ののしり」の助動詞

　　B．上方と江戸の「ののしり」表現の比較

　この2つについてそれぞれ振り返り、村中（2020b）で主張した「ことばの調整」との関わりを述べることにしよう。

1．関西方言における複数の「ののしり」の助動詞

　関西方言には、「ののしり」の意味あいを持つ助動詞が複数存在する。複数あるということは、それらの「位置付け」には、わずかなりとも違いがあるはずである。

　実際、ここまでの各論において、関西方言における複数の「ののしり」の助動詞の違いが見えてきたと言ってよいだろう。違いの具体的な内容は第3章、第5章、第6章、第7章、などで詳しく述べてきた通りであり、第9章で簡単にまとめた通りであるが、大まかに言えば、1つは「頻度」の違いであり、もう1つは「使い手」の違いである。やや単純化した見方であるが、これはいずれも、その語形が有する「強さ」によるものだと考えられる。すなわち、第6章で試みたモデル化で述べたように、「強さ」のある語形は、出現頻度が低くなる。「強さ」のある語形は、使い手が限定される。使い手の限定のされ方により、ニュアンスの違いが生まれる。

　ただしここで注意したいのは、出現頻度が低いからといって、必ずしも滅びる方向に向かうわけではないだろうということである。

189

出現頻度の低さがその語形のもつ特別なニュアンスに繋がり、その
ニュアンスを生かした使い方に繋がる。例えば、強い「ののしり」
の助動詞はいわゆる「ガラの悪いことば」とみなされるであろうが、
「ガラの悪くない」人も使う可能性があり、その場合は、いかにも
「ガラの悪い」人が使うのとは違った表現効果が生まれる。つまり、
いわゆる「ガラの悪い」ことばは、人々の間で頻繁には使われない
わけであるが、そのことばがなくなってしまうと、言語表現のバリ
エーションの幅が減ってしまう。嫌われる面もあるが、消滅してし
まってはことばの世界が味気なくつまらなくなるものでもあるのだ。

　注意したいのは、ののしりの助動詞の「使い分け」は、ちょっと
したニュアンスの違いに、異なる形式が割り当てられているのだが、
きれいにすみ分けられるしくみにはなっていない、ということであ
る。互いに（Mutually）重複せず（Exclusive）全体に
（Collectively）漏れがない（Exhaustive）、いわゆる MECE（ミー
シー）ではない。つまりビジネスで重要視されるようなロジカルな
しくみではない。重複があり、漏れもありそうな、一見、無駄な部
分のある、きれいに割り切れない類義語のリストなのである。同じ
ような意味を表す複数のバリエーションを場面によって使いわけ、
話し手が「使いこなした感」を味わうことに意義がある。「いろい
ろあって選べる」ことに意義がある。とっかえひっかえをたのしむ
のである。だから頻度の低いものも存在し続けるのではないか。そ
れが関西の「ののしり」の助動詞の特徴と言えるのではないだろう
か。

2.　上方と江戸の「ののしり」表現の比較

　第1章、第2章、第8章では、ののしりの助動詞という観点から、
上方と江戸の表現の比較を行った。第1章はほぼ同じ内容の洒落本
の江戸板から上方板への書き換え、第2章は逆に上方板から江戸板
への書き換え、を観察した。第8章では、現代の落語の、同じ演目
の上方版と江戸版を比較した。それらの詳細な観察は各章で、簡単
なまとめは第9章で行なった。

助動詞の使い分けという観点から分析すると、ことばの局所的な比較になりがちである。しかし、上方と江戸の比較といった場合、局所的な比較（すなわち助動詞の取り替え）以外の部分を見て比較する必要があるだろう。つまり、マクロな観点から見る必要がある。

　実際、第1章・第2章、第8章ともに言えることであるが、ただ単に、同様の意味を持つ形式を一対一で当てはめて翻訳した、という面もないではないが、それ以上に、異なった言語項目での変更があったり、談話全体の組み立ての変更があったりした点が、重要である。

　言語項目という点から見ると、江戸のことばは、「ののしり」の助動詞形式が少ない。ヤガルしかないといってよい状況である。その代わりに、命令形の多用、母音融合の多用、ことばの発音の仕方（勢いの良さ）、「このやろう」という語彙の間投詞的な使用、などが見られた。つまり、「ののしり」のニュアンスを構成する言語項目が、上方と江戸とで異なっていた。上方は「言語形式」による部分が大きく、江戸は言語形式とともにプロソディー的要素による部分も大きいように思われた。

　また、談話の特徴を見ると、落語においては、上方と江戸とでは、語り手の姿勢が異なっているように思われた。具体的には、江戸の語り手は俯瞰した立場をとるのに対し、上方の語り手は話の中に参与する姿勢があり、語り手が助動詞ヨルを用いて登場人物を軽く「ののしり」ながらその行動を描写する表現が見られた。洒落本の書き換えにおいては、第1章、第2章、さらに第4章で詳しく述べた通り、上方の談話は一見、長たらしく無駄が多いもののようにも見えるが、念入りな気遣いが込められた結果として濃く長くなった談話であり、江戸の談話はあっさりしたものであるように思われた。「ののしり」表現は単に人を低く位置付けて貶すためだけに使われているのではなく、その場面で誰が誰に何をどのように扱ってみせるかをよく観察すると、人への気遣いを示すために使われている場合があることがみてとれた。

3.「ことばの調整」と「ののしり」のかかわり

村中（2020b）で述べた「ことばの調整」とは、たとえば待遇表現が、ただ単に上下関係・親疎関係・改まりの度合いを表すだけではなく、その場で自分をどのような人間として表現して見せるかという要素を含んだ、よりこまやかな運用（＝「ことばの調整」）に関わっている、というものである。「ことばの調整」においては、話し手の言語コントロール能力への注目も重要な点である。「ののしり」についても、人とのコミュニケーションの中で、話し手がどのように言語コントロール能力を発揮し、「ののしり」がその場にどのように適切に埋め込まれているかを見る必要がある。

前節でも述べたが、「ののしり」の助動詞は、ただ誰かを罵るために使われるのではなく、第三者を罵って見せることにより、愚痴の程度を強めて、話し相手への気遣いを示すような場合があった（詳しくは第4章を参照）。相手の愚痴よりも自分の愚痴を強めて見せるために「ののしり」を活用するという、やり取りの流れの中での運用であった。

また、「ののしり」以外の部分でも、上方の談話において、相手への「愛想」のために言葉が使われて、江戸板よりも長くなっているところが見受けられた。説明がより明示的であったり、その中に罵りの助動詞が埋め込まれていたり、忌々しさの感情表明が重ねられて相手に訴えかけるための言葉が尽くされていた。

以上のように、上方の談話において、話し手の言語コントロール能力が発揮されて、「ののしり」に関わる「ことばの調整」が行われている様子がうかがえた。

序章の1.3の先行研究のところで、湯沢（1936）・湯沢（1954）・山崎（1963）・山崎（1990）をまとめた表3で、上方の方が罵りの助動詞類の種類が多かった。また第2章の表2で見た上方板洒落本と江戸板洒落本の比較からも、上方の方が罵りの助動詞類の種類が多いことが明らかであった。さらに、第1章と第2章から、上方板→江戸板の洒落本の改作においては、罵りの助動詞類が減少しており、江戸板→上方板の洒落本の改作においては、罵りの

助動詞類の数が増加するだけでなく、種類も増加していたことがわかった。

　そのように、類似した言葉が複数用意されていることが、こまかい使い分けを前提としている。よく似ているけれどもちょっとした違いのある事柄や感情を、違う言葉で表現しようとするわけである。上方（関西）では、異なる言語形式を使い分けることによって、より細やかな「ことばの調整」が行われているのではないかと考える。もちろん、関西においても、言語形式だけでなく、プロソディー的要素による「ことばの調整」は行われうるであろう。しかし、おおまかに見て、関東よりも関西の方が、言語形式による「ことばの調整」がよく行われるという仮説がたてられそうだ。言い換えれば、関西では気持ちを伝えるためにわざわざ言語化する、言葉を尽くして相手に訴えかける、という傾向があるといってよいのではないか。それが関西における「ことばの調整」なのではないか。

　序章でも述べたように、「ののしり」の助動詞の働きを要素に分解すると、次のようになる。

1. 誰かに向けた非難や悪口などの何らかの「悪意」を表す。
《マイナス感情の表出》
2. 人や事態についての「マイナスの評価づけ」を行う。
《マイナス評価の表示》
3. ぞんざいで荒っぽいニュアンスを伴う話し言葉である。
《文体的特徴の表示》
4. 話し手は、乱暴・粗野なニュアンスの言葉を、状況を見て使いこなすことにより、言葉を駆使して自己を表現できたという満足感を得る。　　　　　　　　　　　　　　　《表現行為》

　このうち、4が「ことばの調整」と関わりがある。ことばで何かを記述するだけではなく、表現という行為を行うことが、「ことばの調整」なのである。

　「ことばの調整」による「ののしり」は、音声レベル、語彙レベル、談話レベルのいずれにも関係し、総合的に談話全体を整え、表

現しようとするものである。「ののしり」の対人的影響は目の前の相手に及ぶとは限らないが、対象に影響が及ぶことを志向しながら発するものである。それはいわば「呪詛」にも似た行為である。

　たとえば、先日（2024年6月12日）亡くなった落語家の桂ざこばは、喜怒哀楽が激しく、「怒り」や「泣き」をよく表に出す人物として知られていた。しかし、見方によっては、「怒り」に見えたものは「怒り」ではなく、「呪詛」だったのではないか。怒りに見えるような表情で「ののしり」の言葉を出すことにより、対象を「呪詛」し、内側に溜まったものを吐き出し、やがて気持ちがおさまる。それゆえ、桂ざこばがいくら対象に向かって「怒り」に見えるものを発しても、受け取る側は、ねちっこさやしつこさは感じられなかったのではないか。

　なお、「ことばの調整」という用語についてであるが、日本語教育関係の研究論文に、「調整行動」というタームが使われているものがある。「アコモデーション」に近い意味で使われているようである。本書で主張している「ことばの調整」は、それよりも広い意味で使っているものである。本書の「ことばの調整」は、必ずしも相手に合わせるためのことばづかいではなく、話し手が自分の表現として、その場その場でどのような表現を選び、どのように談話を組み立てていくかという表現行為に関わるものである。話し手が生きてきた中でさまざまな表現に触れ、好みのものを探り当て、あるいは直感的にその場にふさわしいものとして想起し選び取って、表現していくものである。

　「ことばの調整」に関しては、今後、それを受けた相手の反応を含めて、観察を進めていく必要があると考えている。

補章

謎解きとして
のののしりを捉え直す

　ここでは「ののしり」を捉え直すために「男女差」「内言」を切り口として検討し、最後に「ののしり」の価値について、詩人や評論家などことばにかかわるさまざまな人の考えを引用しながら考察する。

1. 男女差の意味するもの

　今回用いた近代の資料は、落語資料も小説資料も「ののしり」の発話者は男性がほとんどであった。これは、近代上方の社会の実態を反映したというよりは、資料の性質からそうなった。落語の世界が従来的には、男性の世界であることと、今回用いた織田作之助の『わが町』がたまたまそうであったと考えられる。

　近世資料では、男女ともに発話者がそろっている。表1および表2で近世資料における語形と発話者との関係を見てみると、男女ともに、「ののしり」の助動詞を使うという点では共通しているといえよう。

　男性は、人物にもよるが、男性全体で見ると罵りの助動詞を一通り使うようである。

　女性人物の使用状況をみると、クサルは複数の女性人物に使われている。ケツカルも、使う女性人物がいる。ところが、ヤガル・アガルは使われていない。ヤガル・アガルを女性人物が使わないという点で、上方洒落本と『穴さがし心の内そと』は共通している。ヤガル・アガルは罵りの度合いが強いためか、女性人物には使われていないようなのだが、そのほかの語形は、かなり強いと思われるケツカルも女性が使っており、「ののしり」そのものは、女性人物も普通に行うことが見てとれる。

195

表1　上方洒落本における罵りの助動詞類の使用者

	ヤガル・アガル	クサル	ケツカル	サラス	コマス
男	客 医者・学者等 客40歳近く 客（上層・息子） 武士20歳ばかり 店の者22歳くらい	客（上層・息子）	客	客	客 太鼓持
女		遊女 芸子	遊女（惣嫁）		遊女 芸子

表2　『穴さがし心の内そと』における罵りの助動詞類の使用者
　　　（村中2020より再掲）

	ヨル・オル	ヤガル・アガル	クサル	ケツカル
男・中年	侍 稽古屋 父親	風雅人 幇間	和尚 番頭 風雅人 父親	番頭 風雅人
男・若年				丁稚
女・中年	姑		女房 中居	女房
女・若年	女郎		嫁	

　「ののしり」を行うことへの希求とその帰結として「ののしり」語形を使うことは、男女関わりなく、あるもののようである。

2.　内言における「ののしり」

　女性人物が内心で「ののしり」をする例として、田辺聖子の小説『風をください』の一節をあげて、検討する。

　主人公の斉坂すみれは営業一課で働く34歳の有能なベテランOLである。ある時、会社で悪口を言われているのを立ち聞きしてしまう。男性社員たちはすみれを話題にして、「あれ、まさか、わが社にホネを埋めるつもりやないやろな」「やり手すぎてこまる」などと言う。すみれはそれを聞き、モヤモヤする。下記の引用は、その少し後の部分である。

ことに昨日はおかしかった、いつか私のワルクチをいってた古手の男の課員、ポカをやって、「どうしよう」って泡喰って私に相談にくるので、

　「わからないわ、ホネを会社に埋める人じゃないもの、あたし」

　といったが、どうせガタガタが私にもくるのはわかってるので、取引先に電話するやら、課長に特例をみとめさせるやら、午前中、そのオッサンの尻ぬぐいでつぶれてしまった。やっと何とか格好をつけてやることができたので、「すんまへん」とその男は私にお礼とねぎらいを言いにきた。

　「何をおっしゃいますやら、男の商売に口出したり、指図したり、なーんて、あたし、したくないんですもの、ホネは会社に埋めないつもりですから」

　と私がいったら、ぎっくりコタエたらしくて、

　「いや、なにを。いや、その、まあ、ハハハハ」

　とバツ悪そうに笑って、それを見てる私、

　(絶対、この会社、やめたらへんド！)

　と思った。こんなおっさんに負けてられるかいな。

(田辺聖子『風をください』集英社文庫 278–279頁)

　下線を引いた部分が、すみれの内心の「ののしり」である。すみれは、ベテランOLであり、礼儀正しく場面に応じた言葉遣いのできる人物である。電話を受ける時はいつも「営業一課の斉坂でございます」とゴザイマスを使って名のる。上記の部分でも、「何をおっしゃいますやら、男の商売に口出したり、指図したり、なーんて、あたし、したくないんですもの、ホネは会社に埋めないつもりですから」のセリフのように、デス・マス体を用いて、失礼のない言葉遣いをしている。さらに、すみれの特徴は、失礼のないことばづかいのセリフに「ホネは会社に埋めないつもり」という嫌味を織り込んで、言いたいことをある程度言う技も持ち合わせていることである。これは、「あれ、まさか、わが社にホネを埋めるつもりやないやろな」と悪口を言われたことへのお返しなのである。悪口を言われたことを知っていますよ、と相手に知らせ、黙って済ませる気は

ありませんよ、嫌味を言いますよ、という意思を示す。

　しかし、これだけでは、じゅうぶんに気が済んだとは言えなかったのだろう。そのセリフの後、（絶対、この会社、やめたらへんド！）と内心で叫んだのである。

　「やめたらへんド！」はかなり強い語気を感じさせるセリフである。共通語に翻訳すれば、「やめてやらないぞ！」となる。まず、文末の「ド」が非常に強いもので、通常一般市民の日常会話では、冗談としての使用くらいしかないものであると言ってよい。さらに、テヤルが効いている。「やめへんド」ではなく「やめたらへんド＜やめてやらへんド（やめてやらないぞ）」なのである。「……してやらない」というのは、「……しない」というよりも強く響く。「テヤル」は相手に何かを与える動作を示す。授受の関係を示すものである。否定形の「テヤラナイ」は相手に何かを与えない、授受をしない、という意思を示す。「……してあげないよー」と言っているのである。「やめへんド！」でも通じるところをあえて「やめたらへんド！」というのは、言語化する必要が特にない授受をわざわざ言語化することにより、相手への悪意を表現するものである。

　この「絶対、この会社、やめたらへんド！」は、その直前の、口に出して言ったセリフ「ホネは会社に埋めないつもりですから」と対になったものでもある。「ホネは会社に埋めないつもり」、すなわち、定年まで勤め続ける気はない、と言ってそのころ（1980年代）の多くの女性会社員がそうであったように適当な時期に退職することを匂わせたのであるが、あくまでもこれは相手に対する嫌味に過ぎないのであって、すみれとしては、早々に会社を辞める気などない。しかし、「ホネは会社に埋めないつもり」と口に出した以上、それと矛盾することを相手の前で口にはできない。そこで、内心で、「絶対、この会社、やめたらへんド！」と叫ばざるを得なくなるのである。

　使用への希求があるにもかかわらず、社会的には使用を制限される。そのせめぎ合いの中で、「ののしり」が内言として発せられる。「ののしり」の表現は話し手のボキャブラリーの中に確かに存在するのである。

以上、小説における女性人物の内心の「ののしり」について検討した。内言における「ののしり」については、次節でも触れる。

3.「ののしり」の価値とは

　「ののしり」には表現としての価値があるのではないかというのが、本書における当初からの主張であった。ここでは、さまざまな人々による「ののしり」の捉え方をあらためて確認し、本書の趣旨との関連を考えてみよう。

　松本隆は、2024年6月29日（土）朝日新聞別刷beのエッセイコーナー「書きかけの…」で、「「いいことば」と「悪いことば」」と題して次のように述べている。

　　（略）この春に始まったラジオ番組「風街ラヂオ」にもよくリクエストをいただく。この番組で生まれて初めてラジオパーソナリティーをつとめることになり、どうなることかと思ったが、（略）とても話しやすい。

　　番組の中でひとつ気をつけているのは、人の悪口を言わないこと。ことばには、プラスの影響を与える「いいことば」と、その逆の「悪いことば」がある。どうやら悪いことばには、いいことばの10倍くらいの質量がある。たとえひとつほめられても、ひとつけなされると、それは10倍ぐらい重くて、はね返すのがたいへん。だからなるべくマイナスのことは言わないように、そして考えないようにしている。

　　新しい詞を書くときも、いつもことばの支配力のおもしろさを感じる。（後略）

　松本の「悪いことばには、いいことばの10倍くらいの質量がある」という指摘が興味深い。「けなし」と「ほめ」とを比較すると、ただ方向が逆のベクトルであって大きさは同じ、というのではなく、けなしの方が10倍も重い、というのである。そのくらい、「悪いことば」のマイナスの影響は大きく、避けるべきだ、というのである。

松本隆は、日本の歌謡界の第一線で活躍し、数多くのヒット曲の歌詞を生み出してきた。ことばが人々にどのような影響力を持つかについて熟知した上での言であろう。悪口を避けるべきという考えを持つ人は多いであろうが、松本隆はことばのプロとして経験的に、かつ直観的に、その考えを確信しているものであろう。

　松本がここで「悪いことば」と呼んでいるのは「人の悪口」を指すようであるが、その中の程度の大きなものが「ののしり」だと考えられよう。ここで「ののしり」は忌避すべきものとして扱われている。このような考えは、一定の勢力を持つものであろう。

　一方、ことばのプロの中には、ののしりは必ずしも忌避すべきものではなく、一定の価値があるという考えを持つ人々もいる。いくつかの例を紹介する。

　1980年の『現代詩手帖』23（5）では「俗語・卑語・罵倒語」と銘打った特集が組まれ、谷川俊太郎、井上ひさし、鈴木志郎康の3人による座談会が掲載されている。この中で、谷川俊太郎は次のように述べる。

　　国語教科書が、正しい美しい日本語、つまり日本語の規範みたいなもので埋まってないといけないという意識がわれわれにあるんですが、それは言葉を一種に死に体にしちゃって、生き生きしたものにしないんじゃないかという気持ちがあったんです。（略）兄弟がいないから、本気になって相手を罵倒することにあまり慣れていなくて、悪口に対するものすごいあこがれがあったんです。

井上ひさしは次のようにいう。

　　（谷川俊太郎が編者の一人として出した『にほんご』という本について）「わるくち」を正面から取り上げていること。悪口もまた日本語だと宣言している。これにも感動しました。日本語には「いらっしゃいました」という敬語から「行きやがった」という悪口まで、ちゃんと体系的に待遇表現があるんです。

それを今までは中間の「行った」から敬語の方までをやるだけ
で、悪口は不当に無視してきたと思うんです。

　このように、谷川俊太郎は「悪口に対するあこがれ」があったと
言い、井上ひさしは「悪口もまた日本語だ」「悪口は不当に無視し
てきたと思う」と述べる。二人とも、悪口に一定の価値を認めた発
言をしているといってよい。
　同じ『現代詩手帖』23（5）の「桟橋にぶち当たったオコゼ―方
言にみる悪態のダイナミズム」というタイトルの記事の中で、川崎
洋は次のように述べる。

　　そもそも、わたしは、面と向かって、人に悪口を叩きつけた
　ことがない。そうしたいのに出来ないできた。（略）だから、
　悪態や罵倒語に惹かれ、あこがれるのだろうと思う。
　　口に出してはいわないが、腹の中で、あるいは独り言めいて、
　「馬鹿たれ！」といわぬ日は、まず、ない。（略）しかし、悪態
　語の貧しさをかこつのは、どうやら昭和の、それも戦後になっ
　てからのような気がする。たとえば、落語の登場人物が口にす
　る江戸や大阪の悪口、歌舞伎の助六などで耳にするそれ、ある
　いは有名な、夏目漱石の「坊つちやん」にしても、そこにはま
　ことに光輝く悪態のダイナミズムが息づいているのを知る。
　（略）ことばを遊ぶことができる、というのは程度の高い文化
　だ。そして日本でも昔から、一つには悪口祭という形で各地に
　受けつがれてきた。ことに大阪の大東市にある慈眼寺、俗称野
　崎観音参詣の折の悪口祭りは有名であった。（略）
　　ところで、日本の各地をまわってみると、方言のなかに、悪
　態語が、まだ、ちゃんと息づいている。

　この文章の後、川崎洋は、方言の悪態の例をたくさん挙げている。
上記の「悪態や罵倒語に惹かれ、あこがれる」「光輝く悪態のダイ
ナミズム」という記述から、川崎が「悪態や罵倒語」に一定の価値
を認めていることがうかがえる。川崎には『かがやく日本語の悪

補章　謎解きとして　201

態』（草思社、1997年）という著書もあり、「落語、遊里、芝居、映画、文芸、方言、キャンパス」の中で使われている、生き生きとした悪態が集められている。

　山本幸司は著書『〈悪口〉という文化』（平凡社、2006年）の中で『浮世風呂』や野崎参りや軍記物における悪口、各地の悪口祭、海外の文化における悪口などを論じており、「あとがき」で次のように述べている。

　　　人間の社会には、長い歴史の間に培われてきた「智恵」の伝統がある。それは主として人間同士の関係をいかに築き上げ、いかに維持していくか、あるいはお互いの葛藤をどのように処理していくか、といった事柄に関する「智恵」である。しかし最近の社会現象を見ていると、どうもそうした「智恵」が、うまく継承されなくなっているのではないかという懸念を感じる。（略）それは「情報」という形で知識ばかりが氾濫している現代社会に、もっとも欠けているものではないだろうか。
　　　「悪口」というのも、実はそうした「智恵」の一つなのだ。

このように山本は「悪口」の価値を認めているが、それだけでなく、山本のいう「人間同士の関係をいかに築き上げ、いかに維持していくか、あるいはお互いの葛藤をどのように処理していくか、といった事柄に関する「智恵」」は、「ことばの調整」に通じるものがあるように思われる。

　真田信治・友定賢治編『県別罵詈雑言辞典』（東京堂出版、2011年）の「はじめに」には次の記述がある。文化としての方言の価値を認める中で、「悪態」のプラスの価値も認める記述である。

　　　現代的な状況では、いわゆる「イジメ」のなかで、陰湿なことばが使われています。ネット上でも同様です。それらは、相手の存在そのものを抹消しようとするもので、（略）。それら現代的な陰湿な言葉とは異なる、方言における悪態から、豊かな日本の言語文化を感じ取り、県民性をはじめとする日本語の地

域的多様性を味わう旅をしていただきたいと思います。

　先にあげた1980年の『現代詩手帖』23（5）の「俗語・卑語・罵倒語」特集の中に、川本三郎の「「いなげな」時代は「セツナイ」―現代バリゾウゴン考」がある。川本は次のように述べる。

　　怒声、罵倒、野次の言葉はしばしば日常の言葉以上に痛快である。それはそうしたバリゾウゴンのなかになまなましいエネルギーが込められているから、ではない。むしろ逆でバリゾウゴンこそひとつの「表現」になっているからだ。野球場の野次を例にとればわかる。野次はただ怒鳴ればいいというわけではない。「バカヤロウ！」と大声でいえばいいわけではない。"大衆のエネルギー"はいつも「表現」という装置を通って外部に噴出されなければならない。（略）野次はあくまで「表現」であって、むきだしの感情の露出ではない。ましては憎悪の吐け口ではない。

　この川本の記述はまさに、本書の意図するところと重なるものである。本書で扱う「ののしり」はあくまで「表現」であって、単なるむきだしの感情の露出でも憎悪の捌け口でもないのである。
　最後に、異文化における「ののしり」のことばについて、日本語と比較しながら言及した新聞記事を紹介しよう。2024年6月1日（土）朝日新聞夕刊の「モジモジ？　Kカルチャー」で金承福（キム・スンボク）が「怒りの会見　罵倒語が浮き彫りにした膿」と題して書いたものである。

　　日本語で、韓国語との違いを感じることの一つは、「욕（ヨク）」がないこと。욕は悪口などと訳されますが、罵倒語も指します。
　　韓国で先日、この욕に満ちた記者会見が話題になりました。（略）会見で、ミン代表は「개저씨（くそ親父）」などと罵倒しながら、自身に対する不当な扱いやK-POP界の問題点を訴え

ました。

　ミン代表は女性ですが、もし日本の会見で、とくに女性がこんな発言をしたら内容以前に、言葉づかいを非難する声が高まったことでしょう。ところが韓国では会見後、世論が反転。「本気で仕事をしているからこその怒りだろう」と共感する人が増えたのです。

　韓国では昔から、女性でも罵倒語を使うのが当たり前。（略）

　こうした욕は、洗練されていないと感じる人もいるでしょう。でも、韓国では怒りをきちんと発散させることは膿を出し、前に進むために必要だと考える人が多い。（略）

　これは韓国における、韓国語による談話の例であり、「怒りをきちんと発散させること」をプラス評価する韓国文化について書かれている。

　金承福のいう「욕（ヨク）」は本書の「ののしり」にかなり近いように思われる。確かに、日本では公的な場で「くそ親父」のような発言をした話し手は、人々から非難されることが予想される。しかし、公的な場では無理でも、独り言や内言など、形を工夫して「ののしり」を表現し、「怒りを発散させる」ことは日本語の文化においても行われている。上記の記事では文化の違いの方に注目されているが、共通点を見出すこともできるであろう。

　以上、「ののしり」はよくないものとする考えもあるが、プラス評価する考えもあることの具体例を見てきた。「ののしり」をプラス方向に機能させた表現の結果、「笑い」が引き起こされることがある。その表現に工夫をこらし、巧みに用いた芸能が狂言や落語である（佐々木・森岡1997）。本書では資料として落語を用いたが、「ののしり」と「笑い」との関係については検討しなかった。今後の課題としたい。

六代目笑福亭松鶴「らくだ」文字起こし

（CD音声49分39秒）

〈凡例〉

下線　：音声が明確でない部分

……　：語の聞き取りが不可能な部分

〈　　〉：酒を飲む様子や戸を叩く音など、発話そのものではない部分

001語り手：このお話は、大阪に、ノバク（野漠）というところが
　　　　ございまして、その、ノバクの長屋の出来事でございますが。

002熊五郎：おう。らくだ。おのよう。けつからへんのかい。おう。
　　　　らくだ、よう。何をさらしてけつかんねん。けつからへんなあ
　　　　と思ったらここにどぶさってけつかる。また何というどぶさり
　　　　よう、さらすねんこのガキャ。えーっ。わがうちやないかい。
　　　　遠慮も気兼ねもないがな。座敷の真ん中でどぶされ、どぶさん
　　　　のやったら。また器用などぶさりよう、さらしてけつかるで。
　　　　えーっ。敷居、枕に、足、庭へほりだしてどぶさってけつかる。
　　　　おい、おの、らくだ。起きれ。あれ。なんじゃどぶさっとんね
　　　　んと思ったらゴネてけつかる、このガキャ。そうか。枕元に鍋
　　　　がかかったんな。そこらに魚の骨が散らばったんな。ははあ。
　　　　ゆうべ、日本橋でおうたら、フグ下げて歩いてけつかった。シ
　　　　ュンはずれのフグみたいなん食うの危ないぞちゅうといたのに。
　　　　フグ食らいさらして、フグに当たってゴネやがってんな。えら
　　　　いことさらしたで。このガキャ親兄弟がないねん。なあ。一人
　　　　もんや。まあ俺は常から兄弟分とか兄貴とか言われてんねや。
　　　　こんな姿になっとんのほっとくわけにいけへんが。と言うてや
　　　　で。ここのところ、バクチではずーっと負け続けや。なあ。出

205

たら取られるミョウガの子、ちゅうやっちゃ。フトコロにはいちもーんもゼニがないねや。しかしせめて、ソーレン（葬礼）の真似事なとしたりたいな。こら困ったことになったで。

003 紙屑屋：くずー、たまってまへーん。

004 熊五郎：おう、ええとこへ屑屋がうせたな。おうっ。屑屋！

005 紙屑屋：ええっ。お呼びでっかいな。

006 熊五郎：こっち入れ。

007 紙屑屋：へ、なんぞ、買わしていただきまひょか。

008 熊五郎：おう、すまんがなあ、訳があって、屋財家財みな売り払いたいねんが、買うてくれるか。

009 紙屑屋：へえ、買わしていただ、あ、ちょっと、待っとくれやっしゃ。いえ、間違うてたら堪忍しとくれやっしゃ。確か、ここは、らくだはんのおうちでしたな。

010 熊五郎：そうや。らくだのうちや。われなんかい。らくだ知ってんのかい。

011 紙屑屋：へえへえ。もう絶えずこの長屋へ商いに来とりますので、よう存じとりますんです。ええ、あのー、昼飯どきなんか、よう、あの、弁当つかうの、ここでつかわしていただきまして。へえへえ。お茶やおまへん、へえ、水呼ばれたりしまして、ええ。ほん、心安うさしてしただいとりましたんですが。らくだはん、どこぞ行きはったん。

012 熊五郎：そや。まあ、いたと言やあ、いたようなもんやな。

013 紙屑屋：あ、さよか。ほで、あとへ、あんさんがお入りになった。

014 熊五郎：いや、そやないねん。らくだはな、ゴネよったん。

015 紙屑屋：なんです？

016 熊五郎：ええ、らくだは死によったん、て。

017 紙屑屋：らくだは死によったて、いや、ほんまでっかいな。えっ。ああ、さよか。ここにいはんの、ええええ、らくだはんで。ハハハハハハ、さよか。いいえ、常々いつでもね、言うたはるんだ、どこそこで何人叩き切ったとかね、何人殺したとかね、ええええ、たえず聞いとりましたん。強いお方やなとおもてた

んだ。はあこんな強いお方、人に殺されても死なんようなお方やとおもてました。へえ、フグ食べてフグにあたって死にはりました。うーハハハハハ、さよか。しかし、考えてみると、人間も、死によのあるもんでんな。

018 熊五郎：んなおかしなものの言い方すな。それについてな、こいつは親兄弟、だーれも身寄りがないねん。へで俺は、このらくだの兄弟分でな。やたけたの熊、ちゅうもんや、はあ。ほでー、せめてな、ソーレンの真似事でもしたりたいと思てんねがな。恥言わなわからん。ここのところずーっとバクチに負けづめや。フトコロに一文も銭がないね。んでな、まあせめて、屋財家財売り払うて、へで、その銭でソーレン出したろうと思て。

019 紙屑屋：それやったら、親方、なんでんね。へえ、もうあの、この、らくだはんとこのうちのもんやったら、たいていもう、全部わたい買わされたんで。へー、いえいえ、買わされたって、言葉に語弊がおますけど、いいえ、もう、んなもん値打ちも何にもないもんね、無理矢理に買わされたようなもんで。へえへえ。そうですさかいにへえ、もうあの、買わしていただくもん、おまへんわ。

020 熊五郎：んなことあるかい、われ。まだ、畳、建具があるやないかい。

021 紙屑屋：ハハハ、親方うだうだ言いなはれ。畳、建具やて。ここのあんた畳言うたら、タータ言うたらミがおまへんで。しんが出てまっせ。

022 熊五郎：なるほど。われの言うた通りやな。タータちゅうたらミが無いか。んなら、床几はどないや。

023 紙屑屋：へえ、これタコ床机言いましてね。へえ。骨がおまへんねや。ハハハ、こんなもん持って帰って肥やしにもなれしまへんね。へえ。えらいすんまへんです。あ、しかしな、親方、えらい失礼でおますけどな、いえいえ、あの、こんなことしたら怒りはるかわかりまへんねが、ワタイも常々、さっきも言いましたとおり、心安うさしてもろてましたんで。ええ、本来な

れば、紙に包んで出さんなりまへんねが、なんしあんた、今、商いに出てきたとこで、へえ。いえ、あの、商いのもとででんねん、大した銭持ってえしまへんねん。ほんの僅かでおます。ハダカでえろう悪おまんねんけど。せめて、折れた線香の半分でも、あげたげとくんなはれ。

024 熊五郎：なにかい、紙屑屋。われ、それ、らくだにやったってくれんの。やー、おおきに、ありがと。えらいすまなんだ。時に、紙屑屋。われに、ちょっと頼みがあんねが、聞いてくれるか。

025 紙屑屋：親方、あの、今も言うた通りね、ゼニは持って

026 熊五郎：いや、俺はなにも、われに銭を貸してくれ、ちゅうのやない。俺や、らくだとは兄弟分やが、滅多にここのうち、来ることはないねん。そやさかいこの長屋の勝手がわからん。われ、さっき聞きゃ、この長屋へたえず出入りしてるらしいな。どこの長屋にも月番とか、また当番とかいうもんがあるはずや。われ、何か。ここの、長屋の月番、誰や知ってるか。

027 紙屑屋：あ、それでしたら、あの、こぐちのラオ仕替え屋はんが。今月の当番でおます。

028 熊五郎：ああ、そうか。たいていの長屋はな。泣き笑いともにツナギちゅうもんがあるはずや。すまんけど、われ、これから行ってな、「らくだがゆうべ死にました。それについて、香典を集めて持ってくるように」、ちょっとそれ、われの口から言うてほしいんけど。

029 紙屑屋：ああ、さよか。へ、承知しました。しかし親方、あの、それくらいのことづけやったらせんことはおまへんのやけどね、おそらく、あかんと思いますけどね。

030 熊五郎：なに？　あかんて、なにがあかんね。

031 紙屑屋：らくだはんとは、常から長屋の付き合い、したはらしまへんさかいね。へえ。もうどっちか言うたら長屋の連中はもう、らくだはん鼻つまみでっさかい。おそらく、あかんと思いますけど。

032 熊五郎：ええやないかい。行ってこい。んで、もしもな、われ

208

がいて、持ってくるのこんのとぬかしたら、かめへんわ。ちょっと言うとけ。今、兄弟分のやたけたの熊五郎ちゅう男が来てる。いずれ後から、ドス持ってご挨拶に来ると、それだけ言うといたらええわ。

033 紙屑屋：あ、さよか。へえへえわかりました。ほならわたい帰り道です

034 熊五郎：ああ、ちょっと待て、ちょっと待て。こんな使いに行くのに、商売道具持って行くやつあるかい。そこへ置いとけ。

035 紙屑屋：これあの、わたいの大事な、商売道具でんね。へえ、かごとち

036 熊五郎：わかったるわい。そこへ置いとけ。俺がちゃんと番してたるさかい。

037 紙屑屋：さよか、ほなら、行ってきますさかい。さっぱりワヤや。ええ。朝から商い、せん先からこんな使いさされて。さっぱりワヤやな。

　　　　おはようさんで。

038 月番：ああ、紙屑屋さんか。なんぞ用事か。

039 紙屑屋：へえ、あのう、ゆうべ、らくだはんが死にはりまして。

040 月番：えっ、らくだが死んだ。ほんまかいな。うっはははははははは、そうか、おおきにはばかりさん。よう、知らしてくれた。長屋の連中にすぐに知らすわ、皆喜びよるわ。

041 紙屑屋：へ、それについてね、あの、兄弟分のやたけたの熊五郎はんちゅう人が来たはりまんねん、へえ。そのお方のおっしゃんのには、えー、ソーレン出すのについて、ゼニがいるらしおまんねん、へえ。この長屋には、泣き笑いともにツナギがあるはずやさかい、香典あつめてすぐに持ってくるようにと、こない言うたはりまんねん。

042 月番：紙屑屋、あんた知らんやろけどな、この長屋にあいつにそんなことする奴は一人もないねん。せっかくやがな、そんなもんはでけんと、その、熊五郎とか言うやつに言うとき。

043 紙屑屋：あ、さよか。どっちみちそやろとわたいも思てたんだ、へえ。ところがね、その、熊五郎はんのおっしゃんのには、持

ってくるのこんのとぬかしたら、いずれ後ほど、その熊五郎は
んがね、ドス持ってご挨拶。

044 月番：ドス持って。いや何かいな、そんなすごい奴か。いやよ
うわかったわかったわかった。今わしの言うたこと帰って言う
たらあかんで。え、あの、この長屋、なんぼなんぼの決めはな
いけど、集めるだけ集めてすぐに持っていくと、そない言うと
いて。

045 紙屑屋：あ、さよか。へ、ほな、そない言うときます。
　　　　　へ、親方、いて参じました。

046 熊五郎：あ、おおきに、はばかりさん。何かい、香典持ってく
る、えっ、すぐに、あつめて持ってくるてか。ああああ、おお
きに、はばかりさん。それから、われにたんねんねんが、われ
何か、ここの家主のうち、知ってるか。

047 紙屑屋：ええ、家主さんとこのうちでしたらね、このろうじ
（路地）かどです。ええ、すぐにわかりま。

048 熊五郎：いや、何も家主のうちを聞いてんのやない。われが知
ってるか、ちゅうてんねん。知ってんのんか。知ってんのやっ
たら、家主のうちい行ってな、お忙しい中わざわざ来ていただ
かんでも結構でおます。らくだが死にましたんで今晩夜伽をせ
んならん。飲まず食わずでは具合が悪いさかい、酒のええ奴、
三升、あ、言うとくで。悪い酒はいきまへんと。いや悪い酒飲
まされると、明くる日、頭に残ります。皆、出商売の人間ばっ
かり。商売に差し支えますさかい。酒のええ奴、三升と、ほで
おーきな丼鉢に煮しめ、ああ、高野豆腐やとか大根やとか、こ
んにゃくやとか、ちゃーんと煮しめをば、ちゃんとして三杯持
ってくるように、そない言うとけ。

049 紙屑屋：そら、言わんことはおまへんけど、それもたぶんあか
んと思いますけど。

050 熊五郎：なんぼ言うたらそういうことぬかすな。ほんなら言う
とけ。もしも持ってくるのこんのとぬかしたら、あの、らくだ
という男は身より頼りがおまへん。まあ家主さんと言やあ親同
様のお方。お宅へ死骸を運ばしてもらいますと。ほで、死骸持

ってきただけでは、なんでおますさかいに、来たついでに、死人のカンカン踊りを見てもらいますと、これだけ言うてこい。

051 紙屑屋：ああ、さよか。へえ、わかりました。ほならわたい、あの帰り道。

052 熊五郎：ちょっちょっと待てっちゅうの。いちいちその商売道具を持ちやがって、こっち貸せ。預かっといたるさかい。こんなもんお前、手ぶらで行くもんや。行ってこい、返事聞かんならんさかい。

053 紙屑屋：親方、あの、すんまへんけど、頼みまっせ。へえもうそれ、あんたらに取ったらなんでもないもんですけど、わたいらに取りましたら商売道具ですさかい、一つ、ほならよろしいお願いしま。ほないて参じま。

　　ムチャな奴やで、えー。持ってくるのこんのとぬかしたら、死人のカンカン踊りやて、ようあんなムチャ言うな。

　　こんにちは。

054 家主：はい、どなたじゃな。ああ、紙屑屋はんかいな。お前さん、昨日来たんと違うか。紙屑ちゅうのはそない毎日出るもんやない。

055 紙屑屋：いえ、あの、今日、商いに来たんやおまへんね。へえ、あの、お宅の長屋のらくだはんがゆうべ死にはりまして。

056 家主：え、らくだが。ほ、フグに当たって死によったて。うっははははははは。そうかあ。よう知らしてくれた、紙屑屋。婆さん、聞きなさったか。ああ、あのらくだが死んだらしい。ああ、えっ、こんなめでたいことはないてか、そうじゃ。ようようまあ死んでくれたんで助かったわ。やあおおきに、はばかりさん。

057 紙屑屋：ええ、それについて、あのらくだはんの兄弟分のね、やたけたの熊五郎はんちゅう人が来たはりまして、へえ、で、そのお方が、あのー「夜伽の真似事をせんなりまへん。あの、お忙しい中わざわざ来ていただかんでも結構でおます。」とこない言うてはりました。

058 家主：誰が行くかい。

059 紙屑屋：へえ、そうですさかいね、わざわざ来ていただかんでもよろしおますさかい、あの一飲まず食わずでは具合が悪いさかい、酒のええ奴三升、ほれも悪い酒はいきまへんね、みな、出商売がおまっさかいね、悪い酒飲むと明くる日残ります、頭に、へえ。商いができんようになりますので。ほであの、ええ酒をば吟味して三升と、ほで大きな丼鉢へ、あの、えー、こんにゃくやとか、それからあの、高野豆腐やとか、ほで大根やらと、いろいろ煮しめを炊いて、ほで三杯、届けるようにと。こない言うたはりまんね。

060 家主：誰がい。

061 紙屑屋：いえ、その、熊五郎はんちゅう、お方が。

062 家主：帰って言うとけ。熊五郎ちゅう奴に。なんでそんなことウチがせんならん。なるほど、あらあウチの借家人や。らくだちゅう奴。あのな、たいていの人間ならやで、入った月ぐらいは、家賃納めるもんや。ええ。あの男、ウチの長屋へ来て今日が日まで一文の銭もはろたことないねん。そんな奴になんでそんなことせんならん。まあまあ、死んでしまいよってんさかいな。今更どうのこうの、ちゅうわけやない。そやさかいな、今までたまった家賃は、香典がわりに、帳消しにすると。そない言うとけ。えっ。ようそんな、ど厚かましいこと言うで。酒のええ奴、三升と煮しめが三杯。帰ってそない言うとき。誰がそんなことするかい、ちゅうて。

063 紙屑屋：さよか。ほんで、もしもあの、持ってくるのこんのとぬかしたら、

064 家主：誰が。

065 紙屑屋：いえ、あんさんが。へ、ほならあの、らくだはんちゅうのは身より頼りがないそうでんねん。ほで家主さんちゅうたら親同様やさかい、ほでお宅へあの、死骸をはこばしてもらうと、こない言うてはりまんねん、へえ。ほんで運んできただけではなんでおますさかい、来たついでに、死人のカンカン踊りを見てもらいますと、こない言うたはりました。

066 家主：何を言いくさんねん。はははははは。あのな、紙屑屋

はん。あんたは知ろうまいがな、わしゃな、このしちょう界隈
きってな、え、ちょっとは人に知られた、ま、因業家主や。え、
他の家主ならそんなこと聞いたら驚くか知らんが、せっかくや
がわしはそんな脅しには乗らんねんさかい。あー結構結構、初
もんや。死人のカンカン踊りちゅうのは。初もん見たら75日
長生きする、ちゅうな。ああ、長生きさしてもらお。あ、いつ
でも見してもらうさかいて、そない言うとき。

067 紙屑屋：あ、さよか、ほな、帰って、そない言いまっさ。

　　　ああら、上には上があるもんやで。ええ、見してもらうちゅい
　　　よったで。

　　　ええ、親方、いて参じました。

068 熊五郎：どや、酒と煮しめとすぐ、持ってうせるか。

069 紙屑屋：いえ、それが、持ってけえしまへん。

070 熊五郎：何？　持ってけえへん？

071 紙屑屋：へえ、もうあのー、家主さん言うたはりました。なん
　　　でそんなことする義理があんねん、ちゅうて、へえ。たいてい
　　　の人間は宿替えしてきた月くらい、家賃納めるもんやと。あの、
　　　らくだちゅう奴は、来た日から今日まで、一文も家賃、払うた
　　　ことがないと。そんな奴にそんなことする必要ないと。こない
　　　言うたはりました、へえ。

072 熊五郎：ほで死人のカンカン踊りは言うたんか。

073 紙屑屋：へえ、言いました。ほならあのう、言うたはりました。
　　　初もんや。へえ、75日長生きさしてもらうと、こない言うた
　　　はりました。

074 熊五郎：何？　見るとぬかしたんか。よし、紙屑屋、そっち向
　　　け。

075 紙屑屋：へ？

076 熊五郎：そっち向け、ちゅうねん。ええな。しっかりしてよ。
　　　やっとしょ。

077 紙屑屋：もし、もし。なんや背中いドスンと乗せはりました。
　　　あっ。これ、らくだはんと違いま。もし、そんなムチャしたら
　　　いかん。わたいの背中へらくだはん乗せて。あー気持ちわる。

すんまへんけど、ちょっと、らくだはんの顔、そっちいやって
もらえまへんか。わたいのほっぺたへらくだはんの顔がひっつ
きまんねん。あー気持ちわる。あーら死人てわるわるう冷たい
もんでんな。親方これ、せたろうて、どないしまんねん。

078熊五郎：家主のうち、案内せえ。んで向こう行ったらな、俺が、
呼んだら、入ってこい。ええな。んで、われはその、らくだの
またぐらへドタマ突っ込んでな、え、足使え。俺は手え持って
な、死人のカンカン踊り、おど

079紙屑屋：ああようそんな、ムチャなこと、言わんといて。わて、
そんなこと、ようしまへん。

080熊五郎：何？　ようしまへん。何かい。われ、俺の言うことは
聞けんちゅうのか。え？　よし、聞くな。聞かんでもええわい。
それやったらオノレから先、その土手っ腹踏み破って、

081紙屑屋：いや行きま行きま、行きま行きます。ううう。エラ
イ目にあうなあ。まさかこんなことになるとは思わなんだ。な
あ。ゆうべの夢見が悪かったわい。たぬきと相撲取ってる夢見
た。今日はこないしてらくだせろうて歩かんならん。
　　　親方、ここのうちでおます。

082熊五郎：俺が呼ぶまで、そこで待ってえよ。ごめんなはれや。

083家主：はい、どなたじゃな。

084熊五郎：らくだの家主っちゅうのは、われかい。

085家主：はい、わたしじゃが、どうかしましたか。

086熊五郎：俺はらくだの兄弟分の、やたけたの熊、ちゅうもんや。
なんやてな、われ、死人のカンカン踊りを見せていただきまし
て、75日長生きをさしてもらう、とぬかしたらしいな。え、
よし。長生きさしたら。おい、紙屑屋。こっち持って入ってこ
い。われ、それ、ドタマ、股ぐらへ突っ込んで乳くま（肩車）
せえ。俺が手エ持って、

087家主：ちょっとちょっと待った、入ったらいかん、これ、紙屑
屋はん。入ったらいかん、ちゅうねん。わかったわかった。す
ぐに、酒も煮しめも、届ける。あーこっちい、こっちい入って
きたらいかん、ちゅうねん。もう、そんなややこしい顔、こっ

214

ちい、向かしたらいかん。そっち、そっち向いとくれ。そっち、あーーわかりました。すぐに、酒も煮しめも、届けるで、帰っとくなされ。

088 熊五郎：届けさらすのんか。持ってくるんかい。のっけからそうせえ。余計な手数かけやがって。おい、紙屑屋。連れて帰れ。

089 家主：おおおおおおお。

090 熊五郎：いや、おおきにはばかりさん。あっと、そうっと置いたれよ。手荒うすな。ホトケに傷がつくといかんさかい。さっ、そこへ置いとけ。そらあそうと、紙屑屋。

091 紙屑屋：親方、堪忍しとくれやす。わたいもう、朝から商いしてえしまへんねん。いええ、うち帰ったら、かか（嬶）や子供があんた、つばくろ（燕）や無いけど、口開いてわたいの帰りを待っとりまんねん。商いに行かんなん。

092 熊五郎：わかったるわい。商い休めとは言うてへんわい。確か、ろうじ出て、南行ったら漬けもん屋があったやろ。向こう行って、あの、漬けもん桶の古いやつ、もろてこい。もしも、あかんとぬかしたら、借ってこい。え、何にするてかい。棺桶の代わりに使うねん。え、そやさかいな、今言うた通りや。あかんとぬかしたら借ってこい、ちゅうねん。空いたらすぐに返します、ちゅうて。

093 紙屑屋：んでもしも、それでもあかんちゅうたら、やっぱし死人のカンカン踊りでっか？

094 熊五郎：そらあ、われの好きなように言うたらええわい。行ってこい。

095 紙屑屋：へ、ほな親方、このカゴとチギ（杠秤＝さおばかり）と、頼んまっせ。情けのうになってきた、ほんまに。
こんちわー。

096 漬物屋：おお、紙屑屋はん。今日、何もないで。

097 紙屑屋：あのう、商売に来たんと違いまんねん。すんまへんけど、あの、漬けもん桶の古い奴一つ、いただけまへんやろか。

098 漬物屋：漬けもん桶の古いのんが欲しいて、何にすんねん。

099 紙屑屋：へえ、ゆうべあのう、向こうの長屋のらくだはん死に

はりまして。

100 漬物屋：えっ？　らくだが死によった。わっははははははは。
そうかあ。長屋の連中皆喜んでるやろ。

101 紙屑屋：その代わり、わたい、泣いてまんねん。

102 漬物屋：どないしたん。

103 紙屑屋：へえ、兄弟分のやたけたの熊はんちゅう人が来たはり
まんねん、へえ。ほで、お宅へいてね。漬けもん桶の古いのん、
もろてこいと、こない言うたはりまんねん。ほんでもしもくれ
はらなんだら借ってこいとこない言うたはりまんねん。

104 漬物屋：漬けもん桶の古いのん、何にすんねん。

105 紙屑屋：棺桶の代わりに、使いまんねん。そう、そうですさか
い、空いたらすぐにお返ししますさかい。

106 漬物屋：アホなこといいなはれ。そんなもんに使たあと返して
もろてどないすんねん。第一な、ほかの人のやったらともかく
な、あのらくだはんちゅう人には恩も義理もないねん。ああ。
いやいやなるほどな、近所やさかい、よう買いもんには来てく
れはった、ぎょーさん買うてもろたで。あ、アーラ味噌くれの
醤油くれの塩くれの、あ、そら随分と買うてもろたけどな、い
っぺんも、銭もろたことない。はあ、そやさかいな、そんな人
に、たとえつぶれてる桶の一つでも、そんなもん、あげるわけ
にいかんのや。

107 紙屑屋：あきまへんか。ほな、すんまへんけど、わたい、ゼニ
出しますさかい、売っていただけまへんやろか。そやなかった
らわたい、もっぺんお宅イ来んならんようなことができますの
で。

108 漬物屋：もっぺん来んならんて、何しに来んねん。

109 紙屑屋：らくだはん、せたろうてここへ来ましてね、その熊は
んという人とわたいとが、ここで、死人のカンカン踊りをやら
んならんことになりますので。

110 漬物屋：そんなこと、やったんか。

111 紙屑屋：へ、もう今、家主一軒、済ましてきたん。

112 漬物屋：そんなムチャな奴が来てんのか。いやいや、よっしゃ

よっしゃ。わかった、わかった。あのな、あの、その一番向こうにあるの、ちょっとあの、タガが傷んでるけど、うん、それやったらもう、タダであんたにあげるさかい。持って帰り、持って帰り。

113 紙屑屋：くれはりまっか。えらいすんまへん。ついでにここにある、あの、縄いただいてよろしいか。

114 漬物屋：ああ、縄なと、なんなと、持って帰ったらええわ。あったやろ、ああ、それもって帰り。

115 紙屑屋：へ、おおきにありがとうさんで。えらいすんまへんでした。

なあ、しかしえらいもんやなあ。死人のカンカン踊りやちゅうたら、いっぺんに、あげるちゅいやがったで、なあ。そや。うちの米屋。死人のカンカン踊りやちゅうて一斗ほど放り込ましたろかしらん、て。

へ、親方。桶、もろてきました。

116 熊五郎：あー、おおきにはばかりさん。いやいや、実はな。お前が漬けもんや行ってる間にな、あー、家主のうちから、酒も煮しめも届きよった。いやあ長屋の連中はな、先に香典持ってきよった。いや、実はな、家主のガキ、悪い酒持ってきやがったら突き返したろと思てな、今2、3杯ちょっとやってみたんや。あーなかなかええ酒、持ってきよった。な、えらい、嫌な用事さして済まなんだな。さ、一杯、いこか。

117 紙屑屋：あ、親方、ええ、もう、結構でおます。

118 熊五郎：ええやないかい。一杯飲め。

119 紙屑屋：いえ、もう私あの、これから商いに行かんなりまへん。ま、まだ朝から商い、してえしまへんので。商い行きますので、すんまへんがその、カゴとチギとこっちい、貸していただけまへんやろか。

120 熊五郎：おい、そんなこと言うなや。商いに行くのはわかったるわい。な、われに嫌な用事さしたさかい、商いに行くのやったら、この酒をばグーッと飲んで、身イ清めて行ったらどないや。な、一杯飲め。

六代目笑福亭松鶴「らくだ」文字起こし　**217**

121 紙屑屋：へ、もう、その、お言葉だけで結構でおます。ええ。
　　　もういただいたも同然でおますさかい。

122 熊五郎：ははあ。われ何か、酒は嫌いか。

123 紙屑屋：いえいえ、至って好きでおまんねん。

124 熊五郎：皮肉なガキな、このガキ。酒が好きやったら飲んだら
　　　どないや。

125 紙屑屋：いやいや、そらあ頂かんことはおまへんのやけどね。
　　　へえ、今も言うとおりこれから商いに行かんなりまへんね、え
　　　え。商いが済んでからやったらね、またゆっくりいただきます
　　　さかい。ええ、あの、なんでしたら、帰りしなによしていただ
　　　きますさかい。

126 熊五郎：おい。何かい。われはこれから商いにいて、帰ってく
　　　るまで俺がこないして待ってんならんのか。おい、そんなこと
　　　言わんと、飲んでいけ。な。
　　　お前どうしても飲まんと。飲みさらさんのんか。よーし、飲ま
　　　な飲まんでええわい。飲むな？　俺もこうして一旦言い出した
　　　ら、あとへは引けん性分や。飲むな。オノレが飲まんとぬかす
　　　んやったら、オノレの口引き裂いても、

127 紙屑屋：……いやいただきま、いただきま、いただきまんが。
　　　あー、びっくりした。ええ、いただきま、いただきま。へえお
　　　おきにありがと。へえおおきにありがとさんで。へえ、へえ。
　　　おおきに。えらいすんまへんです。ほんなら、いただきます。
　　　へ、おおきにありがとさんで。へえ。
　　　〈ク、ク、ク、ク、ク、ク、ク、クとお酒を飲む様子の描写〉
　　　ああ。へえ、おおきにご馳走さんでおました。

128 熊五郎：おい。もう一杯行こ。

129 紙屑屋：いいええもうほんまに。これで結構でおま、これでス
　　　ッと商いに行ってきますさかい。

130 熊五郎：まあええやないか。なあ。飯でも、一膳飯は食わんち
　　　ゅうねんで、ええ。もう一杯飲み。なあ。もう一杯、飲め、ち
　　　ゅうねん。人がおとなしい、

131 紙屑屋：いえいえ、いただきます、いただきます。へえ。へえ

おおきにありがと、へえ。へ、えらいすんまへんです。へえ。
おおきにありがとさん。へえ。

〈ク、ク、ク、ク、ク、ク、ク、クとお酒を飲む様子の描写〉

へえ、おおきにごっつおはんでおました。

132 熊五郎：おい。お前だいぶにいける口らしいな。それだけ大き
な湯呑みで一息にグーッと飲むっちゅうのやさかい、相当飲め
るらしいな。それやったら、もっと味おうて飲んだらどないや。
われみたいな飲み方したら水飲んでんのやら酒飲んでんのやわ
からへん。な、さ、もう一杯飲め。へえ、今度はゆっくり味お
うて飲んだらどないや。え、飲め。飲めっちゅうて。おい。

133 紙屑屋：へえ、ほな、いただきま。へ。へえおおきにありがと
う。へ、あっと。親方またこないぎょうさんついで、どないし
まんねんな。酒八分目ちいます<u>やんあんた</u>。こんな大きな湯呑
みに山盛りつがれたらほんま、手<u>動かすこともできしまへん</u>。
いえいえ、口の方からお迎えに行きますけどね。ほーらまた、
ぎょうさん、ついでいただいて。へ。

〈ク、ク、クとお酒を飲む様子の描写〉

えー。ハハハハハハ。いえいえ親方。わたいかてゆっくり味お
うていただきとうおますがな。ええ。そやけど親方が怖い顔し
て、ぐっと睨みつけて、怒鳴りなはるやろ。いえ、怖いもんで
すさかいね、無我夢中できゃーっと一息に呑んだんで。へえ、
いえ、こないしてゆっくり味わわしていただきました、へえ。
へえ、ええお酒でおます。ヘッハハハハハ。あのシブチンの
家主がようこんなええ酒持ってきたもんやな、とおもて、へえ。
やっぱしあの、なんでっせ、ええ、死人のカンカン踊りがだい
ぶに効いてますね。ハハハハハハ。さよかー、いいえ、いえ私
ね、あの、お酒は至って好きでんね、へえ。もう至って好きで
んねけどね、へえ。なんしあんたいつでも、商売の途中で酒飲
んだら、うち帰ってかかに叱られまんねや。ハハハハさっぱり
<u>わやで</u>やすわ。ええ、もういつでもね、お酒でしくじりまんね。
へえ。

〈ク、ク、クとお酒を飲む様子の描写〉

六代目笑福亭松鶴「らくだ」文字起こし　219

値打ちのないもんね、酔うてるもんですさかいね、へえ。高ー
うゼニ出してね、買うて帰ってね、えええ、いつでもうちで
かかに叱られまんね。へへへへへへ。いえいえほんまに、ええ
お酒でおますわ。ハハ。え、なんでおます。ええええ、いただ
きま。どうぞどうぞ、気い使わんといてくんなはれ、勝手にい
ただきま。え、なんでおます。おてしょう（手塩皿＝小皿）、
いえいえ、そんなもん要りしまへん。おてしょうてなもん、要
りますかいな。いえ、ほんなら、えらい、あ、あ、厚かましお
ますけど、ええ、煮しめの方もいただきます。ええ、ほうらほ
ら、ぎょうさん張り込んで、ええ、ぎょうさん炊いてきました
ね。へえ、いえ、おてしょうてな要りしまへん、親からもろた
万年でしょうちゅうのが、へえ、いえ、これが一番よろし。え
え、あとね。へえ、なかなかええ味付けしてますな。へえ。ハ
ハハハハハ。えーー、よっぽど、家主は、死人のカンカン踊り
が効いたと見えますね。ええ、お砂糖もようけ使うて、へえ。
へへはー。なかなか、醤油も張り込んでますわ。へえ、へえ。
〈ク、クとお酒を飲む様子の描写〉
しかし親方、なんでんな。いえ、わたしこれお酒いただいたさ
かいちゅうて、ベンチャラ言うてる訳やおまへんけど、あんさ
ん、なかなか偉いお方でおますな。いえいえ、ベンチャラやお
まへん。あんさん偉いお方やとわたし先ほどから思うとります
ねん。ええ。この、人の世話ちゅうのはね、ええ、なかなかで
きんもんでおます。へえ。いえいえ、あ、あるもん、あ、ある
もんなら、そら人の世話、どんなことでもで、できますけどね、
へえ、ないもんが人の世話するってなことは、なかなか、でき
るもんでは。ええそれをあんさんしなはる、えらい。ん。
〈ク、クとお酒を飲む様子の描写〉
しかし、悪いこっちゃおまへん。ええ、人の世話ちゅうのは悪
いこっちゃおまへん。やっぱしね、へ、できる時には人の世話
もしとかないけまへん。いえ、ほんまでっせ。ええ、いずれは
我が身に報うてくるんだ。えーえ、そうですとも。へえ、ほら
あんた。なんでおますか。いずれは、あんたらでも、まともな

220

死にようのできる人やおまへんのや。な。いえいえ、やっぱし、する、時にしときなはれ。へえ、ほらもう、みんな我が身に報うてきますさかい、ハハ。

〈ク、ク、クとお酒を飲む様子の描写〉

あーーははは。あー、ええ酒ですわ。ええ、あとあんた、なんし、かかと子供と、皆、朝、朝飯、いただくの、へえ。やあ我々ろくなもん食べて……。朝、もうお粥でんね。へえ。へっへー。そうですさかいね、もうお粥なんか食べるしりからすぐにお腹減りま。いえ食べた時だけですわ、へえ。もうすぐにお腹減りまんね、へえ。もうぼちぼちお腹がへっとりました、へえ。そら空き腹へさしてこんなええ酒グーっと飲んだもんですさかい。へえ。もう、腹の中でお酒がだーーーっと走り、走り回っとりまっさ。はははははは。五臓六腑に沁み渡るっちゅうやつでんな。ええ、ははは。ほーらもう、ええ具合に回ってきました。ハ、ハ。

〈ク、ク、クとお酒を飲む様子の描写〉

親、親方、親方。どうです。お、親方の持ったはるその、湯呑みとこの、湯呑みと、ちょっと。いいえ、いえ、親方の湯呑み、私いただきます。ええ。ほでえらい失礼ですけど、私これ、親方に……。いや、よろしてよろして。ちょっとその徳利こっち貸して……。へえ、つがしてもらいますさかい。へ、親方、いっぺんつがしとくれやす、へえ。いえいえ、あの、結構でおま。へ、もう親方にいちいちついでもろてたら気ずつのうて、……勝手に、つぎますさかい。ハハハハハハハ。ほんまにええ酒でおますわ。ええ。なんしねえ。へえ、もう近頃こんなええお酒、長いこと飲んだことない。へえ、いえ、私かてね、もともと紙屑屋やおまへんねん。へえ、いえいえ。たい、大した、大した店やおまへんけどね。道具屋してた。へえ、いえ、店のもん、まあ、4、5人も使うて、へえ、道具屋してた。ハハア。いいえ、な、いえアホらしい、何をおっしゃいま。わたいら、偉そうに言うてても、あ、あきまへんわ。へえ。まあまあ店の方はどうにかこうにか、へえ、道具屋てな商売、へえ、いてたん。

六代目笑福亭松鶴「らくだ」文字起こし　　221

ところがあんた、私がこの、お酒を、お、お酒がや、やめられ
んもんですさかいね、へえ、とうとう、まあ店潰したん、酒で
潰したような。いえいえ、そやおまへんねん。何も、酒だけや
おまへんねん。へえ、結局あの、もともと、酒さえ入らなんだ
ら、そやないねん。へえ。やっぱり酒飲むとついムチャしとな
るもんで。へっへえ、さっぱりわやですわ。へえ。なんです。
いえ、ご心配ない。へえ、大丈夫でおます。へえ、ま、まだ、
酔うてやしまへん。へえ、大丈夫だ、へ、

〈ク、ク、クとお酒を飲む様子の描写〉

へーっへ。ああええ具合、ええ具合に回ってきました。いえ、
私はね、もういつでも、悪い酒、いえいえ、決まってはね。え
え。商い済ましてうち、うち帰りまっしゃろ、いえ、さっきも
言うた通り、店潰したん、さ、酒で潰してますさかいね。えー、
そら。え？　ああ、あ、うちの、かかでっか？　いえ、これね、
道具屋してた時分のかかと違いまんね。後添えでおまんね。え
えええ、子供一人、置いて死なれてしもた。いえ、それも今言
うた通り、店潰してしもて、へえ、それをあんたかかがえろう
苦に病んでね、ええ、それが元で病気で死んでしもた。ははは
はは。わ、わ、悪い時には悪いことが重なりまっさ。へえ、へ
え、まだその時分は店、潰すとこまではいってえしまへなんだ。
へ、ぼちぼち、その、店が傾きかけた時に、かかが死にました。
こっちゃー、子供残されて、や、ヤケクソになって、へえ、ま
すますそのう、酒は飲むわ、つい、しょうもない勝負事に手え
出すわ、へえへえ。あんじょう、店潰した。へえ。悪い時には
悪いことが重なるもんです、へえ、そんでまあそのうち、子供
抱えて、あ、遊んでるわけにもいきまへんさかい、へえ、そん
で、こんな商売やりかけたんでっけどね。へえ。

〈ク、ク、クとお酒を飲む様子の描写〉

親類や、皆がね、いーいつまでも独り身ではいかん。第一子供
が可哀想やさかい。かかもらえ、言うて。へえ、皆がよってた
かって今のかか、へえ。へへ、後添えもらうことになったんで
すわ。へえ、いえー、そんなんでね。いや、あの、なかなか、

ようしてくれまんね。へえ、今のかか。

ええ、そうでんね。へえ、へえ。しかしやっぱり、なんですな
あ。子供、子供っちゅうのはようわかるんだ。まま母や、ちゅ
うことが。へえ、なさぬ仲っちゅうのは怖いもんでんな。へえ。
わたいがこの、いや、そのかかが来るまではわたい、商いに行
くのにね、うし、後ろから私についてきてたん。へえ、子供が。
へっへー。ほな、まあさっきも言うた通り、親類が、商い行く
のに子供連れて、ある、歩くてなみっともないことしなと、そ
れやったらかかをもらえと。へえ、それで、かかもらいました。
へ、それからずっと、うち置いたあるんでっけどね、へえ。わ
たいが商いに行くっちゅうたらあんた、おとっさん、わ、わ、
ワシも一緒に行くちゅうてついて来よんだ、それ叱り倒してう
ち置いてくるんだ。へえ。わたいが商い出たら必ず、泣い、泣
いとりまんね。ええええ、ようわかってまんね。へえ。ほであ
んた、商い済まして夕方うち帰りまっしゃろ、へえ。夕方うち
帰ると、ろうじ口まで迎えに出てきよってね、おとっさーーん
言うてね。へへへへへへ。さっぱりわやで。ま、そんなんでね。
まあ、しかしあの、かかがあんじょうしてくれまっさかい、い
や例えばでっせ、ちょっと、道で、芋でも買うて帰ってきます
とな、ええ、うまい芋や、これ、あの、お前食いな、ちゅうて、
へえ、へえ、やりまんね。ほなら、食やあよろしのにね、へ、
ほな子供に、食べさします。さあ、そこが生さぬ仲ですわね。
へえ、ほんまの子なら自分が食うて、食うてしまいますわ。へ
え。やっぱし義理でんなあ。つい、こ、何もわたい、子供に食
わそうと思って持って帰ったんやおまへんねん。へえ。かかに
食わしたろとおもてね、持って帰ったんをまたそれをば子供に
やりよんだ。へえ。

〈ク、ク、クとお酒を飲む様子の描写〉

えー、へへ。あーら、ええ具合、ええ具合に回ってきました。
ハハハー。えーしかしほんまあんた偉い人や。あ、もう感心し
てね、もうちょっとあんたと早う心安なってたらなあ、ははあ、
きょう、兄弟分になっといたら、ほんま、ほんまあんた好っき

やー。ははは。

134 熊五郎：なあおい、紙屑屋。どないや。いっぺん商いにいてき
て、ほんで、商い済ましてから、ゆっくり寄って、飲んだらど
ないや。

135 紙屑屋：なに？　あき、商いに行って帰りしなにもっぺん寄れ
て。何をぬかしてけつかる。わずか二升や三升、わざわざ、こ
んなとこまで帰って来れるか。なんかしてけつかんね。心配す
なや。何をぬかしとんね。俺がこれぐらいの酒で酔うと思って
んのんか。なあ、おい。いいええ、俺がやで、一日や二日、商
い、休んでもやな、おい、言うて済まんけどな、かか、かかや
子供に不自由かけるようなことは、俺はしてないんや、ちゃー
んとあてがうもんはあてごうてあんねやさかい、な。心配すな。
なんかしてけつかんね。あん。

〈ク、ク、クとお酒を飲む様子の描写〉

あのな、え、言うて済まんけどな。ワイらこないして出商売や。
な。あ、雨が降ったと言やあ休み、風が吹いたと言や休まんな
らん商い、してんのにや、な、そのたんびにお前、かかや子供
のもにや、なあ、おい。不自由な目は、さされへんねん。な。
たとえ俺の口ひねってでも、かかや子供にはちゃーんと、く、
く、食わしたんねん、お前。ゆ、ゆ、ゆうて済まんけどお前ら
みたいなハマイのない人間とおんなしようにすな。誰に言うて
けつかんねん、カスや、しょうもない、ほんまに。

〈ク、ク、クとお酒を飲む様子の描写〉

おい、おい。人が酒飲んでんのに、うろうろさらすな、アホ。
飲んでる酒がうもない。何？　カミソリ。カミソリ何さらすね
ん。

136 熊五郎：何さらすとは。ホトケ湯灌したらんならんやないか。
こいつのドタマの毛をおろそと思うねん。

137 紙屑屋：なーにをぬかしてけつかんねん。ここのうちにカミソ
リてな気が利いたもんあったら俺がちゃんと買うてるわい、ア
ホ。何ぬかしてけつかる。ほんなんあるかい。第一こんなやつ
のドタマ、ドタマの毛おろすのん、カミソリみたいなんいるか。

224

心配すな、俺に任しとけ。俺がこの、このホトケのドタマの毛、俺は手でむ、むしったるさかい、心配すな。それ、そ、こっち、連れてこい。こっち、連れてこい、ちゅうねん。心配するな、アホ。

〈ク、ク、クとお酒を飲む様子の描写〉

あーよしよしよし。ドタマこっちい持ってこい。ようしよし。こんな、お前、ドタマの毛の一つや二つ、なんや。お前ら、心配せんでもええわい。お前ら、いちまの、いちま買うてきたら、いちまのドタマの毛、抜くのに慣れてんねんで。こんな、ドタマの、ドタマの一つや二つ、はえ。

〈ク、ク、クとお酒を飲む様子の描写〉

プーーッ。ハハハ見てえ。こんなもん、お前、やっ、てえっ、と。お、どうじゃ。ハハ、なんでもないこっちゃ。やっ、いよっ。そーーら。よっとこしょっと。ハハハもうこれぐらいでええやろ。ほう、棺桶へ放り込んだ……。そんなあったら目障りでどんならん。よーしよし、その桶へ放りこんだらええねん。だーっと、どっちからでもええ。バッと、放り込めや。ハハー。え？　足が、で、何？　足が、つっかい棒になって、入れずに。ボキッと折ったらええ。ボキッと。ははあ、入った、入ったわ。やあやあもう、蓋して。あ、おい。そ、そ、その畳の間からなんや、赤ーい札が出てるやろ。ああ、そやろ。虫札やろ。えっ？　カス坊主か。ようし、それ放り込んどいたれ。どっちみちこのガキら、坊主に参ってもらえるやっちゃないねん。よーし、そないしたら、縄かけとけ、縄。もう、せっかく飲んでんのに、バタバタすな。さあ、あるだけ飲んでしまお。

138 語り手：二人であるだけの酒飲んでしまいよって。まだ足らんというので、集めた香典でまた酒買うてきて、そいつも、スックリあげてしもて、二人ともグテグテに酔うてしまいよった。

139 紙屑屋：く、熊よ。俺はもうこうなったら帰らんで、ワイは。どや、おい。どっちみちお前、ソーレン明日出すつもりやろけ

ど、もう、今晩、片付けてしまえ。な、人足雇うっちゅうたっ
てゼニもないねやろ。われと俺とさし担いでこいつ、焼き場へ
連れて行ったろやないか。

140 熊五郎：紙屑屋はん、えらいすまんな。

141 紙屑屋：何ぬかしてけつかんねん。んな、水臭いこと、ぬかす
な、こうなったら兄弟同様やないか。よーし、われ、あの、先
棒いけ、俺あとからついたるさかい。さ、表出え、表。ほら、
行ってみい。なーあ、世間の奴は薄情なもんやで。えーっ。本
来ならお前、今晩は夜伽やさかいっちゅうて来んならんはずや
のに、皆、お前、表の戸しめて寝たふりさらしてけつかんねん。
こないなったら長屋の奴らへ、当てつけや。えーっ。ひとつ長
屋出んのん、景気よう出ようやないか。俺が大きな声出して、
景気つけるさかい、われ、ついてこいよ。ええな。ソーーレン
や、ソーレンや。ソーーレンや、ソーレンや。らくだの、ソー
レンや。らくだの、ソーレンや。ソーーレンや、ソーレンや。

142 語り手：九之助橋筋をずーっと西へ降りてまいりまして、ちょ
うど、堺筋、これをば、南へ回りますと、砂糖屋さんがたーく
さんに並んでございます。あ、ゆうけい（夕方）のことですの
で、もう店しもて、表掃除しとる丁稚。その前をば。

143 紙屑屋：ソーーレンや、ソーレンや。

144 砂糖屋の丁稚：常吉ったん。ちょと見てみなはれ。汚いソーレ
ンが通ってまっせ。

145 紙屑屋：おい、お前、ちょと待て。ちょっとここの砂糖屋はん
へ、ご挨拶によしてもらお。ごめんなはれや。

146 砂糖屋：どなたじゃな。そんなもん、持ち込んで。これ、そん
なもん店先へ置いたらどもならん。

147 紙屑屋：今表掃除しとったん、われとこの素丁稚か。

148 砂糖屋：なんぞ、うちの子供しが粗相でもいたしましたかいな。

149 紙屑屋：今、素丁稚が、汚いソーレンやとぬかした。ええ、汚
いソーレンで悪かったな。汚いソーレンでいかなんだら、お宅

226

できれいソーレンと代えてもらおか。

150 砂糖屋：こらどうも、あいすまんこって、子供のこっておます
さかい、どうぞお許しを。これ、番頭、番頭、ちょっと、ちょ
っと。えらい、誠に些少でございますが、御仏前へ。

151 紙屑屋：ああ、そうか。いや、わかってくれりゃええね。いや、
おおきに。邪魔した。またこれから、ちょいちょいよしてもら
うさかい、よろしゅう頼んまっせ。ハハハハ。おい、熊。また、
ちょっと飲めるぞ。ソーレンや、ソーレンや。

152 語り手：日本橋の、ちょうど北詰まで参りまして、ひょろひょ
ろっとして。ひょろひょろっとした拍子に、ばーーーんと、桶
が、欄干に当たりよった。その拍子に、ざーっと、底が抜けた。
らくだ、そこへ落としていきよって、

153 紙屑屋：ソーレンや、お、おい、おい。ちょと、ちょと待て、
おい。熊。なんや急に軽なったと思ったら、らくだ、いえへん
で。

154 熊五郎：さっき、軽なったと思ったら、ほな、ひょっとしたら、
あのガキ、お、落ちやがってんで。

155 紙屑屋：何をさらすねん。落ちたら落ちたとぬかしたらええの
に。こんな人通りの多いとこや。おい、熊。早う早よ行かなん
だら、もしも、人が拾ていったらいかんさかい、早う探しに行
こう。

156 語り手：帰ってきますと、ちょうど日本橋の南詰に、願人坊主。
こいつも、とろっぴき酔うて、大の字になって寝とる。

157 紙屑屋：ああ、こんなとこにいよった。こんのガキ、落ちんの
やったら、落ちるとぬかしたらええのに。おーーい。手数かけ
やがって。友達に。いつ落ったんや。

158 願人坊主：八年前に。

159 紙屑屋：なーにをぬかしてけつかんねん。何が八年前じゃ。あ、

こいつを放り込んで持っていこ。

160 語り手：焼き場までやってまいりますと。

161 紙屑屋：おーい。隠亡。ちょっとこれ、頼むで。

162 隠亡：わかった、わかっとる。もう、遅うに来やがって。よしゃよしゃ。そこへ置いとけ、そこへ。ゼニわえ。

163 紙屑屋：ゼニはちゃんと持ってきてるわい。ワッハハ。お前も飲んでるな。

164 隠亡：ぼちぼち、寝酒やって寝ようと思ってたとこや。

165 紙屑屋：そうか。ほなら、別にここへ、ちょっと、酒手置いとくさかい。まあ、ゆっくり飲んでくれ。

166 隠亡：やあ、おおきにありがとう。やあ、おおきに、すまなんだ。いやあ、ちゃんと、焼いといたるさかい。ほんまに邪魔くさい。人が寝ようと思ってんのに。ど、しゃあない。先、仕事してしまお。

167 語り手：棺桶をば火の上へ載せまして、横手でちびーちび飲んでますと、ぼちぼち火が回ってきよったと見えて。

168 願人坊主：あつ、熱い、熱い。

169 隠亡：何をぬかしてけつかんねん。熱のうてか、ようそんなことぬかすで。第一、往生際の悪いやっちゃ。おとなしい、死にさらせ。

170 願人坊主：熱い！

171 隠亡：まだぬかしてるな。

172 願人坊主：いったい、ここはどこや。

173 隠亡：よう、そんなこと、ぬかすで。ここは千日の火屋じゃ。

174 願人坊主：ヒヤでもええさかい、もう一杯くれ。

六代目三遊亭圓生「らくだ」文字起こし
（CD 音声 56 分 49 秒）

〈凡例〉

〈　　　〉：酒を飲む様子や戸を叩く音など、発話そのものではない部分

001 **語り手**：えー「らくだ」という、お噺でございますが。えー文
化の三年に、ラクダというものが日本へ初めて、見世物として
参りました。えー人間で、この、なりが大きくて、のそのそし
て、役に立たない者を、らくだのような奴だなんという悪口を
言いましたもので。
えー、この話の主人公というのは、馬太郎という、本名でござ
いまして、えーところがこれが「らくだ」というあだ名がつき
まして、「らくだの馬さん」という。中にはまた、ただ「らく
だ」という人がありまして、えー、当人も決してそれをまた嫌
がらない、「おお、らくだ」「おお」なんてんで、返事をしよう
という、あまりどうもいい人物ではございませんが。えー「目
の寄るところには玉」と言いまして、こういうところへはまた
おんなしような奴が寄ってくるもんで。

002 **兄貴分（熊五郎、以下「熊」）**：おう、らくだ。おうい、いねえ
のか。うん、返事がせん、寝込みやがったのか。おい、なんだ、
あいてるじゃねえか。なんだい、チェッ、寝てやがら。のんき
な野郎じゃねえか、冗談じゃねえ、いま時分まで寝ているべら
ぼうもねえもんじゃねえか。おーい、起きろ、起きろ。おい、
でえいち、そんなとこへおめえ、うたた寝していた日にゃ、風
邪引くじゃねえか。おい、起きねえかい。おい。おっおっ。
なんだ、冷たくなってる。ああ、そうか。そう言やあ、この野
郎、ゆうべフグをぶら下げてやがった。鍋がかかってら、やら

れやがったな。「時候ちげえで、そんなのものは危ねえから、おめえよした方がいいだろう」ったら、「冗談言っちゃいけねえ、こう安くっちゃ、食わずにはいられねえ。フグなんてものはあたるもんじゃね、俺の方であててやらあ」なんて笑っていやがった。こんな野郎でもやっぱり毒にはかなわねえんだな。とうとうクタバッっちまいやがった。ちぇっ、間抜けな時に来やがったな、こんチキショウ。先月あたりならなんとかなったんだがな。こっちはスッテンテンに取られちまって、今じゃどうにもしょうがねえ。普段から、兄貴、兄貴って。兄貴と言われりゃ、兄貴らしいこともしてやりてえけれども、銭がなきゃしょうがねえじゃねえかな、どうも。

003 屑屋：くずーーーい、クズのおたまりはございませんか。くずーーーい。

004 熊：おっ、おあつらいじゃねえか、えー、屑屋がやってきやがる。こいつはありがてえ。おうっ、屑屋。

005 屑屋：へえ。悪いところで声をかけちゃったな、こら。らくださんのうちだ。このうちで呼ばれた時はろくなことがねえんだからな。なんでもないものを無闇に買え買え、買え買えってんだ。ここで呼び込まれるようなこっちゃ、今日はろくなことはねえや、こりゃ。

006 熊：何をぐずぐず言ってやがる。へえれ、こっち。

007 屑屋：へえ。こんちわ。えーこちらはらくださんのオタクじゃないんですか。

008 熊：らくだんとこだよ。

009 屑屋：どっかへお出かけになりまして？

010 熊：らくだが？

011 屑屋：へえ。

012 熊：どこにも行きやしねえ。ここにいる、ええここにいるよ。

013 屑屋：ああ、ハッ、よく寝てらっしゃいます。

014 熊：ふん、ちげえねえ、よく寝てらあ、もう生涯起きやしねえ。

015 屑屋：へえ、どうしたんで？

016 熊：くたばってるんだい。

017 屑屋：えっ、らくださんが、死んだんですか。へーえ、それは
　　　どうもいい塩梅。そうでございますか。だけども、亡くなる方
　　　じゃないんですがな。どうしたんです。

018 熊：この野郎、ゆうべフグをぶら下げてやがったんだい。俺が
　　　よせと言ったんだけど、聞かねえで食らったんで、野郎、とう
　　　とうフグでやられやがったんだ。

019 屑屋：そうですかねえ。あんな方でもやっぱり毒にはかなわな
　　　いんですかね。

020 熊：何しろ、俺が今、この家飛び込んできたら、こんちきしょ
　　　うが死んでやがる。普段から俺のことを兄貴、兄貴て言いやが
　　　る。そのくせ、こんちきしょうの方が二つ三つ歳は上なんだ。
　　　兄貴と言われりゃ、こっちも兄らしいことをしてやりてえが、
　　　何しろ、俺も博打で取られてスッテンテンで、どうにもしょう
　　　がねえんだ。どうしようかと思っているところへ、おめえが通
　　　り合わせたんで、ちょうど幸いだ。この家のものはなんだ、な
　　　んでもおめえに売るから、目いっぺえ買っていってくれ。なっ、
　　　そのゼニでともれえを出そうてんだ。頼むわ。

021 屑屋：えー、せっかくですけども、何にもいただくものはない
　　　んで。

022 熊：なんでも。

023 屑屋：なんでもったって、何にもないんですから。

024 熊：火鉢があるじゃねえか。

025 屑屋：火鉢はダメなんで。二つに割れてるんで。はちまきをし
　　　てようやくもってるんで。急須は口が欠けておりますし、一年
　　　ばかり前にお断りしたものばかりなんです。

026 熊：ふん、屑屋に見放されてやがる。だらしがねえや、冗談じ
　　　ゃねえ。だけどもよ、何か買ってってくれよ。えー何か。

027 屑屋：何かったって、何にもいただくものはないんでございま
　　　すが。しかしまあ、えーらくださんもお亡くなりになってみる
　　　と、まことにお気の毒でございます。えーこれは、まことにほ
　　　んの少々、心ばかりでございますが、どうかこれでお線香でも。

028 熊：そんなこと、おめえ。

029屑屋：いえいえ、決してもうそう言うほどのもんじゃないんで
ございますが。私の本当の心ばかり。こんなしがない稼業でご
ざいますから、どうか。

030熊：そりゃすまねえなあ。おめえにそんなしんぺえかけちゃ申
し訳がねえ。しかし、ま、せっかくそうしてくれたものを、仏
に成り代わって、俺あもらっておくわ。ありがとう。

031屑屋：えー決してもうそれほどのもんじゃないんで。じゃ、こ
れでおいと

032熊：おー、おお、おお、まあまあ待ちねえ。俺はこの長屋へ初
めて来て勝手が分からねえんで、おめえは何か、ちょいちょい
来てんのか。

033屑屋：へえ、えーあたくしはもう長年出入りをしておりますん
で。

034熊：じゃ、てえげえのことはわかるだろう。

035屑屋：へえ、なんで。

036熊：今月の月番はどこだ。

037屑屋：あー今月の月番はあのなんでございます、この先、えー
下駄の歯入れ屋さんでございますが。

038熊：じゃ、そこへ行ってな。らくだの死んだことを言って、い
ま兄貴分てえのがきて、とむらいを出してやろうと思うが、な
にしろ博打に取られてゼニが百もねえ。どんな長屋でも付き合
いてえものがあるだろうから、急いで香典を集めて持ってきて
くれるように、それもなまじこの品物やなんかでよこされちゃ
迷惑だから生の方がいいと、こう言ってな。

039屑屋：つまり香典の催促なんで。

040熊：うん、いいじゃねえか、手前のことを言うんじゃねえ。ひ
とのことならなんでも言えるじゃねえか。え、じゃ、行ってこ
い。おおい、待ちねえ、そのザルをこっちに出しな。

041屑屋：へ、いえ、これは始終しょっておりますから、軽いんで。

042熊：まあいいから、こっちに出せんで。俺が預かっといてや
るから、そんなもの持っていかなくたって。その風呂敷がある
だろう、肩にかけてる、それも出しねえ、預かっておくから、

は、早く行ってこい。

043 屑屋：へえ。ああどうも、つまらねえ用を言いつけられちゃっ
たな、冗談じゃねえ。えー、こんちわ。

044 月番：はい、おお、屑屋さんじゃねえか、なんだい。

045 屑屋：あの、お知らせがあって来たんですが。いえ、あの、長
屋のらくださんがゆうべ死んだんで。

046 月番：えっ、誰が。らくだが死んだ。へーえ、それはまあよか
ったね。死んだかい、あいつが。だって、死ぬ野郎じゃねえん
だが、どうして。

047 屑屋：なんでもフグでやられたらしいんで。

048 月番：怖いもんだね、そうかい。まあ、それはなんにしてもよ
かったね。んー、で、わざわざ知らしに来てくれたの、ああそ
う、ご苦労さん。

049 屑屋：いま兄貴分てえ人が来ているんで、らくださんのおとむ
らいを出してやりたいが、博打に取られて、その方も一文なし
でどうにもしょうがない。えー、どこの長屋でも付き合いてえ
ものがあるだろうから、香典をすぐ集めて持ってきてくれるよ
うに、それも品物や何かでなまじよこされちゃ困るから、生の
方がいいと、こう言うんで。

050 月番：なにかい、その兄弟分が。冗談言っちゃいけないよ。そ
りゃあね、こんな長屋だってね、そりゃ付き合いはあるよ。あ
るがね、あのらくだてえやつがね、いっぺんだって月掛けなん
ぞかけたことはねえんだから。あー初め取りに行くてえと、
「今こまけえのがねえ」とこう言いやがる。で、しょうがねえ
から、月番が立て替えちゃって、また催促に行くと、「今こま
けえのがねえ」。「今度は大きいのでよろしゅうございます」っ
たら、「こまけえのがねえぐらいだから、大きいのはなおねえ」。
その上催促をすりゃ、張り倒される。しょうがねえから、月番
が、おー、損をしちまったんだ。なにがあったって、ビタ一文
出すんじゃねえんだからね、あー、あんな野郎が死んだって香
典なんぞはよこすものはない。ダメだよ。

051 屑屋：ええ、それはもっともなんですが、これはまあ余計なこ

六代目三遊亭圓生「らくだ」文字起こし　233

とでございますけども、まあたとえいくらでもおやりになった
ほうが良くはないかと思うんですが。

052 月番：どうして。

053 屑屋：その兄貴分てえ人が、らくださんへ輪をかけたような、
もっとこうなりの大きな、怖い顔をしてましてな。へえこれを
やらないと、犬の糞でカタキでまたなにをするかわかりません
から。

054 月番：どうせあんな奴のきょうでえ分てえんだ、ろくなもんじ
ゃねえや。ああ、まあまあいいや、いいや。じゃ、な、俺が長
屋を回って、らくだが死んだと言えば、また喜んでこわ飯でも
ふかすところがあるだろうから、そのこわ飯をふかした代わり
だと思って、いくらかやってくれと、こう言って、あー。じゃ、
そう言っといてくんない。あのー、こんな貧乏長屋ですから、
たいしたことはできませんからと、こう言ってな、釘を刺して
おいてくんな。

055 屑屋：へえ、宜しいです。どうぞお願い申します。へ、行って
まいりました。

056 熊：おお、ご苦労さん。どうしたい。

057 屑屋：えー、いますぐに集めて持って上がるそうで、こういう
貧乏長屋でございますから、えーたいしたことはできないから、
それはご承知を願いたいという

058 熊：まあ仕方がねえやな。こっちだってただもらうんだ、多い
少ねえは言えねえ。えー、じゃ、あのー、もう一軒、行って
こい。

059 屑屋：すみませんが、私もまだ今日はまるっきり、朝っから商
売をしてないんでございますが。えーすみませんが、そのザル。

060 熊：だから、もう一軒行ってこいってんだい。

061 屑屋：どこへ行くんです。

062 熊：家主はどこだ。

063 屑屋：ああ、大家さんとこなら、あの、この路地の出口で、そ
っから行きゃ近いんで。

064 熊：じゃ、家主のとこに行ってな。

065 屑屋：あっ、らくだの死んだことを。へえ、よろしゅうございます。

066 熊：おお、おいおい、ただ行ったってしょうがねえやな。ひとの言うことをよく聞いて行けてんだよ。えー向こうへ行ったら、らくだが死にました。えーきょうでえ分てえのが今きているが、とむらいを出してやりてえと思うが、博打に取られちまって、ゼニが百もねえ。どうすることもできねえ。しかし、犬猫の死んだんじゃねえから、このまんまにしておくわけにはいかねえ。せめて通夜の真似事ぐれえはしてやりてえが、えー大家さんはお忙しいでしょうから、おいでには及びません。と先に断っておきな。いいかい。長屋の方はお見えになるでしょうが、カラっ茶でけえすてわけにもいかねえから、酒を三升ばかり届けてくれ。悪いのはいけねえから、なるべくいい酒を吟味して持ってくるように。でー、煮しめは、そうだな、まあはんぺんと、こんにゃくと、ハスぐれえだ。こういう陽気だから、塩を少し辛めに、出汁をきかして煮てくれ。大きい丼か皿に、にへえもありゃよかろう。別におまんま三升ばかり炊いて、急いで届けるようにな、そう言ってくれ。

067 屑屋：それはダメだ。

068 熊：お前がダメだっていいや。

069 屑屋：そんなこと言ったって、向こうでくれやしません。

070 熊：くれやしませんて、おめえがなにも決めることは

071 屑屋：いや、決めるわけではないんですが、そんなこと言ったって、この大家さんてえのは、この界隈、名代のしみったれな人なんです。

072 熊：そんなにしみったれなのかい。

073 屑屋：ええーっ、とてもそれはくれっこありません。

074 熊：もしな、向こうでよこすのよこさねえのとぬかしやがったら、そう言ってやれ。えー、それじゃ、とむらいも出せませんし、身じゃなし皮じゃなし、そうそう世話は焼ききれねえから、らくだの死骸はこちらへしょってまいります。大家といえば親も同然、店子といえば子も同様てえ例えがあるから、どうか煮

六代目三遊亭圓生「らくだ」文字起こし　235

て食うとも焼いて食うとも好きなようにしてくれ。どうせ持っ
てくるついでだから、お慰みを重ねて、死人にカンカンのうを
踊らせてご覧にいれますからと、こう言って。早く行ってこい。

075 屑屋：へえ。そんな無理なこと言ったってしょうがありゃしね
え。そんなこと言っていきゃ、大家さんのとこ、しくじっちま
う。冗談じゃねえ。ええ、こんちわ。ごめんくださいまし。

076 大家：はい、どなた。

077 屑屋：ええ、ごめんくださいまし。

078 大家：はい。なんだ、屑屋じゃねえか。なんだ、いくらおめえ
しょうべえ熱心だったって、おととい持ってったばかりじゃね
えか。そんなにクズなんてものはすぐにたまりはしねえ。

079 屑屋：いえ、今日は商売で上がったんじゃないんで。

080 大家：なんだ。

081 屑屋：ええ、お知らせがあるんですが。長屋のらくださんがゆ
うべ死にましたんで。

082 大家：えっ、誰が。らくだが死んだ。えっ、おい、おばあさん、
らくだが死んだとよ。えっ、ゆうべ、死んだ。ははははははは、
死にゃがったと、あの野郎がよ。そうだよ、おう。だけど、ま
死ぬ奴じゃねえけれども、どうして死んだんだい。えっ、フグ
で。おばあさん、フグだとよ。あー。あんな野郎でも、やっぱ
り毒にはかなわねえと見えるんだな。そうかい、死んだかい。
いやあ、な、なんにしても、それはめでてえこったぜ。

083 屑屋：えーっ、めでたいことなんで

084 大家：で、何かい、わざわざ知らしにきてくれた、ああそうか
い、それはご苦労。

085 屑屋：それから、今そのらくださんの兄貴分てえ方が来ており
まして、らくださんのおとむらいを出してやりたいと申します。

086 大家：うーんうん、そうかい。まあ、あんなやつでもそうして
世話をしてくださろうてえ方があるのは幸せだ。じゃあ、ら
くだもああいうやつで、さぞ大家さんの方へご迷惑もかけてお
りましょうし、店賃のたまったのは調べていただいて、そいつ
を払いたいと、こう言うのかい。

087 屑屋：そうじゃんです。

088 大家：なんだい。

089 屑屋：その方も博打に取られちまって、一文無しで、どうにも
しょうがない。しかし、犬猫の死んだんじゃないから、せめて
通夜の真似事ぐらいはしてやりたいと言うんです。

090 大家：どうでも勝手にするがいいよ。

091 屑屋：大家さんはお忙しいでございましょうから、おいでには
及ばないと申します。

092 大家：誰が行くや、つまらん。そんなことはご念には及ばねえ
って、そう言ってやんな。ああ、行かねえ。

093 屑屋：長屋の方はお見えになるでございましょうから、カラッ
茶で帰すというわけにいかないから、酒を三升ばかり、悪いの
はいけないから、なるべくいい酒を届けていただきたいって、
それからまあはんぺんと、ハスと、こんにゃくぐらい、それを
少しこういう陽気だから、出汁をきかして、塩を辛めに煮て、
大きな丼か皿に二杯もありゃいいから、あとおまんまを三升ば
かり別に炊いて届けてくれと、こういうんでございます。じ
ゃ、どうぞよろしくお願いを。

094 大家：おい、おいおいおい。まあ待ちな、屑屋。おばあさん、
お茶をいれな。

095 屑屋：いえ、えー、どうぞもうお構いなく。

096 大家：俺が飲むんだ。おい、屑屋、おめえなにか、幾つになる。
えっ、なんだって、そんな馬鹿げたことを頼まれてつけえに来
るんだい。おめえだって長年この長屋に出入りをしているんだ
から、らくだてえやつがどんなやつか、まんざら知られえこと
はねえだろう。どんな悪いやつでも、越してきたその月の家賃
は、一つは払うもんだ。あの野郎ときた日には、越してきたそ
の月から払わねえ。催促に行きゃ、「今ねえ」とこう言いやが
る。えっ、じゃ、「店賃が払えなきゃ出て行け」ってえと、「出
てやるから、俺のへえる家を新しく一軒建てろ」と、こう言い
やがる。どうにも始末におえねえ。死んだって、おめえ、三年
いく月か居た家賃が一文も取れるわけじゃねえ。それを棒を引

いてやるだけだって、生やさしい金じゃねえ。その上になんだ。酒もってこいの、煮しめよこせだの。あんまりとぼけたことを言うなって、その兄貴分てえのによくそう言ってやんな。

097 屑屋：それはもうごもっともな。いえ、ですから、私もそう言ったんです。そんなことを言ったって、とてもくださるわけはない。それでなくても、もう名代のしみったれ

098 大家：なに。

099 屑屋：いえ、あの、名代の、しみ、しみじみ、しみじみ、いい大家さんだけども、えー、それはとても下さるわけがないって、そう言ったんです。

100 大家：そう言ったらどうした。

101 屑屋：そしたら、もしそれでよこすのよこさねえのとぬかしやがったら

102 大家：なんだ、家主に向かって、なんだ、ぬかしやがると

103 屑屋：いいえ、そ、そ、そうじゃないんです。そのなんです。もしよこすのよこさないのと、よこすのよこさないのとおっしゃって、おっしゃいましたら、おっしゃいましたらねって、その、それじゃ身じゃなし皮じゃなし、そうそう世話は焼ききれないから、大家といえば親も同然、店子といえば子も同様てえ例えがあるから、死骸はこっちへ持ってくるから、煮て食うとも焼いて食うともいいようにしてもらいたい、どうせ連れてくるついでだから、お慰みを重ねて死人にカンカンのうを踊らしてお目にかけると、こう言うんです。

104 大家：なんだと、死人にカンカンのうを踊らせる？　踊らしたらいいじゃねえ。そんなことで驚くような家主とはわけが違う。俺もこの界隈じゃ、少しは嫌がられてる人間だ。そう言ってやんな、そのきょうでえ分に。ああ、年はとりてえもんだ。まだカンカンのうを死人が踊ったてえのは見たことがねえ。俺も婆さんも退屈をしているから、ぜひ、そのカンカンのう踊りが見てえから、連れてきて見せろって、家にけえってそう言え。

105 屑屋：あっち行っちゃ脅かされ、こっち行っちゃ脅かされて、鉄砲ザル向こうに取られちゃったから、逃げることができやし

238

ねえんで、しょうがねえんだ。えっ、行ってまいりました。

106 熊：おいおい、なにをしてるんだ。冗談じゃない。つけえを早
くしろ。

107 屑屋：あなた、家にいてそのポンポン言ってらっしゃいますけ
れども、使いに行ったもんの身にもなってくださいよ。

108 熊：どうしたんだ、いってえ。

109 屑屋：ダメなんで、ダメなんで。

110 熊：なんだ、ダメだって。

111 屑屋：向こうでくれないってんで。

112 熊：どうしてくれねえてんだ。

113 屑屋：どうしてったって、それあ、らくださんも悪いんで、こ
こへ越してきて3年以上になるのに、まだ家賃をひとつも払っ
たことはないんで。死んだってこの家賃は一文ももらえるわけ
じゃないと、こう言うんです。

114 熊：そんなこと当たりめえじゃねえか。

115 屑屋：へえ。

116 熊：死んだやつが払えねえのは当たりめえだ。

117 屑屋：へえ、そう、そうなんで、当たり前なんで、へえ。で、
それを棒を引くだけでも安い金じゃないから、とてもやれない
からダメだと、こう言うんです。

118 熊：それで、黙ってけえってきたのか。

119 屑屋：だって、向こうでくれないってんですから、しようがあ
りません。

120 熊：死人を連れてきて、カンカンのうを踊らせるって言わねえ
のかい。

121 屑屋：いえ、それはそう言ったんですけど、向こうで驚かない
んで。歳はとりてえもんだって、こう言うんです。死人がカン
カンのうを踊ったのは、この歳になるが見たことはない、俺も
婆さんも退屈をしているとこだから、ぜひその踊りが見てえか
ら、連れてきて見せろと。そんな怖がらないんですから、ダメ
なんです。

122 熊：じゃなにか、その踊りが見てえって、そう言ったのか。

六代目三遊亭圓生「らくだ」文字起こし　239

123 屑屋：へえ。

124 熊：確かにそう言ったのか。

125 屑屋：ええ、ええ、それはもう確かにそう言ったんです。

126 熊：向こう向け。向こう向きな。

127 屑屋：えっ、何かついてるんで。

128 熊：なんでもいいから、そっち向いてろてんで、こっちを向く
　　　な。張り倒すぞ。さっ、これをしょうんだ。

129 屑屋：へっ、あっ、あちち、勘弁してくださいよ、あなた。嫌
　　　だな。おっ、血い吐いてるよ、うふふふ。冷てえな、食いつき
　　　ゃしませんか。

130 熊：死んだもんが食いつくか。さっさと歩け、さっさと。どこ
　　　だ、この家かい。えっ。へっついのとこへ立てかけろ。へっつ
　　　いのとこへ立てかけるんだよ。突っ張ってるからでえじょうぶ
　　　だから、立てかけとけってんだよ。その障子をガラッと開けて
　　　な、それをきっかけにカンカンのうをすぐに歌え。

131 屑屋：冗談言っちゃいけません。そんなもの私は歌えやしませ
　　　んよ。

132 熊：歌えねえことはねえ。

133 屑屋：歌えねえことはねえったって、知りません。

134 熊：この野郎、歌わねえと、蹴っ殺すぞ。

135 屑屋：うっふふふう、じゃ、しょうがねえ歌います。

136 熊：ばかやろう、歌うんだ。

137 屑屋：カンカンのう、きゅうのです。

138 大家：おい、婆さん、本当に来たよ。なんだね、おい、お前、
　　　逃げちゃいけないよ。不人情な。逃げるんなら、俺も一緒に逃
　　　げるよ。待ちない。

139 屑屋：カンカン

140 大家：屑屋歌うなよ、もういい、わかった。いや、やるやる、
　　　やるやる、やります、やります。すぐ持っていきますから、ど
　　　うぞ、どうぞお引き取りを願います。

141 熊：すぐに持ってこねえと、また、もういっぺん踊らせるぞ。

142 大家：いえー、すぐにお届けを、お届けをいたしますから。ど

うぞそちらにお引き取りを。

143 熊：じゃ、いいんだな。おっ、そっちを向け。さっ、これをしょうんだ。

144 屑屋：へえへえ。

145 熊：そこへ放り出しとけ。もう一軒、行ってこい。

146 屑屋：もう勘弁してくださいよ。もう私は朝からまるっきり商売をしてないんですから。1日休むと、六十三になるおふくろに、十一をかしらに3人子供があって、あした釜の蓋があかないんでございますから。

147 熊：わかっているよ。もう一軒行ってこいってんだ。

148 屑屋：どこへ行くんです。

149 熊：表の八百屋があんだろう。

150 屑屋：へっ。

151 熊：あそこへ行ってな、あのー、四斗樽の空いたのを一本もらってこい。

152 屑屋：どうするんで。

153 熊：どうするんじゃねえ、らくだの死骸を入れるんだ。

154 屑屋：そんな、向こうは商売もんだから、くれやしませんよ。

155 熊：くれねえことはねえや。

156 屑屋：くれねえことはねえったって、くれませんよ。

157 熊：で、もしな、向こうでよこさねえと言ったらな。

158 屑屋：死人を連れてきてカンカンのうを踊らせる

159 熊：そうじゃねえんだよ。空いたらお返しをいたしますからとこう言って、行ってこい、早く。

160 屑屋：無理なことばかり言ってるんだからな、どうも。へい、こんちわ。

161 八百屋：おっ、よう、なんだい、屑屋さんじゃねえかい、どうしたい。顔色が悪いじゃねえかい、おめえ。どうしたい。

162 屑屋：えー、お知らせがあって伺ったんですが。長屋のらくださんが昨夜死んだんでございます。

163 八百屋：誰が。死んだ、らくだが。本当かい、お前。そんな人を喜ばせようと思って、そんなことを言ってきたんじゃねえの

かい。死ぬ野郎じゃねえんだからな、あいつは。本当に死んだ
の。だけども、よくなんだよ、頭を潰しておかねえと、後で生
き返るよ、あいつは。

164屑屋：蛇だな、まるで。ゆうべフグで亡くなったんで。

165八百屋：へえーっ、そうかい。フグてえのはえらいもんだね、
あんな奴を殺せんだね。大したもんだな、どうも。で、なにか
い、わざわざ知らせに来て。ああ、ああ、それはどうもありが
とう。ああ、ちっとも知らなかったな。お前なにかい、らくだ
の親戚かい。

166屑屋：いやいややー、とんでもない、親戚じゃないよ。今、そ
の兄弟分てえ方が来ているんです。

167八百屋：うん。

168屑屋：そのかたも、いま博打に取られて一文なしでどうにもし
ょうがないんで、すみませんが、四斗樽の空いたのを一本いた
だきたいと、こう言うんです。

169八百屋：なにする。

170屑屋：らくださんの死骸を入れるんです。

171八百屋：チェッ、冗談言っちゃいけねえ、ダメだダメだ、うち
は商売もんだからやれないよ。

172屑屋：もし、いただけなかったら、貸していただいてもよろし
いんです。

173八百屋：貸してどうする。

174屑屋：空いたら、お返しをいたします。

175八百屋：冗談言っちゃいけないよ。そんなバカなこと言ったっ
てダメだよ、やれない、やれない。あのね、らくだてえやつは、
今までうちの品物だって、どのくれえタダで持ってってるか知
らねえんだ。ツラが憎いんだ。店へ立ちやがって、ひょいとつ
まんで、「おお、これはいいよ」って、すーっと行っちまいや
がる。後を追っかけてって、「おあしを」ってえと、ポカっと
殴りやがる。どうにもしようがねえんだよ。あんな野郎が死ん
だって、なんのなんの。ダメだダメだ、やれない。

176屑屋：じゃ、どうしてもいただけ

242

177 八百屋：ああ、ダメだよ。

178 屑屋：いよいよくださらないとなると、カンカンのうんで。

179 八百屋：なんだい、カンカンのうってえのは。

180 屑屋：死骸のやり場に困るから、こちらへ連れてきてカンカンのうを踊らしてお目にかけると、こう言うんで。

181 八百屋：へえー、ふふん、おもしろいね、見たいね。

182 屑屋：見るんですか。

183 八百屋：見るんですかったって、見てえじゃねえか、お前。死人がカンカンのうを踊るなんてえのは乙なもんだね。おおっ、ぜひ見せてもらおう。

184 屑屋：じゃ、どうしても見ますか。

185 八百屋：おう。

186 屑屋：こうお座敷が増えちゃやりきれねえ。

187 八百屋：なんだい、お座敷てえのは。

188 屑屋：いま、踊らして帰ってきたばかしなんで。

189 八百屋：おいおい、冗談じゃない、本当にやったのかい、どこで。大家さんとこで。どうしたい。

190 屑屋：大家さん、真っ青になっちゃった。へえ、それで酒と煮しめをくれるてえことになったんで。こちらでもし樽がいただけなければ、本当に

191 八百屋：おお、いいよいいよ、やるよやるよ、やるよやるよ。本当に持ってこられてたまるかい、冗談じゃねえ。じゃね、新しいのはいけないから、あのう、物置の前に3本ばかり出ている、あれならどれでもいいから、持っていきな。少しガタついてるからね、えー、水を張っときゃ、そのガタつきはじきに止まるから。

192 屑屋：それから、すみませんがあの、縄を少しいただきたい

193 八百屋：あーあー、じゃ、物置にへえっているから、いいだけ持っていきな。

194 屑屋：天秤の悪いのを、拝借をした後でお返しをいたしますから。

195 八百屋：じゃ、そこにあるのは、それは悪いから持っていきな。

ああ、いいよ、返さなくてもいいから、持っていきな。

196屑屋：そうですか、どうもありがとう存じまして。へ、行ってまいりました。

197熊：おおっ、ご苦労、ご苦労。どうしたい。

198屑屋：はじめなかなかくれるって言いませんで、しょうがありませんから、カンカンのうをちょいと用いましたところが、向こうでも驚いて、やるってえまして、少し古いからガタつきますが、水を張ってありますから、じきにあのガタつきは止まります。それから縄もいるだろうと思いまして、天秤の悪いのも一本ついでにもらってまいりました。

199熊：そうか、さすがに江戸っ子だ。なあ、することが、どうもなかなか気が利いてる。おめえが行った後でな、なんだ月番のジジイてえのがやってきやがった。背の低いちっぽけなジジイだ。ぺこぺこお辞儀ばかりしてやがってな。うふん、「こんな貧乏長屋でございまして、ろくなことはできません、誠にどうも申し訳がございません」なんて言いやがる。そりゃ仕方がねえやな。こっちだってタダもらうんだから、多いすくねえは言えねえから。そこへ入れちげえに、なんだな。けえると家主のババアがやってきやがって、「先ほどはどうもとんだ失礼をいたしまして、お口にも合いますまいが、召し上がっていただきとうございます」って言いやがってな、酒と煮しめを持ってきやがった。それから、どんな酒だか、もし悪かったら、たたきけえしてやろうと思って、ババアを待たしておいて、俺は飲んでたんだよ。そばでガタガタふるえてやがんだよ。やってみたところが、まあ割合にやれるから、もらっといたんだ。おまんまは三升届いているし、早桶はできる。これでまあ、おめえのおかげですっかりとむらいの支度はできた。

200屑屋：えー、じゃ、もう御用はございま

201熊：ああ、これでもういいよ。

202屑屋：えー、それでは私もこれからすぐ商売にまいりますから、その、ザルを

203熊：まあまあ、まあ待ちねえ。えーおまえもなんだ、えー、酒

があるんだ、いっぺえ飲んでったらいいじゃねえか。えーいっぺえやんな。

204屑屋：いえいえ、もう私は結構でございますから。

205熊：だって、おめえ何か、酒は飲めねえのかい。

206屑屋：いえ。

207熊：きれえなのかい。

208屑屋：嫌いじゃないんですけども、えー、これから商売

209熊：だからいいじゃねえか、いっぺえ飲んでいきねえ。俺だって、おめえを使いっぱなしで、このまんまけえすのはなんだから、なあ心持ちが悪いじゃねえか。仏をしょったりなんかしているんだから、ここでキューッとやって、体を清めて、それで商売に行きねえ。そうしな、いっぺえやんな。

210屑屋：もうほんとうにもう頂かなくて結構なんですが

211熊：いっぺえだけ飲みなてんだよ。飲めねえことはねえだろ、いっぺえ。飲めねえのか。おい、じゃ、なにか。おい。

212屑屋：じゃ、じゃ、いただき、いただき、いただきます。こんな、こんな

213熊：いいから、ついでやるから持て。

214屑屋：こんな大きなもんで。へへーっ、あのー、そんな。じゃ、頂戴をいたします。〈飲む〉なかなかいい、〈飲む〉どうもごちそうさんで。じゃ、そのザルをいただいて。

215熊：なーんで。おめえ、なんでえ、キューッといくとこ、案外やれるじゃねえか。酒はなんだろ、きれえじゃねんだろ。

216屑屋：本当は好きなんです。

217熊：好きなら飲んだらいいじゃねえか。

218屑屋：いえいえ、好きなんですけれども。

219熊：好きなんですけれどもじゃ、もういっぺえやんねえ。もういっぺえ。いいじゃねえか。

220屑屋：いえ、もうほんとうに結構なんで。いえ、飲めないんじゃないんですけれども、私も酒ゆえにこんな屑屋なんぞになりさがっちまったんで、へえ。もう一切、外ではお酒はいただかないてえことに決めておりますんで、夜帰りましてから、一合

六代目三遊亭圓生「らくだ」文字起こし　245

だけのおしきせを私がちびちび、こういただいて、お膳の周り
を子供がおまんま粒だらけになってとっついているのを、おふ
くろが見て、ニコニコ、ニコニコ笑ってくれるんで、へえ。こ
んなになりまして、もう親孝行などもできませんが、せめて親
に苦労をかけないのが、せめてもの親孝行だと思いまして、こ
んな弱い稼業をしているんでございますから、どうかすみませ
んが、その鉄砲ザルをどうぞ。

221 熊：ちぇっ、いやに湿っぽいことばかり言ってやがるんだな、
こんちきしょう。だからよ、飯だっていっぺえてえのはなんだ
な、もういっぺえな、キュッとやっていきねえ。もういっぺえ
頼むから飲んでいきねえ。もういっぺえだけ頼むから。

222 屑屋：ですけど、ほんとうにもう頂いたんですから。

223 熊：じゃ、どうしても飲めねえのか、おい。俺が頼むてえのが、
おめえ、いやなのかおい。どうしても飲め

224 屑屋：いい、じゃ、じゃ、いただきます。そんなにほんとうに
私は、いただ、じゃ、ほんとうに今度は半分ぐらい。あっあっ、
そっとそっと。こんなに私はいただいた、じゃいただきます。
へえ。〈飲む〉どうもごちそうさまです。じゃ、そのザルをい
ただいて。

225 熊：なんだな、おめえのは味のねえ飲み方だな、どうも。なん
だ、水を飲んでるようじゃねえか。ガブガブ、ガブガブ、ガブ
ガブ。じゃ、もういっぺえだけ飲みな。えっ。

226 屑屋：いや、ダメ、ダメ、だから、いやいやいや。

227 熊：俺ももうくどいことは言わねえ。俺もな、あとは決して勧
めねえから。もういっぺえおめえがここでキュッとやる。かけ
つけ三杯てえことがある。な、そして、今度は嘘じゃねえ、俺
はおめえにこのザルを渡すから、そいつを持って、すっと商い
にいきねえ、もういっぺえだけやんねえ。

228 屑屋：もうほんとうに勘弁していただきたいんでございますが。
あした釜の蓋があかないようなこと

229 熊：だからわかってるから、もういっぺえ飲めってんだよ。な
あ、おい、どうしても飲めねえか、おい。やさしく言ってるう

ちに飲みなよ。

230 屑屋：じゃ、いただきます。えー、じゃ、ほんとうに。ああーっ、どうぞどうも。こんなに私はほんとうにいただいたことはないんですから、どうも。へえ。〈飲む〉フーッ。しかし、割合に良いお酒でございますな、これは。大家さんがこんなものを寄越すとは、私は思わない、ええ。なかなかくれるような人じゃないんですけれども。もっともたいてい驚きますからねえ、死人を連れてってカンカンのうを踊らしたって。へ。さっき、あの大家さんが、強情な人が顔色を変えて、やるやるやるやるやるって。私は目について、へっへっへっ、へへへ、へへへへへっ、へへっへへっ、よっぽど怖かったと見えるんですね、へへへっへっ。しかし、私はねえ、親方って方はほんとうに偉いと思ってます。いえいえ、お世辞じゃない。私はそんなお世辞なんぞを言える人間じゃない。えーほんとうにこの人の世話を焼いてやるてえのは、ある人でもなかなかそれはできないもんですからね、まして親方なんぞは何もなくて世話をしてやるってえ、ほんとうに私は偉い方だと思って、へえ。こんなことを言うとおかしいんですが、私もやっぱり人が困るてえのを見ると、なんか黙っていられないんでね、手を出しちゃお袋によく叱られました。自分の頭のハエも追えないくせに、人の世話どころじゃない、なんてね、へへへへっ。こごとを言われますけども、やっぱり性分てえやつはしょうがありませんでね。ええ。どうもやっぱりおせっかいが焼いてみたくなってね、へへへ。〈飲む〉しかし、私もこの仏様じゃずいぶんいじめられました。ええ。なんでもないものを、「買え買え、買え買え」ってましてね。この前も来ると、「おい、屑屋」「へい」「たぬきの皮を、おめえ一枚買わねえかい」「そりゃ買ってもようがす」「いくらだ」「いくらだったって、そりゃ品物を見なきゃ分かりません」って言ったら「まあ、ごく悪い品物としていくらで買うんだ」って。「そりゃ、いくら悪くったって、たぬきの皮が一枚なら、一貫より下じゃ買わない」って、そう言ったんです。そしたら、「よし、売った。品物を見せるから、手付け五百出せ」って。

どうも私も変だと思ったけどもね、しかしまあ、もし買えると
したら、たぬきの皮が一貫で一枚ったら儲かるから、どうしよ
うかと思ったけれども、まあ男は度胸だ、ねっ。あっしは五百
渡したんだ。そのゼニをぺーっと引っくるようにして表へ飛
び出していきやがった。こいつはやられたなと思ったね。あっ
しはその時に、へえ。〈飲む〉しばらく経つとね、竹の皮包み
とね、え、あ、すいません、おーっとっとっとっ、もういい、
もういい、竹の皮包みと折りをぶら下げてけえってきてね。
「やっとこさと酒にありついた。ああ、ありがてえ。ありがて
え。」って言いやがって、飲んでやがんだ。あっ、はんぺんが
うまそうだね。はんぺんひとつもらおうじゃねえか。えへへ、
ああ、どうも。うん、割合うまく煮てあるな。〈すーっすーっ、
ちゅっちゅっ〉あっしはね、そう言ったんだよ。「おい、親方、
冗談じゃねえてんだよね、人を待たしといて、悠々と飲んでち
ゃしょうがねえじゃねえか。こっちだって商売があるんだから、
早くたぬきの皮を出してください」って言ったらね、「まあい
い、そうせくなよ。今見せるからゆっくりしろ」って言いやが
る。言いやがって、畳を上げて根太ひっぺがしやがってね、
「こん中にへえってるから持ってけ」って言いやがんのさ。な
んだか変だと思ったけどもね、こっちだってもう先五百払って
あるんだからね、どんなもんでも持っていかなきゃつまらねえ
と思うから、床下をこうのぞいてみたらね、なんにもねえんだ
よ。「親方、ねえじゃねえか」って言ったら、「そこじゃねえ、
もっと奥の方だ、のぞけっ」て言いやがる。それから首を伸ば
してこうやるとたんに、後ろからけつんところをポーンと突き
やがった。弾みをくって、俺は縁の下に落っこっちゃった。ね
っ。それで、野郎、その上へぺっと畳を乗っけて、上へあぐら
をかいちまいやがった。これは冗談じゃねえってんだよ。「お
い。そんな、ねえ、くだらねえことしねえで、たぬきの皮なん
ざねえじゃねえか」って言ったら「おめえのめえにある」って
えから「ねえ」って言ったら「ある、おめえのそこにへえって
いるもう少し先に穴があるだろう、そん中に年古く棲んでいる

たぬきがあるから、そいつを捕まえて持ってけ」って、こう言いやがる。俺は「生きてちゃ嫌だてんだよ、ねえ、もうたぬきの皮はいらねえから、ここから出してくれ」って言ったら、「出すにはあとがねもう五百よこせ」。また五百取られた。とうとう一貫フイさ、ハッハッ、バカにしてやがんな、本当にもう。世の中にこんなね、人を食ったふてえ野郎ってのはありはしねえな。おっ、酒はねえぜ。おっ、ついでくれよ。おっ。おい。

231 熊：おめえ、もうよしねえ。もういいから、よせよせ。なっ、ここにザルがある。風呂敷もあるから、こいつを持って商いにすぐ行け。

232 屑屋：何を言ってやんだい。そんなことどうだっていいじゃねえか、酒つげってんだよ。

233 熊：おめえ、なんだぞ。きょう1日休むと、六十三になるおふくろに十一をかしらに三人子供があって、1日しょうべえしねえと、あした釜の蓋があかねえといけねえぞ。

234 屑屋：なに、なにを。なんだ、釜の蓋があかねえとは。てやんでえ、チェッ。おう、はばかりながらなあ。はばかりながら、人間てえものは、雨降り風間病み患いってんだ。そのたんびに釜の蓋があかなくてどうするんだい。てやんでえ。どこの立て場でも行って聞いてくれ。屑屋の久六てばちっとは人に知られた男だ。なんだ、釜の蓋があかねえとは。

235 熊：何もそんな怒ることはねえじゃねえか。だって、おめえが釜の蓋があかねえってえから、俺はそう言ったんだ。

236 屑屋：チェッ、ケチケチするない、ちくしょう。てめえの酒じゃねえじゃねえか。俺が死人をしょっていって、カンカンのうを踊らしたからもらってきたんじゃねえか。酒がなくなったら、香典でもなんでも持ってって買ってこい、しみったれ野郎。つげったら、ついだらいいじゃねえか。おい、つぎなよ、おい。やさしく言ってるうちにつぎなよ。

237 熊：なんだ、俺が言ったこっちゃねえか。おい、いいのか、でえじょうぶか。

238 屑屋：何言ってやがるんだい、でえじょうぶもクソもあるかい。

つげってんだよ、さっさと。こうなりゃ、俺はもうあきねえな
んざしねえや、バカバカしい。おめえなにか、一人でこの仏の
始末はつけられるのか、おい。

239熊：それも俺は考えてんだがな、俺はこう言うことはやりつけ
ねえからな、一人でいってえどうしたらいいかと思って弱っち
ゃってんだ。

240屑屋：チェッ、意気地のねえこと言ってやがらあ、ちきしょう。
俺はこういうことは慣れてんだ、なっ、おめえが頼むてんなら、
俺が始末をしてやろうじゃねえか。

241熊：えっ、ほんとか。おい、えっ。そりゃありがてえや。じゃ、
ひとつきょうでえ頼むわ。

242屑屋：頼む？　ハハハハハッ、頼むって言いやがったな、こ
のやろ。ハハハ、よし、てめえが頼むてんなら、俺は引き受け
て始末してやらあ。どうせこんな野郎だ、死んだって極楽行く
やつじゃねえけれども、しかしまあ、せめて頭だけでもぐりぐ
りにしてやって、仏らしくしてやりてえや。えっ、床屋なんぞ
頼みゃゼニがかかるから、カミソリをな、ここの家にはねえか
ら借りてこい。このな、路地の奥へへえって左の中ほどだ。女
が二人いらあ、な、そこへ行って、えー、なんだ、借りてこい。

243熊：借りてこいって、なんて借りるんで。

244屑屋：なんて借りるんじゃねえやな。らくだんとこから来まし
たって、らくだの頭をやるんだから貸してくださいって言って。

245熊：だけど、俺は顔も知らねえんだけどな、向こうで貸すかな。

246屑屋：何を言ってやんだい。貸すも貸さねえもあるかい。ぐず
ぐず言ったら、死人を連れてきてカンカンのうを踊らせるって、
そう言え。

247熊：なんだ、ものはあべこべじゃねえか。

248屑屋：早く行ってこい、ドジすけ。

249語り手：さあ、脅かされて兄弟分てえのがもう飛び出してった
が、カミソリを借りてきまして、どうせ酔ってるからろくなこ
とはできやしないが、それでもどうやらこうやら坊主にして、

250

これから樽の中に納めまして、縄をかけて天秤を通す。この上
へ浴衣かなんか引っ掛けて、

250屑屋：さっ、これでいいや。じゃ、ひとつ落ち着いてやろうじ
　　　　ゃねえか。

251語り手：これからまた二人でしたたか飲んで、

252屑屋：おうおう、じゃいいや、この辺にしとこう。なっ、で、
　　　　あとは酒が余ったら樽の横へぶら下げとけ、なっ。で、途中で
　　　　飲みながら行こうじゃねえか。
253熊：なんだ、とむらいだか花見に行くんだかわからねえな。
254屑屋：ときになにか、寺はどこだ。
255熊：寺？　らくだの寺なんざわからねえ。
256屑屋：わからねえったって、寺がなくちゃしょうがねえじゃね
　　　　え。おめえの寺はあんだろ。
257熊：俺の寺はあるかねえか、俺はそんなことは知らねえや。屑
　　　　屋なんか、おめえどうだ、あんのか。
258屑屋：俺はあるけれども、ぐええが悪いんだ。二十年ばかりめ
　　　　えに親父が死んでいっぺん行ったっきりでな、それからまるき
　　　　り顔を出さねえんだから、どうも。あっ、じゃこうしよう。あ
　　　　のう落合の火葬場に行くとな、俺の友達で安公ってやつが隠亡
　　　　でいるんだ。このめえ、あすんだ勘定は俺が立てけえてあるん
　　　　だ。そいつを帳消しにして、この香典をみんなやって、ねえし
　　　　ょで焼いてもらおうじゃねえか。
259熊：そりゃありがてえや、どうも。よし、じゃどうする、そろ
　　　　そろ出かけるか。
260屑屋：ああ、出かける、出かける。じゃ、俺は案内役だから先
　　　　棒だ、おめえ後棒だ。いいか、いいか、そら、どっこいしょと
　　　　きやがった。なっ、ええ、いい心持ちだな、どうも、アッハ
　　　　ハ、ほうらほうらほうらほうらっ来やがった、ほら。イヤアー
　　　　アーアーア、来あらー、おーい、とむらいだとむらいだーい。

六代目三遊亭圓生「らくだ」文字起こし　251

261熊：おいおい、おいおい、あんまり景気をつけるなよ、おい。

262屑屋：いいじゃねえ。

263熊：とむらいだって断らなくたっていいじゃない。

264屑屋：いってやんでえ。断らなきゃ沢庵と間違えられるじゃん。オラオラ、とむらいだとむらいだーいと来やがった。おーなんだあんちきしょう、女が笑ってやがる。何がおかしいんだ。とむらいだ。何を？　ちくしょうめ。ママにしねえととむらいぶっかけるぞ、こんちきしょう。ハハハハハハッ。驚いて飛んでいっちまいやがった、どうも。おうおう、待って待って、ここは姿見橋ってんだ。ん、これからな、高田馬場に出て、あとはおめえうねうねうねうねした細い道だ。そいつを行って土橋を渡って、またもっとまっすぐに行くと突き当たるんだ。左へ行くと、新井の薬師出て、右に曲がると落合の火葬場だ。なっ、ええー、日本一の火屋だ。えー、とにかくな、この辺は道が悪いから気をつけな、いいか。グアラッ、あっ、いてえー。

265熊：どしたどした、どうした。

266屑屋：どしたって、ああいてえ。ああいけねえ、こんなとこに穴があいてやがら、どうも。雨が降って穴があきやがったんだよ。ああ、いてえ。でえじょうぶだ、でえじょうぶだ。てえしたことはねえ。とにかく右の肩ばかりでかついでちゃ、たまらねえや。おっ、肩かえるぜ。

267熊：ダメなんだよ。俺は左はまるきりダメだ。右だけなんだから。

268屑屋：なんだな、だらしのねえ野郎だな、どうも。じゃいいや、俺だけかえりゃ。少しびっこになるがいいか。よいしょ、そーら。そら見ねえな、肩を変えりゃ軽くなるじゃねえか、なっ。ほらほらほらほらと来やがった。おっ、あかりが見える。あそこだ、あそこだ。え、待ちねえ、待ちねえ。俺が今起こすから。おー、〈トントントン〉安さん、〈トントントントン〉いるかい、おーい、〈トントン〉安さん。

269安公：誰だ。えっ、久さんか。おーっ、どうしたよ、久さん、しばらくだな。上がれや、よく来たい、へえんねえ。いまいっ

252

ぺえやってるところだ。おっ、飲まないかい。

270 屑屋：ありがと。久しぶりだ。飲むけれどもな、おっ、こっち
へへえれ、ぐずぐずしてねえで。これは俺のきょうでえ分でな、
連れてきたんだ。

271 安公：ま、ま、いっぺえ。

272 屑屋：うんうん。おっ、ありがと、ありがと。久しぶりだな、
おめえに少し頼みがあって来たんだがな。ちょいと仏おめえに
頼むんだ、焼いてもらいてえんだ。切手なんざねえんだよ、切
手がありゃ頼むとは言わねえやな。

273 安公：このめえ、遊びに行ったゼニがあった。

274 屑屋：あっ、あれはね、棒引くし、ここに香典があるからな、
こいつはおめえにみんなやるから、まあ、ねえねえでひとつち
ょいとやってくれよ。

275 安公：弱ったなあ、この頃はやかましいんだからな、えーっ。
じゃまあまあ、いいよいいよ、ほかじゃねえ、おめえの頼みだ
から、よし、やってやらあ。子供か、えっ、子供か。

276 屑屋：子供じゃねえや、大人だよ、うん。大人も大人もおお大
人でな。じゃひとつ。すぐやるかい。

277 安公：今。火はいいとこだから。どこだい、仏様は。

278 屑屋：おっ、ここだ、ここだ。おっ、ここだ。

279 安公：どこ。

280 屑屋：桶へへえってら。

281 安公：なんにもありゃしねえじゃねえか。

282 屑屋：ねえことはねえ、あるよ。

283 安公：あるったって、おめえ、なんだ、これは底が抜けてんじ
ゃねえか、これは。

284 屑屋：そうかあ、さっき肩をかえた時、バカに軽くなったと思
ったら、あっ、いけねえ、落っことしちゃった。えーっ、やっ
けえだな、どうも。取りに行かなくちゃならねえ。よしよし、
じゃ、おっ、早くしな早くしな、おい、なにぐずぐずしてんだ
よ、おい、早くしなよ。落っことしちゃったんだよ、ぐずぐず
していると誰か拾っていくといけねえや。

六代目三遊亭圓生「らくだ」文字起こし　253

285 熊：誰が拾うもんか。

286 屑屋：待ちなよ、あーあ、土橋があったな。え、あ、土橋の
近所で、確かこの辺で、俺は転んだと思うんだ。えーと、待ち
ねえ。

287 語り手：見回しますてえと、あの辺にはこの願人坊主というも
のがその頃たくさんおりましたもので、えー、これは願人坊主
と言ったって坊さんじゃありませんが、ただ頭を丸めた乞食で
ございまして、これは今日は貰いがあって、したたかに飲んで、
素っ裸で往来でぐうぐう寝ているところを、

288 屑屋：おーおーおーおー、あったあった、あったあった、ここ
だ、えっ、こんなとこに落っこってやがるんだ、どうも。手数
ばかりかけやがって、しょうがねえな、どうも。じゃ、俺は頭
をなにするから、おめえはそっちに回んねえ、そっちそっち。
うん。でな、こいつ持ち上げるから、いいか。

289 熊：おっ、少し待て。

290 屑屋：なんだ、さっきより少し大きくなったんじゃねえかな。
ああー、夜露がかかってふやけちゃった。少しふやけ加減だな、
これは。

291 熊：じゃいいか、いいか、しっかり持て、いいか、おらっ。お
っ、あったけえな、こりゃ。じいきであったまっちゃったんだ
な、これは。

292 屑屋：どこだ、桶は。おうおう、ここだ、ここだ、よしよし。
じゃ、今度は俺が後棒へ回るわな。えっ、大丈夫だ大丈夫だ。
今度はへえらねえ、俺は押さえてるから。よし、おめえ先棒で、
よし、どっこいしょっと来やがった。手数ばかりかけやがるん
じゃねえか、な、冗談じゃねえ。ほんとにどうも。

293 願人坊主：うーん、うんうんうんうん。うーん、うんうんうん
うんうん。

294 屑屋：ナーンだ、こんちくしょう、唸るなよ、この。唸るやつ
があるかい、黙ってろい。

295 願人坊主：どこい行くんだ。

296 屑屋：なにを？

297 願人坊主：どこい行くんだ。

298 屑屋：どこい行くんだって、焼き場へ行くんだい。

299 願人坊主：なにしに行くんだ。

300 屑屋：なにしにいく？　てめえを焼きにいくんじゃねえか。

301 願人坊主：俺、焼かれるの嫌だ。

302 屑屋：何を言ってやがんでえ、こんちくしょう。焼かれるの嫌
　　　　だって言いやがら、生意気なこと言うない、このバカ。

303 熊：おうおうおう、あんまり仏と喧嘩するなよ、おい。

304 屑屋：喧嘩するわけじゃねえけど、おい。焼かれるのは嫌だな
　　　　んて言いやがんだ。贅沢言ってやがら、ちくしょう。てすうば
　　　　かりかけやがったくせに。

305 安公：おうおう、来た来た、来た来た。

306 屑屋：おうおう、安さん、安さん、おう、持ってきたよ。

307 安公：どれだ、どれだ。これか？　おー、ずいぶんあけえホト
　　　　ケだな。

308 屑屋：なんか染まっちゃったのかな、これは。赤くなりやがっ
　　　　て。まあいいや、どうだい、火の加減はどうだ。

309 安公：火の加減。待って、ああ、ちょうどいいや。おあつらえ
　　　　だ。いま火はちょうどいいとこだから、じゃ、すぐ放り込むか。

310 屑屋：よし、放り込もう、いいか。

311 安公：じゃ、おう、ちょいとおめえもそっちへ回れ、手伝え、
　　　　いいか、ほら。

312 願人坊主：いてて、いてて。

313 安公：なにを、くそ。いてえもクソもあるかい、こんちきしょ
　　　　う。

314 願人坊主：いて、いてて。おい、そんないてえことすんな、お
　　　　お、待っ、待ってくれよ。おお。いってえ、ここはどこだ。

315 安公：どこだ？　日本一の火屋だ。

316 願人坊主：ヒヤ？　あー、ヒヤでもいいから、もう一杯。

参考文献

楳垣実（1962）「近畿方言総説」楳垣実編『近畿方言の総合的研究』pp. 1–59, 三省堂

織田作之助（2013）『わが町・青春の逆説』岩波書店（文庫版）

桂米朝（1991）『三集・上方落語ノート』青蛙房

金澤裕之（2016）「現代に繋がる近代初期の口語的資料における言語実態―速記本と SP レコードによる東西の落語を対象として」『国立国語研究所論集』10, pp. 55–84, 国立国語研究所

川崎洋（1980）「桟橋にぶち当たったオコゼ―方言にみる悪態のダイナミズム」『現代詩手帖』23–5

川崎洋（1997）『かがやく日本語の悪態』草思社

川本三郎（1980）「「いなげな」時代は「セツナイ」―現代バリゾウゴン考」『現代詩手帖』23–5

北﨑勇帆（2015）「洒落本を対象とした東西対象コーパスの設計と構築」『情報処理学会　研究報告』vol.2015-CH-106（5）, pp. 1–6, 情報処理学会

久木田恵（1990）「東京方言の談話展開の方法」『国語学』162

琴鐘愛（2005）「日本語方言における談話標識の出現傾向：東京方言，大阪方言，仙台方言の比較」『日本語の研究』1–2

郡史郎（1997）「総論」平山輝男編『大阪府のことば』pp. 1–61, 明治書院

国立国語研究所（1979）『表現法の全国的調査研究―準備調査の結果による分布の概観』国立国語研究所

酒井雅史（2019）「関西方言における素材待遇形式の分布―読みがたり昔ばなし資料を手がかりに」『阪大日本語研究』31, pp. 1–15, 大阪大学文学部

佐々木みよ子・森岡ハインツ（1997）「悪態の笑い―狂言と落語―」『日本語学』16–1

佐竹久仁子（2010）「〈女ことば〉と品格イデオロギー」『ことば』31

真田信治・金沢裕之（1991）『二十世紀初頭大阪口語の実態―落語 SP レコードを資料として』（平成二年度文部省科学研究費補助金一般研究（B）課題番号 01450061「幕末以降の大阪口語変遷の研究」研究報告書）

真田信治・友定賢治編（2011）『県別罵詈雑言辞典』東京堂出版

洒落本大成編集委員会（解題は中野三敏）（1979）『洒落本大成』3, 中央公論社

洒落本大成編集委員会（解題は中野三敏）（1979）『洒落本大成』4, 中央公論社

高島幸次（2022）『古典落語の史層を掘る』和泉書院

滝浦真人・椎名美智編（2023）『イン／ポライトネス　からまる善意と悪意』

ひつじ書房

田辺聖子（1975）『甘い関係』文春文庫

田辺聖子（1987）『風をください』集英社文庫

谷川俊太郎・井上ひさし・鈴木志郎康（1980）「日本語と俗語・卑語・罵倒語
　　——真に力ある「悪口」とは何か」『現代詩手帖』23-5

田原広史・村中淑子（2002）『東大阪市における方言の世代差の実態に関する
　　調査研究2—待遇表現—』平成9・10年度東大阪市地域研究助成金研究成
　　果報告書2

辻加代子（2009）『「ハル」敬語考　京都語の社会言語史』ひつじ書房

東大落語会（1994）『増補　落語事典』青蛙房

西尾純二（2005）「大阪府を中心とした関西若年層における卑語形式「ヨル」
　　の表現性：関係性待遇と感情性待遇の観点からの分析」『社会言語科学』
　　7-2

西尾純二（2015）『マイナスの待遇表現行動—対象を低く悪く扱う表現への規
　　制と配慮—』くろしお出版

西尾純二（2019）「卑語は敬語の反対・裏側か？」『日本語学』38-12

星野命（1971）「あくたいもくたい考—悪態の諸相と機能—」『季刊人類学』
　　2-3

前田勇（1949）『大阪弁の研究』朝日新聞社

前田勇（1964）『近世上方語辞典』東京堂

前田勇翻刻（1974）一荷堂半水「穴さがし心の内そと」『近代語研究』第4集

牧村史陽（1979）『大阪ことば事典』講談社（縮刷再録：1984,『大阪ことば
　　事典』講談社学術文庫）

正岡容（1976）『正岡容集覧』仮面社

増井典夫（1994）「近世後期上方語研究の課題—近世後期名古屋方言を視野に
　　おいて」『淑徳国文』35, pp. 47-64, 愛知淑徳短期大学国文学会

武藤禎夫校訂・解説（1992）一荷堂半水『諺臍の宿替』太平書屋

武藤禎夫編（1997）『江戸明治　百面相絵本八種』太平書屋

村中淑子（2019）「「穴さがし心の内そと」における罵り表現について—助動
　　詞・補助動詞を中心に」『現象と秩序』10, pp. 21-38, 現象と秩序企画編
　　集室（村中淑子（2020b）所収）

村中淑子（2020a）「織田作之助作品にみるデス・マス等の転訛形の位相差につ
　　いて—「わが町」の世界」『表現研究』111, pp. 11-20, 表現学会（村中
　　淑子（2020b）所収）

村中淑子（2020b）『関西方言における待遇表現の諸相』和泉書院

村中淑子（2021）「明治・大正期の大阪落語資料にみる罵りの助動詞について」
　　『現象と秩序』14, pp. 45-63, 現象と秩序企画編集室

村中淑子（2022a）「上方洒落本における罵りの助動詞—『郭中奇譚』（1772）
　　を中心に」『現象と秩序』16, pp. 69-86, 現象と秩序企画編集室

村中淑子（2022b）「上方洒落本における罵りの助動詞（2）—『月花余情』大
　　坂板・江戸板を中心に」『現象と秩序』17, pp. 19-29, 現象と秩序企画編
　　集室

村中淑子（2022c）「20世紀前半の上方落語にみる待遇の助動詞について」『現

象と秩序』17, pp. 31–45, 現象と秩序企画編集室

村中淑子（2023a）「織田作之助『わが町』における罵りの助動詞について」『現象と秩序』18, pp. 47–61, 現象と秩序企画編集室

村中淑子（2023b）「『諺 膳の宿替』における罵りの助動詞について―クサル・ヤガル・テケツカルを中心に」『現象と秩序』18, pp. 63–73, 現象と秩序企画編集室

村中淑子（2024）「落語「らくだ」の東西比較―ののしりの助動詞を中心に」『現象と秩序』20, pp. 43–94, 現象と秩序企画編集室

矢島正浩（2007）『近代関西言語における条件表現の変遷原理に関する研究』（平成 17 年度～平成 18 年度科学研究費補助金（基盤研究（C）研究成果報告書）

矢野準（1976）「近世後期京坂語に関する一考察―洒落本用語の写実性」『国語学』107, pp. 16–33, 国語学会

山崎久之（1963）『国語待遇表現体系の研究　近世編』武蔵野書院

山崎久之（1990）『続国語待遇表現体系の研究』武蔵野書院

山本幸司（2006）『〈悪口〉という文化』平凡社

山本俊治（1962）「大阪府方言」楳垣実編『近畿方言の総合的研究』pp. 421–494, 三省堂

湯沢幸吉郎（1936）（1982 再版）『徳川時代言語の研究　上方篇』風間書房

湯沢幸吉郎（1954）（1957 増訂版参照）『江戸言葉の研究』明治書院

筆者不明（1819）『浪花聞書』

参考サイト

青空文庫　https://www.aozora.gr.jp

国立国語研究所（2021）『日本語歴史コーパス』（バージョン 2021.3, 中納言バージョン 2.5.2）　https://ccd.ninjal.ac.jp/chj/　（2022 年 3 月 21 日確認）

国立国語研究所（2022）『日本語歴史コーパス』（中納言 2.6.1 データバージョン 2022.03）　https://chunagon.ninjal.ac.jp/chj/search（2022 年 9 月 5 日確認）

辞書

日本国語大辞典

大辞泉

明鏡国語辞典

新聞記事

「祇園祭, ちまきの転売相次ぐ…地元困惑「何してはるんやろ」」（2023 年 7 月 15 日読売新聞　記事）

山内マリコの書評（『女ことばってなんなのかしら？　「性別の美学」の日本語』についての書評」（2023 年 8 月 26 日朝日新聞　書評欄）

金承福（キム・スンボク）「怒りの会見　罵倒語が浮き彫りにした膿」（2024 年 6 月 1 日朝日新聞夕刊　コラム）

松本隆「「いいことば」と「悪いことば」」（2024 年 6 月 29 日朝日新聞別刷 be

コラム）

テレビドラマ
NHK連続テレビドラマ「ブギウギ」（2023年10月から2024年3月まで放映）
第2週第8回「笑う門には福来る」，第3週第15回「桃色争議や！」

初出一覧

各章の初出は以下のとおりである。

序章
　書き下ろし

第1章
「上方洒落本における罵りの助動詞―『異本郭中奇譚』（1772）を中心に」
　2022/03『現象と秩序』16，pp. 69–86.

第2章
「上方洒落本における罵りの助動詞（2）―『月花余情』大坂板・江戸板を中心
　に」2022/10『現象と秩序』17，pp. 19–29.

第3章
「『諺 膰の宿替』における罵りの助動詞について―クサル・ヤガル・テケツカル
　を中心に」2023/03『現象と秩序』18，pp. 63–73.

第4章
　書き下ろし

第5章
「明治・大正期の大阪落語資料にみる罵りの助動詞について」2021/03『現象と
　秩序』14，pp. 45–63.

第6章
「20世紀前半の上方落語にみる待遇の助動詞について」2022/10『現象と秩序』
　17，pp. 31–45.

第7章
「織田作之助『わが町』における罵りの助動詞について」2023/03『現象と秩
　序』18，pp. 47–61.

第8章
「落語「らくだ」の東西比較―ののしりの助動詞を中心に」2024/03『現象と秩
　序』20，pp. 43–94.

261

第9章
　書き下ろし

終章
　書き下ろし

補章
　書き下ろし

索　引

あ

愛想　94, 97
愛着　102
青空文庫　145

う

上向き待遇　124, 125, 131, 139, 141
楳垣実（1962）　23, 182

え

江戸のことば　175, 178, 191

お

女ことば　5

か

語り手　111, 112, 156, 172, 182, 191
桂米朝　114, 182, 183
上方ふう　54, 69, 93

き

北﨑勇帆（2015）　37, 39, 58, 60
気遣い　92, 191
キャラクター　177, 178
キャラ変　175
京都人　15

け

敬語とののしりの関係　4
言語コントロール能力　192

こ

郡史郎（1997）　22

し

洒落本　33, 34, 35, 36, 56
『洒落本大成』　36, 40, 54, 56, 61, 63, 72
呪詛　194
出現頻度　189, 190
女性らしさ　6
助動詞群　11
助動詞類　5, 184, 186
女郎　38, 67, 69
人物造形　178

せ

性格　177

そ

相補性　158, 159
相補的　113, 133, 134, 141

た

待遇の度合い　132, 140
第三者待遇　115, 116, 118, 151, 156, 159
対者待遇　115, 116, 117, 118, 152, 157,

263

159
態度 177
田辺聖子 17, 18, 196, 197

ち

「中納言」 32

つ

辻加代子（2009） 13, 14
強さ 189

て

丁寧度 137, 138
デス・マス体 150, 157
テレビドラマ「ブギウギ」 2, 7, 26

な

中野三敏 54, 67, 72, 97
『浪花聞書』 187

に

『日本語歴史コーパス』 32, 33, 55, 70, 71,
72, 125

ひ

東大阪市調査 6, 7
描写の密度 97

ふ

プラスの意味付け 102
プラスの価値 202
プラス評価 204

ま

前田勇（1949） 22

牧村史陽（1979） 23
正岡容 135, 142
増井典夫（1994） 39, 60
満足感 19, 20

み

MECE（ミーシー） 190

む

無情物 156, 159

も

モデル化 140, 141, 189

や

矢野準（1976） 38, 58, 60, 125, 141
山崎久之（1963） 22, 23
山崎久之（1990） 22, 23
山本俊治（1962） 23, 182

ゆ

遊女 90, 92, 94
遊女の内幕 67
湯沢幸吉郎（1936） 22, 23
湯沢幸吉郎（1954） 22, 23

り

リズム 18, 21, 83

れ

連携プレー 8, 9

わ

悪口 199, 200, 201, 202

村中淑子（むらなか としこ）

略歴

1962 年生まれ。京都府出身。大阪大学大学院文学研究科
博士後期課程単位取得退学。博士（文学）。徳島大学総合
科学部講師、同助教授、姫路獨協大学外国語学部助教授、
同教授を経て、現在、桃山学院大学国際教養学部教授。

主な著書

真田信治監修『関西弁事典』（ひつじ書房、2018 年、「関
西弁の自称詞・対称詞」執筆）、岸江信介・中井精一編集
『地図で読み解く関西のことば』（昭和堂、2022 年、コラ
ム 6・第 6 章執筆）、『関西方言における待遇表現の諸相』
（和泉書院、2020 年）。

ひつじ研究叢書〈言語編〉第 207 巻
「ののしり」の助動詞でなにが表現されるのか
関西方言話者の表現の特質を求めて

What Do Verbal Modals with Cursing Meanings
Express?:
About the Characteristics of Expressions Used by Kansai
Dialect Speakers
MURANAKA Toshiko

発行	2024 年 12 月 26 日　初版 1 刷
定価	7000 円＋税
著者	© 村中淑子
発行者	松本功
ブックデザイン	白井敬尚形成事務所
印刷・製本所	亜細亜印刷株式会社
発行所	株式会社 ひつじ書房

〒112-0011　東京都文京区千石 2-1-2 大和ビル 2 階
Tel: 03-5319-4916　Fax: 03-5319-4917
郵便振替 00120-8-142852
toiawase@hituzi.co.jp　https://www.hituzi.co.jp/

ISBN978-4-8234-1255-4

造本には充分注意しておりますが、落丁・乱丁などがございましたら、
小社かお買上げ書店にておとりかえいたします。
ご意見、ご感想など、小社までお寄せ下されば幸いです。

刊行のご案内

イン／ポライトネス
からまる善意と悪意

滝浦真人・椎名美智 編　定価 3,400 円＋税

関西弁事典
真田信治 監修　定価 6,200 円＋税

方言の研究　10
日本方言研究会　定価 5,000 円＋税